丘吉尔，温斯顿·伦纳德·斯宾塞·丘吉尔爵士（1874年11月30日—1965年1月24日），政治家、演说家及作家以及记者，1953年诺贝尔文学奖得主，二战时，带领英国获得第二次世界大战的胜利。曾于1940—1945年及1951—1955年期间两度任英国首相，被认为是20世纪最重要的政治领袖之一

坐在火车里的丘吉尔

艾森豪威尔（1953年—1961年在任），德怀特·戴维·艾森豪威尔，美国第34任总统（1953年—1961年在任）。二战期间，他曾任欧洲盟军最高统帅、北约总司令，参加过北非登陆战役、西西里战役、诺曼底登陆等战役

朱可夫（1896年12月1日-1974年6月18日），格奥尔吉·康斯坦丁诺维奇·朱可夫，苏联著名军事家、战略家、元帅。二战期间，在苏德战争中屡立战功，卓越功勋，是二战中最优秀的将领之一

曼施坦因，埃里希·冯·曼施坦因（1887年11月24日—1973年6月10日），二战时的纳粹德国名将

隆美尔，埃尔温·隆美尔（1891年11月15日-1944年10月14日），纳粹德国的陆军元帅，世界军事史上著名的军事家、战术家、理论家，绰号“沙漠之狐”

挪威战役中德国空降部队士兵

战役中的美军士兵

希特勒与纳粹军官部署作战计划

战火硝烟中的斯大林格勒

被偷袭的珍珠港海军基地

莫斯科妇女挖战壕支援前线

海战中的机枪手

日本神风敢死队袭击美军航母

日军飞机轰炸中途岛

被俘的德军高级军官高举双手等待着抓获他们的法国抵抗组织的处置

海战中的空军战斗机

卡车通过时被拦下检查

参战的苏军士兵在坦克前留影

战争中的残垣断壁

战役中的作战坦克

百团大战纪念碑上的头像

美国国旗插上硫磺岛

胜利之吻，1945年8月14日，日本宣布无条件投降，纽约民众纷纷走上街头庆祝胜利，一位水兵在时代广场的欢庆活动中亲吻了身旁的一位女护士。这一瞬间，被摄影师定格下来。现已经根据《胜利之吻》创作了雕塑，矗立在圣地亚哥海军基地附近

二战美军英雄奥迪·墨菲

二战时作战的士兵

二战时的坦克

被损毁的战舰

二战的场面

在二战期间被日军轰炸的科雷希多岛

二战下的废墟

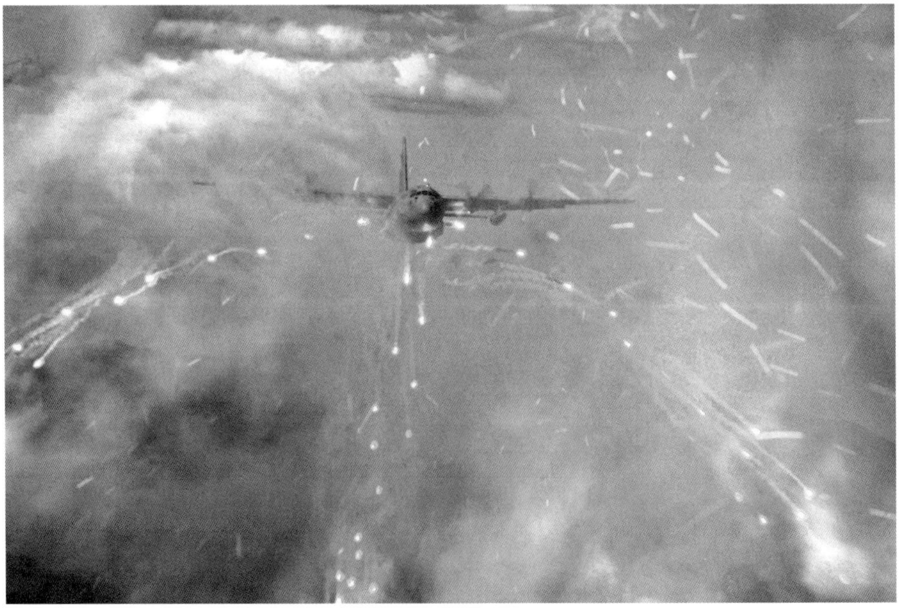

正在作战的战机

诺贝尔文学奖的获得者、英国前首相丘吉尔力作

第二次世界大战回忆录

（精选本）

The History of the Second World War

丘吉尔◎著　李慧泉◎译

波茨坦会议时的情景　约德尔将军签署德国投降书　罗斯福签署对日宣战书　莫洛托夫在《苏德互不侵犯条约》上签字　丘吉尔

江西人民出版社
Jiangxi People's Publishing House
全国百佳出版社

图书在版编目（CIP）数据

第二次世界大战回忆录：精选本 /（英）温斯顿·丘吉尔著；李慧泉译. -- 南昌：江西人民出版社，2017.9

ISBN 978-7-210-09739-6

Ⅰ. ①第… Ⅱ. ①温… ②李… Ⅲ. ①丘吉尔(Churchill, Winston Leonard Spencer 1874-1965) - 回忆录②第二次世界大战 - 史料 Ⅳ. ①K835.167=533②K152

中国版本图书馆CIP数据核字（2017）第217928号

第二次世界大战回忆录：精选本

（英）温斯顿·丘吉尔 / 著　李慧泉 / 译

责任编辑 / 冯雪松　温发权

出版发行 / 江西人民出版社

印刷 / 固安县保利达印务有限公司

版次 / 2017年9月第1版

2019年3月第5次印刷

720毫米×1000毫米　1/16　21印张　16插页

字数 / 220千字

ISBN 978-7-210-09739-6

定价 / 42.80元

赣版权登字-01-2017-691

译者序

编辑让我写译者序，有点紧张，并不是不喜欢这本书，是有点担心，怕自己写得不到位，不能更好更准确地表达出丘吉尔写的这本二战回忆录，但有些话还是想写写。

1953年，瑞典文学院作出了一个不同寻常的决定——把该年度诺贝尔文学奖授予英国在任首相温斯顿·丘吉尔。尽管丘吉尔的文笔不错，早年也发表过长篇小说，但是瑞典文学院绝不是单单因为纯文学的原因，而是为了表彰他在第二次世界大战中的卓越功勋。可以说，一位战争中既能坐镇指挥前线，在战争结束后又能拿笔亲自记录下这场战争的人，理应获此殊荣！

丘吉尔是与反法西斯的斗争及胜利紧密相连的。战前，他就以其远见卓识一眼看穿了希特勒的种种阴谋诡计，强烈反对张伯伦的“绥靖”政策；二战初期，为了筹措军费，英国被迫出售海外投资和海外军事基地，丧失了在太平洋和大西洋上的一系列战略立足点。回忆起雅尔塔会议的时候，丘吉尔诙谐中不无辛酸地说道：“一边坐着饥饿的俄国北极熊，另一边是强悍的北美野牛，夹在中间的则是可怜的英国小毛驴。”

作为二战中盟军方面的重要参战国，英国是欧洲唯一一个从头到尾都在和法西斯进行武装抗衡的国家，几乎所有欧洲的流亡政要和抵抗力量都在英国。如果没有英国对法西斯的强硬立场，敦刻尔克大撤退和后来开辟欧洲第二战场的很多条件都不复存在。没有了英国这个盟友，美国对德国少了一块重要跳板。

因此，可以说丘吉尔带领英国人民取得了反法西斯战争的最终胜利！

这本书是从丘吉尔的代表作《第二次世界大战回忆录》中节选出来的，是精选本。前英国首相丘吉尔在1948—1954年之间创作完成。原文6大卷共300多万字，全部通读下来不是一件容易之事。因此，编辑和我商量，节选其中的精华部分，以时间顺序进行整理，精心挑选了二战中重大的历史事件，前后连贯，使之浑然一体，在有限的篇幅中尽可能地向读者提供更多更丰富的二战史料。

如果你对二战军事、政治细节很感兴趣，想对二战前后的历史有个大致了解，做个脉络梳理，又不想看大段引文和数据，那么这本书便是你想要的。

李慧泉

2017年6月26日

序 言

在《世界危机》《东战线》和《战后》中，我曾记录了第一次世界大战的事情。

与这些书一样，我尽力效仿笛福的《一个骑士回忆录》的叙述手法，以我个人的经历为线索，对那些重大的军事和政治事件进行论述。我也许是唯一一位身居政府高位并经历了有史以来最严重的两次浩劫的人。不过在第一次世界大战中，我担任的只是次要的职位，但在第二次对德战争中，有5年多时间，我担任英国政府的首脑。因此，我的这本书便采用了不同于以往的立场，在撰写过程中我所拥有的权威也远非从前几本能比。

我的全部公务工作几乎都是我口授秘书办理的。在我就任首相期间，我发布的备忘录、训令、私人电报和节略，总数可达100万字。那时每天都得根据所能得到的资料处理许多重要事宜，以致逐日写出来的文件不免存在许多缺点。但如果把这些文件综合起来，就是一个在英国国家战争和政策上负主要责任的人对自己所见重大历史事件的真实记录。我不知道现在或过去是否曾有过这种关于战争和政府工作的逐日记录。我并不想把它称为历史，因为编写历史是属于我们后一代人的工作，但我极有信心地说，这是对历史的一种贡献，对后世会有所帮助。

这30多年来的行动和主张，包含和反映了我毕生的努力，愿人们据此对我作出评断。

我恪守一个原则：除非事前曾公开或正式发表过意见，或提出过警告，我决不对任何在战争或政策上的措施做事后的批评。实际上，我在事后的回顾中，已将当时争论中的许多严厉的措辞改得相对温和了。我记述了那么多我所爱戴和尊敬的人，他们同我的分歧令我十分难过，但如果不能在未来到来之前对过去的教训作出总结，那就不对了。本书记下那些诚善者的行为，但愿不至于有人因此轻视他们，却不去反躬自省，检讨自己履行公职的情形，吸取过去的教训作为自己未来行为的借鉴。

不要认为我希望所有人都赞同我所说的一切，更不要认为我所写的是在迎合公众。我，凭借自己一贯的见解提出论证。我已尽己所能地去慎重地核实材料，然而随着缴获敌方文件的披露，或是其他新的发现，不断有更多的史实被公之于世，这就可能会为我所下的结论提供新的补充。在所有事实还未明了以前，把一些确实、可靠的记录和书面意见保存下来作为根据，这很重要，原因就在于此。

有一天，罗斯福总统告诉我，他正公开征求意见，想给这次战争起个名字。我立即脱口而出："不需要的战争。"没有哪一次的战争能比这次战争更容易被制止的。

上一次大战给世界带来了巨大的破坏，好不容易留存下的，又在这次大战中被毁光了。在亿万人付出巨大努力和牺牲之后，我们仍无法获得和平或安全。现在，我们又处于危险之中，比起曾被我们克服的更为严重，这可以说是人类悲剧的高峰。

前事不忘，后事之师。我殷切地希望，下一代人能把前人犯过的错误全部改正过来，然后再根据人类的需要和光荣，控制住正在展开的、可怕的未来景象。

温斯顿·丘吉尔

1948年3月于肯特郡恰特韦尔庄园

目 录

第1章 打赢了战争，只是开始

第一次世界大战结束后，人们几乎普遍抱有世界即将获得和平的想法，并对此深信不疑。如果各国都能秉承正义，依循常理来慎重地处理事务，各国民众这种衷心渴望原本不难实现。“为了消灭战争而战斗”已然成为共识，人们纷纷付诸行动，以促使这一事实尽早实现。

当时的美国总统威尔逊被认为手握大权，他曾设想构建“国际联盟”并使之深入人心。在凡尔赛的英国代表团，则对这一设想进行整理和完善，使其成为一种机构，作为人类艰苦前行过程中的一个里程碑而永久存在。

胜利之后的协约国，尽管还需面对国内的巨大困难，以及许多自己也不知该如何应对的难题，但与他们的老对手相比，至少此时仍是强大的。各条顿国家[1]，位于大半个中欧的变乱祸首，此时已俯首称臣；而受到德国沉重打击的俄国，则陷入内战骚乱之中，并将逐渐落入布尔什维克的手中。

1919年夏天，协约国军队进驻莱茵河一带，其桥头堡深深楔入已然战败并被解除了武装的德国境内。与此同时的巴黎，各战胜国的领导人正陷入对未来的讨论和争吵之中。他们面前放着的是整个欧洲的地图，而且几乎可以随心所欲地加以修改。

经过了艰苦卓绝的52个月后，同盟国终于低头认罪了。同盟国的四个成员

[1] 主要包括德意志第二帝国、奥斯曼帝国、奥匈帝国与保加利亚王国，第一次世界大战时与协约国对敌。

国中，没有一个能对协约国的意志做出哪怕一丝的抵抗。德国被认定为此次世界浩劫的罪魁祸首，已完全任凭胜利者摆布。即便对胜利者来说，经历了这番折磨后，也显得有些步履蹒跚。

这一次不是政府之间的战争，而是民族之间的战争。各大国将全部的生命力和精力都投入怒火与杀戮之中。在巴黎集会时，各国领导人都感受到了压力，那是来自前所未有的历史大潮的巨大压力。《乌得勒支和约》和《维也纳和约》[1]的时代已经过去了。那时的贵族政治家和外交家，无论胜利还是失败，开会讨论都显得那样谦恭有礼，他们不像民主政治那样吵吵闹闹，而是依循公认的基本原则对各种制度进行改造。现在，饱经磨难的各国民众为宣传所鼓动，以致亿万人坚决要求进行彻底的报复。如果各国领导人为胜利的表象所惑，被这种呼声冲昏了头脑，而在会议席上放弃了将士浴血沙场赢得的成果，那就非倒霉不可。

一座法国小镇的残余建筑，它在一战中数次易手，最终只留下一片废墟（佚名拍摄）

[1]《乌得勒支和约》为结束西班牙王位继承战争的和约，《维也纳和约》则为拿破仑战败后，英国、俄国、奥地利等国签订的和约。

凭着在大战中作出的贡献和牺牲，法国理所当然地获得了领导者的地位。为了保家卫国，法国付出了150多万人的惨重代价。100多年间，巴黎圣母院的钟楼5次经历了刀剑和枪炮的洗礼，更有13个法国行省落入普鲁士手中，在对方严酷军事统治下长达4年之久。一片接一片的地区被敌人破坏，或是在激烈的交战中化为焦土。从凡尔登到土伦的每一间农舍、每一个家庭里，几乎都有人在悼念逝者，或是在照顾幸免于难的伤残者。

当时，许多曾参加过1870年战争并饱受其苦的人们已成了法国的显贵。在他们看来，法国能在这场残酷的战争中获胜，简直是个奇迹。他们一向对德意志帝国抱有恐惧……德皇关于“铁甲拳头”和“闪亮铠甲”的演说，在英美两国的人听来也许只是笑话，但在法国人心里，却是实实在在的灾祸前兆。近50年来，他们一直处于德国强大武力的阴影之下，心里充满了恐惧。而现在，法国以鲜血为代价，解除了这长久以来的压抑，终于实现了和平与安全。因此，满怀热情的法国人才会激昂地高呼：“决不能有第二次！”

1914年9月，隐藏在一条浅沟中蓄势待发的法军士兵（佚名拍摄）

然而，前途充满了不祥之兆。法国人口不及德国的2/3，而且几乎一直没有太大变化。德国人口却始终处在增长之中，每年都有大批青年达到服军役的年纪，其人数比法国多一倍。要知道，这是个曾以一国之力与几乎整个世界为敌的国家，而且只差一点就征服了世界。许多了解内情的人们都知道：一战的胜负好几次都在千钧一发间，只不过由于某些偶然因素才能幸运地化险为夷。然而，万一以后再有类似的情况出现，“强大”的协约国还会再次派遣数百万大军到法国战场或东线来吗？

俄国深陷动乱之中，已不复旧貌，意大利则颇有向敌人那边靠拢的迹象，至于英国和美国，与欧洲远隔重洋……法国早已疲惫不堪，人口更是损失惨重。它在展望未来的前景时，既深感庆幸，也惶恐不安。怎样才能保障法国的安全呢？如果没有了安全，胜利似乎失去了意义……最迫切的就是安全，要不惜一切代价，哪怕使用最严厉甚至是残酷的方法，也必须保证安全。

德军在停战那天开回本国，看起来秩序井然。协约国总司令福煦元帅以军人的气概说道：“他们打得不错，让他们保留自己的武器吧。”不过，福煦元帅要求，以后的法国边界必须移至莱茵河。德国将被解除武装，它的军事体制会被打碎，要塞会被摧毁；德国将变得贫穷，它会承担难以估算的巨额赔款，并陷入内乱……莱茵河一旦为法军所据守和设防，就能成为保卫法国的天堑，法国人就可以在河那边过上长久和平的日子。

英语世界国家[1]的看法和法国截然不同，毕竟正是在他们的援助下，法国才得以摆脱被征服的命运。《凡尔赛和约》中与领土有关的条文，实际上确保了德国领土不变，德国仍然是欧洲最大的单一民族国家。因此，当福煦元帅听到《凡尔赛和约》签订的消息时，他作出了极为精准的判断：“这不是和平，这是20年的休战。”

《凡尔赛和约》中与经济有关的条文，其严苛和愚蠢程度之深，甚至到了完全无法实现的地步。德国被判必须缴付数额极为惊人的战争赔款。这一规定反映

[1] 指使用英语作为官方语言或官方语言之一的国家，如英国、美国、加拿大等国家。

出了胜利者的愤怒，却也表明战胜国的民众根本不了解，没有哪一个战败国能支付得起与现代战争费用等同的赔款……一心想要获取选票的领袖们，不敢向民众说明真相。即使是报纸的报道，强调的也只是流行的观点。几乎没有人站出来说明：战败国只能通过提供服役，或者用车辆、轮船载运物资输出到国外的办法来偿付赔款，而对于接收这些物资的国家来说，除非处于极其原始的社会或受到严格控制，否则其国内工业必然会被打乱。

1918年，纽约中央车站前由阵亡德军士兵头盔堆成的大金字塔（佚名拍摄）

实际上，掠夺一个战败国的唯一方法，就是把所有需要并可以搬动的都运走，并让战败国的一部分人充当永久或短暂的劳役。不过，用这种方法所得到的利益无法与战争的费用相比。各国当权者竟没能认清这一点，摆脱公众的愚昧之见，并向选民宣布这一简单而无情的事实。即使他们说了，也没人相信。胜利的协约国坚持要对德国进行不断的压榨，“直到这些小个子吱吱叫为止”。

不过，这些条文没能真正施行。恰恰相反，虽然德国被战胜国没收了约10亿镑的资产，几年后却从英美等国获得了高达10.5亿镑的贷款，从而迅速在战后的废墟中复兴起来。但对于此时的战胜国来说，国内贫苦而不幸的人民也在大声呼喊，于是各国政治家又提出保证，要德国交出“最后一分钱”。这样一来，自然无法指望能通过这些慷慨的施予从德国人那里获得感激甚至好感了。

结果，德国只付出、也只能付出后来规定的赔款，因为美国正慷慨地给予欧洲，尤其是给德国大量的贷款。实际上，1926–1929年，美国以分期偿还的方式所收回的各种赔款，只及毫无偿还可能的对德贷款的1/5左右。然而，在所有人看来，这一切都令人振奋，这样的局面似乎可以一直持续下去。

历史终将作出判定，这些疯狂的行为导致“经济风暴”的出现，并促成了新的战争发生。

德国向四面八方借钱，将每一笔他国慷慨提供的信贷吞噬殆尽。受援助战败国的错误观点影响，虽然在投资规模上远逊于美国，英国也有许多投资家在这种看似划算的利率刺激下参与其中。于是，德国只付出10亿镑的赔款，却得到了15亿镑的贷款，而且支付的方式也是五花八门，或出让国外的资产和外汇，或利用美国庞大的贷款“变戏法”。所有的一切，就是一串由各种愚蠢做法组成的悲惨故事，而在编写这些故事的过程中，又包含了多少汗水、败坏了多少美德！

第二个重大悲剧就是奥匈帝国被《圣·日耳曼条约》和《特里亚农条约》彻底拆散了。许多世纪以来，无数民族曾在这个神圣罗马帝国的幸存化身庇护下，享有贸易安全并维护自身权益。而在我们的时代，这些民族没有一个能够抵抗来自振兴的德国或俄国的压力。它们都希望从联邦或帝国的体制中解脱出来，而自由主义政策恰恰成为鼓励它们的原因。东南欧迅速分裂为多个小国，反倒造成了德国的相对扩大，虽因战败而疲惫凋敝、疮痍满目，其领土却依然保持完整，因而在这些地区拥有压倒性的优势……与此同时，胜利者还把自由国家追求已久的理想强加于德国身上，令德国人不必受强制军役的制约，德国从此无须维持庞大的军备。

尽管德国已失去了信用，大量的美国贷款仍源源不断地涌入。魏玛政府根据最后的修改意见制订出了一部民主宪法，德皇被废黜了，被选举出来的不再是出身高贵者。然而，在这一脆弱政治建筑之下，德国人的民族热情汹涌澎湃，丝毫没有因为战败而受损。

美国人对帝制早有成见，劳合-乔治[1]也没有反对意见，这等于明摆着告诉德国人，建立共和制比维持帝制能获得更多的好处。其实，最明智的措施是把魏玛共和国改变为君主立宪制，由德皇年幼的孙子出任立宪君主，另设摄政院执政以巩固并加强这一制度。可惜没有这样做，反倒使得德国政权结构中出现了一个真空。包括封建势力和军人在内，所有的实力派本可以在君主立宪制的旗帜下集结起来，给予新生的民主议会制以尊重和支持，结果却陷入分崩离析之中。自诞生之日起，魏玛政府及其身上的自由主义装饰和祝福，都被视作敌人强加，因而无法取得德国人的信任。

有段时期，年迈的兴登堡元帅成了德国人的希望寄托。此后不久，各种强大的力量又处于彷徨无主的状态之中，权力真空再次暴露了出来。又过了一段时间，一个本性残暴的狂人大踏步地进入了这一真空。他成了德国上下复仇情绪的集中代表，并以前所未有之势侵蚀着德国人的心灵。这个人，就是下士希特勒。

对于法国来说，从1870年以来一直想打场复仇战争的那代人取得了胜利，但法国的国力因此受到了严重的损耗。迎来胜利曙光的法国，当时只不过是一个精疲力竭的国家。

自胜利的那天起，法国就对德国抱有极大的恐惧。正因为这种恐惧，福煦元帅要求把法国国界推至莱茵河，以此保障法国的安全并防备强大的邻国。在英美政治家看来，将德国人居住的区域并入法国，违背了威尔逊总统所提出的“十四点”，也违背了《凡尔赛和约》所遵循的民族主义和民族自决原则。因此他们拒绝了这一要求。当然，为了争取克列孟梭[2]，他们答应：第一，英美共同保证法国的安全；第二，设立非军事地带；第三，德国全面、永久地解除武装。

尽管福煦元帅表示反对，克列孟梭还是接受了，虽然他的内心深处也未必赞同。最后，威尔逊、劳合-乔治和克列孟梭签订了保证条约。然而，美国参议院

[1] 当时的英国首相（1916—1922年）。

[2] 即乔治·克列孟梭（1841—1929年），法国著名政治家，法兰西第三共和国总理。

拒绝批准这一条约，还否决了威尔逊的签署。在缔结和约的全部过程中，英国极其尊重威尔逊总统的意见和愿望，最后得到的却是一个毫不客气的通知，表示英国应对美国宪法有更好的了解。

在一片混乱中，克列孟梭这个举世闻名、同英美两国都有过特殊接触的权威，被受恐惧和愤怒影响的法国民众抛弃了。普鲁塔克[1]说过：“对他们的伟大人物忘恩负义，是强大民族的标志。”法国在自身遭到严重削弱的关头，仍出现了这种问题，是一件很轻率的事。在法兰西第三共和国[2]（以下简称为“第三共和”）中，各政治集团的阴谋活动再一次活跃起来，各部的部长频繁更换。参与此事者或有利可图，或以此为乐。无论如何，这已成为第三共和的特征，在这种情况下要找出一个像克列孟梭那样强有力的人物来接替，实在很困难。

彭加勒是继克列孟梭之后的最强硬者，他打算建立一个在法国的庇护和支配下的独立的莱茵兰[3]，而这根本不可能成功。他为了强迫德国缴纳赔款，毫不犹豫地进兵鲁尔。这当然是为了让德国遵守和约，结果反而受到英美两国舆论的严厉谴责。法国占领鲁尔激起了德国民众极大的愤慨，并导致大量滥发纸币，有计划、有目的地摧毁马克这种货币的基础。由于德国的财政和政治陷入一片混乱，加上在1919—1923年缴付了几笔赔款，马克很快崩溃了。在通货膨胀的最后阶段，430,000亿马克才值1英镑。

这一次的通货膨胀，无论是在社会还是经济方面都产生了极其恶劣的后果。德国中产阶级的储蓄被一扫而光，这就为国家社会主义提供了天然的追随者。托拉斯如雨后春笋般出现，德国工业的整体结构被破坏。所有的流动资本都没有了，内债以及以固定资本作为担保和抵押的工业债务，当然也得清算，或者被赖掉，即便如此也不足以补偿流动资本的损失。这些后果直接导致德国这个破产的国家大规模地向外国借贷，而这一点成为了德国在其后若干年的特色……

[1] 普鲁塔克（46—120年），古希腊作家、哲学家。

[2] 指在1870—1940年统治法国的共和政府，被认为是法国第一个长久而稳定的共和国。

[3] 旧地区名，也称“莱茵河左岸地带”，即今天的德国莱茵河中游地区。

英国对德国的态度，起初非常严厉，不久后就转向了另一个方向，而且过了头。劳合-乔治与彭加勒之间存在分歧，而彭加勒冲动的个性成为实现自己坚定而富有远见的政策的障碍。无论在思想还是行动上，英法两国都不合拍，而英国对德国的同情或者说是敬慕，已经强烈地表现出来了。

1922年大萧条时，成堆的马克成了孩子游戏的“积木”（佚名拍摄）

对于国际联盟来说，成立之初就遭受了致命的打击：美国抛弃了威尔逊总统所提出的原则。威尔逊本人准备为他的理想继续奋斗，却在竞选运动期间突患中风。他在此后近两年漫长而重要的时间里，都因疾病缠身而无法工作。直到1920年共和党在总统选举中获胜，无论是他的党还是他的政策，都被撤换了。

共和党取得了胜利，孤立主义开始在大西洋彼岸大行其道。当然，法律规定的债务必须偿还，其他的就让欧洲自作自受好了。与此同时，美国还提高了关税，以阻碍货物进口，但债务的偿还又只能依靠这些货物。在1921年的华盛顿会议中，美国提出了影响深远的裁减海军的建议，英美两国政府很热心地凿沉舰只并拆毁军事设备。根据某种奇特的逻辑，两国认为除非战胜国自己解除武装，否则便无法在道义上要求战败国解除武装。就这样，法国对莱茵河国界的要求和保证不但完全落空，还因为实行普遍义务兵役制而维持了一支已经大大削减了的军队，饱受英美两国的诟病。

此外，美国明确向英国表示，如果日本所恪守不渝的英日同盟[1]继续保持下去，将成为英美关系的障碍。于是，这个同盟就告吹了。英日同盟的废止在日本产生了巨大的反响，日本人普遍认为这是西方世界主动踢开一个亚洲国家。英国和日本的联系被主动切断，而这些极有价值的联系原本会对之后的局势产生决定性作用。

由于德国的失败和俄国的动乱，日本在世界海军强国实力排名榜上的地位得到了提升，升到第三名，这一点或可使日本聊以慰藉。而根据《华盛顿海军协定》对主力舰5：5：3比例[2]的规定，虽然实力比起英美两国来还稍显不如，但以日本的建造和财政能力而言，这一规定比额还得好些年才能达到……无论在欧洲或亚洲，胜利的协约国在保护和平的名义下迅速确立的条件，其实都在为下一次新的战争扫清道路。

当所有的不幸一件件地出现时，大西洋两岸的人们还在无休止地谈论着那些无关痛痒的陈词滥调。此时，欧洲却出现了一个新的祸源，它比沙皇和德皇的帝国主义更加可怕……然而在一战战后的最初几年里，欧洲文明的基础显得岌岌可危。

在慕尼黑，希特勒下士竭力煽动士兵和工人疯狂地仇恨犹太人和共产党人，说他们应为德国战败负责；而在意大利，另一个冒险家贝尼托·墨索里尼，发明了一套新的治理方案，声称可以将意大利人民从苦难中拯救出来，以此来夺取独裁权力……于是，这些运动开始活跃起来，很快就把世界推入更为可怕的斗争之中。

尽管如此，一个可靠的和平保证依然存在。德国已被解除武装，它那庞大的军队都已被解散，所有武器被摧毁，舰船则在英国的斯卡帕湾[3]自行凿沉。根据《凡尔赛和约》的规定，德国只允许保留一支总数不超过100,000人的军队以维持

[1] 指英国和日本为维护各自在中国与朝鲜的利益而结成的互助同盟。

[2] 指美、英、日三国主力舰的总吨位之比。

[3] 位于英国苏格兰地区最北端、奥克尼群岛境内的半封闭水域。

国内秩序，并且不能在此基础上增加后备人员。德国还被要求遣散军事教官，每年在限额内补充的新兵不再接受军事训练，军官人数也被以各种办法减至1/10。德国海军舰艇的吨位限定在10,000吨以下，并被禁止拥有潜艇和军用飞机。

直到1934年，战胜国在欧洲甚至全世界范围内都是所向无敌的。在这16年中，前协约国的三个国家，甚至只需英法两国和他们在欧洲的伙伴，随时都能借用国际联盟的名义来控制德国的军事力量，只可惜没有一个国家这样做过。相反，美国直到1931年时还在以国外控制的办法向德国索要每年应付的赔款。而德国之所以能够付款，全靠美国给予的比赔款更多的贷款，这使整个过程变得十分荒唐。除了怨恨，一无所得。

另一方面，如果各国坚决执行《凡尔赛和约》中有关解除德国武装的条款，原本不需动用武力，更不用流血，就可以长久地保卫人类的和平与安全。然而，在德国出现轻微违约的情况时，各国都不加理会，而当违约情况变得严重了，各国又不予正视。最后，保持长久和平的愿望就这样付诸东流了。战败者无需从胜利者那里获得宽恕，胜利者的愚蠢反倒成为进一步助长失败者罪行的条件和借口。如果没有这等蠢事，失败者就不会受到进一步的蛊惑，更不会有任何的机会。

在我的心中，书中叙述的种种，都是在描述这一前所未有的悲剧是怎样在动乱的历史环境中发生的。而且，这一悲剧不仅仅包括必然会在战争中损失的生命财产。

在第一次世界大战中，士兵们进行可怕的残杀，各国所积累的财富纷纷化为乌有……直到战争结束，欧洲文明的基础结构仍巍然屹立。当大炮轰击的硝烟和尘土散尽时，尽管各交战国间存在敌对情绪，仍互相承认对方历史悠久的种族人格。总体而言，战争的基本法则还为各国所遵守。双方的军人在专业性上还存在着共同的基础。无论战胜国或战败国，都保持着文明国家的风范。庄严的和平被建立起来了，除了行不通的经济条款之外，符合19世纪以来不断调整着的各文明国家之间关系的原则。法治为公众所承认，出现了世界性的机构，以防止变乱重生，保障我们所有人，尤其是欧洲。

但在第二次世界大战中，人与人之间的所有关系都不见了。自愿受希特勒支配的德国人犯下了滔天的罪行，其规模之大、性质之恶劣，是人类历史上一切黑暗记录所未曾有过的。德国集中营有计划地大规模屠杀了包括男人、妇女和儿童在内的六七百万人。其恐怖的程度，远远超过成吉思汗的屠杀。与之相比，成吉思汗杀人的规模简直是小巫见大巫。

在东线战场上，空袭不设防城市的暴行由德国开始，而实力日益强大的盟国则以20倍的规模回敬，终于在使用原子弹摧毁广岛和长崎之时达到高峰。这样的情况是过去多少个世纪以来人们所难以想象的。现在，我们终于从物质毁灭和道德沦丧的灾难中挣脱出来了。但我们经受了种种苦难并获得成功之后，还会遇到各种问题和危险，其可怕的程度比起过去好不容易才克服的那些问题和危险来，不是小一些，而是大得多。

1945 年4月，德国布痕瓦尔德集中营里骨瘦如柴、面无表情的犹太人（米勒拍摄）

作为一个在那段日子里生活并工作过的人，我希望能够向读者说明：为什么说第二次世界大战的悲剧原本可以避免；善者的软弱如何助长了恶者的凶狠；各民主国家如果不联合为更大的机构，其体制和常规是如何缺乏唯一能给民众带来安全感的恒心和信心；在10～15年的时间里，我们在自卫问题上为什么没有政策可言。

在这本书中，我们将看到：慎重和克制为什么成为了导致严重危险的主要因素；出于安全和平稳目的而采取的折中妥协，如何直接导致灾祸中心的形成。我们也将看到，在这些年里，无论政局如何变动，各国共同采取广泛一致的国际行动是何等的重要。

最简单的对策是：德国在30年之内废除军备，战胜国则保持充分的军事力量。在此期间，即使不能同德国达成协议，也得建立一个更有力的国际联盟，这个国际联盟要能够保证条约的贯彻执行，或者必须经由讨论和各方同意才能加以修改。

既然有过前例，三四个大国政府一致要求本国民众作出最大牺牲，民众也曾为了共同的事业而全力以赴，并终于获得了盼望已久的结果，那么各国更应保持协调一致，以确保最基本的需求，这是非常合理的。

然而，对于这个并不过分的要求，胜利者的综合实力、文明程度、学问程度、知识素养和科学程度都无法给予满足。他们还是过一天算一天，由一次选举到另一次选举。结果20年的时间刚刚过去，第二次世界大战的可怕信号就出现了，我们对那些曾经英勇作战并捐躯沙场者的儿女们，只好做这样的描写：

他们并着发痛的肩膀前行，

迈着沉重的步伐，

远离生命的光明旷野。[1]

[1] 引自英国诗人西格里夫·萨松作品，“心有猛虎，细嗅蔷薇”是其代表诗句之一。

第2章

我对下一次大战的预言

对于欧战停战到1922年年底英国政府更迭的这四年状况，我曾在自己所著的《战后》一书中写过些许感想。该书写于1928年，当时的我已为日后的浩劫到来而深感忧虑。

直到20世纪初，战争才进入到可以毁灭人类的时代。人类已由大的国家或帝国所构成，集体意识充斥于各民族的兴起过程之中，使屠杀事业得以按照一种前所未有的规模和持久度，为人们所设计并执行。

个体卓越的长处，被集中用来发展大规模屠杀的能力。雄厚的财力、进行世界贸易和信贷的资源以及巨额资本的积累，确保了各国人民的精力能在相当长的时间内被用于破坏的事业。亿万人民的意志为民主政治制度所体现。教育把战争这一课灌输进了每一个人的头脑中，不仅如此，它还令每一个人都能对当前目标发挥最大的作用。报纸成为一种促进彼此团结和互相激励的工具。至于宗教，虽然很高明地在基本观点上回避了斗争，但又通过种种方式对所有战斗人员一视同仁地给予鼓励和慰劳。最后，科学打开了自己的宝藏和秘密以满足各种不知死活的需求，并任由那些能起决定作用的器械和装置落入人们手中。

结果，许多以往战争中不曾见过的事物出现了。不但设防的城市遭受饥荒，一个接一个的民族也被有计划地置于或将被置于因饥馑而衰弱的过程中，全部人口以这种或那种身份参加战争，彼此皆是袭击的对象。天空中开辟了一条道路，死亡和恐怖被带到远离战线的后方，带给老弱妇孺这些以前不会在战争中受到侵犯的人。铁路、轮船和汽车等运输工具被组织起来，千百万人可以不断地进行战斗。而医疗和外科手术的进步，又把人们一次次送回屠杀场。凡是可以用于战争这种大规模浪费事业的，都不会被浪费掉。即使是士兵的垂死挣扎，也可以产生军事上的效果。

1916年索姆河战役中，疲惫的英军士兵在占领的德军战壕中休息（佚名拍摄）

即便如此，大战头四年里发生的一切，也只是接下来第五年战斗的序幕罢了。如果战争继续进行，必然会有更加惊人的杀伤性力量出现。假设德国军队保持了士气，并成功地撤退到莱茵河，那么他们就将在1919年夏天受到前所未有、无可匹敌的力量和技术的袭击。他们的城市将被成千上万架飞机炸毁，阵线将被几万门大炮夷平。

当时的协约国正在进行各种部署，准备一次性动员二三十万装备齐整的军队，以每天10～15英里的速度，搭乘机械化车辆持续越野前进。受到攻击的敌方阵线将陷入窒息，因为只有一种防毒面具（德国人还没能够造出）才能防御的剧毒毒气，会让所有生命陷入瘫痪……然而，解除警报已发出来。于是，1919年的恐怖就放入各主要交战国的档案里了。

战争突然全面停止，就像开战时的情形一样。世界抬起了它的头，看一看大劫过后的废墟，胜利者和战败者同时松了一口气。成百上千的实验室、兵工厂、制造厂和各种办事机构里，人们一下子站了起来，离开了多少年来一直专心致志的工作。人们的计划还没有完成，就被丢在一边了，但他们的知识还保存着，他们的资料、数据和发明，都由各国的军事机关匆匆忙忙地捆扎起来，并注上“供将来参考”。

受到德军毒气攻击后的英军阵地（赫尔曼·雷克斯拍摄）

1919年的战役没有打成，各种战争观念却仍在向前发展。在和平外衣的掩盖下，各国军队纷纷对与战争相关的东西进行研究、推敲和提炼。如果世界再一次发生战争，就不会使用1919年作战所准备的武器和器械，而会使用那些武器的发展和扩充版，那将会是难以想象且更为可怕和致命的了。

正是在这种情况下，我们进入了这个被称为“和平”的筋疲力尽的时期。无论如何，它向我们提供了一个对全局进行思考的机会。某些令人担忧而确切无疑的事实，已像从飘浮的云层中出现的山峰那样逐渐显露。可以肯定的是，一旦打起仗来，全部人口都将加入战斗，每个人都将竭尽全力，都无法避免敌方猛烈的攻击。受到严重威胁的国家，将不惜一切手段以确保其生存，很可能——不，可以肯定——在下一次的战争中，他们使用的必然会是一些大规模、无限制的毁灭性武器，甚至可能一旦发射就无法控制。

人类过去从来不曾处于这样的境遇中：既没有值得一提的道德进步，又缺少对理智的正确指引，却首次掌握了足以毁灭自身的工具。在人类的发展历程中，人们所有的光荣和辛劳将自己引导到这样的一个顶点。人们最好还是停一停，好好想想自己背负的新责任。死神在“立正”、遵命、听候号令：准备执行任务，将全人类大批地砍杀；准备一经召唤，便将人类文明的一切统统压成齑粉，使之永远失去修复的希望。死神只是在等候一声号令，等候一个神志虚弱、手足无措的人下达命令。这个人原本是他的牺牲品，而现在——仅仅是这一刹那，却成了他的主人。

这些话是在1929年1月1日发表的。现在，又是18年后的元旦了，我还是不能写出和先前两样的话来。在两次大战之间，由我本人负责的一切言论和行动，其目的只是为了预防第二次世界大战的发生，当然也是为了在最坏的情况出现时，保证我们能够取得胜利，或者至少让我们能幸存下来。

没有哪一次战争比第二次世界大战更容易被制止的。为了反抗暴政，防止世界毁灭，我们随时准备使用武力。但如果英国、美国和其他协约国国家能以通常处事的态度贯彻始终，像一般家庭处理家务事那样，也许不一定要用到武力，做没有法律伴奏的行军。不但如此，在正义的事业中，我们完全可以依凭实力，而不必冒流血的危险。英国、法国，尤其是具有巨大实力的美国，由于放弃自己的目的，甚至放弃了自己原本衷心拥护的主张，任由局势不断发展，终于到达他们所害怕的那个顶端。

早在1925年，我就写过一些现在还不宜忽略的关于技术方面的想法和疑问。

如果出现某些新方法，会不会使爆炸的程度比迄今所有已发现的来得更为猛烈呢？如果发明了一种炸弹，会不会拥有足以摧毁一大片建筑物的威力，却只有橘子大小——或者集中上千吨炸药的力量，一下子把整个市区夷平呢？即使是现有的炸弹，是否可以装在飞行器上，不用驾驶员，而用无线电或其他射线来操纵，自动、连续不断地轰击敌方的城市、兵工厂、营房或造船厂呢？

英国诺丁汉一家兵工厂的两位女工正在忙碌（佚名拍摄）

至于毒气以及其他形式的化学战，现在看来还为时过早，那只是一本恐怖书中已写成的第一章而已。不过有一点是肯定的，莱茵河两岸的人们都在以绝大的耐心来研究这些新的毁灭方法，为什么要认为这些方法只限于无机化学呢？对于疾病的研究——有组织地准备各种病毒，蓄意向敌方的人畜投放——肯定不止一个大国的实验室在试验。毁坏庄稼的害虫、杀死马匹和牲口的炭疽热、毒害军队并且能够影响整个地区的瘟疫——这就是军事科学冷酷无情的发展线路。

所有这些话都是我在近1/4个世纪前说的。

一个有自尊的民族，假如在战争中被击败，它一定会尝试尽可能地快速重整军备，这是很明显的。只要有可能，他们就不会屈从于被迫接受的城下之盟。

“……安逸的局面将会改变在痛苦中所发的誓言，把它视作暴力所迫，是无效的。”

所以，强制一个战败国始终处于被解除武装的状态，是胜利者的责任。为了这个目的，必须采取双重政策。

首先，自己要保持充分的军备，同时还需要保持警惕和权威，贯彻执行和约中关于禁止敌国恢复军事力量的各项条款。

其次，必须采取宽大措施，旨在使战败国恢复元气，尽可能使它对自己的状况感到满足，还要用一切方法创造一个真正友好和具有共同利益的基础，逐渐消除任何有可能引发武力的诱因。

在这几年中，我提出了一个准则："消除战败国怨气第一，裁撤战胜国军队第二。"可以看到，英国、美国和法国后来采取了相反的做法，于是下文便有故事可讲了。

第3章
下士阿道夫和元首希特勒

1918年10月，在英军袭击科米讷[1]时，一名德国下士因受到芥子气的攻击而一度失明。当他躺在波美拉尼亚[2]医院病床上时，整个德国正被战败的阴影以及革命的呼声所席卷。

这位下士是奥地利海关一个低级税吏的儿子，年轻时他也曾梦想成为一名伟大的艺术家。然后，进入维也纳艺术学院深造的梦想破灭了，他在首都[3]过着贫苦的生活，之后又迁到了慕尼黑。他有时会做些油漆房屋的工作，更多的时候则是打打零工，过着穷困潦倒的生活。他的内心被极度的愤懑和怨恨所填满，他认为是世界让自己怀才不遇，无法有所成就。

苦难的经历，并没有让他走上共产主义的道路，而是走向了不同的方向，并将一种反常的种族忠诚观念和对德国及日耳曼民族狂热而不可思议的崇拜掺入其中。当战争爆发的时候，他立即怀着满腔热情去参军，并在西线的一个巴伐利亚团中服役了四年。

这就是阿道夫·希特勒的早年命运。

1918年的冬天，当双目失明的希特勒无助地躺在医院的病床上时，他觉得自己个人的失败，似乎同整个日耳曼民族的苦难连在了一起。战败带来的震惊，

[1] 现位于比利时，邻近法国北部边境地区。

[2] 现位于德国和波兰北部，处于波罗的海南岸。

[3] 维也纳是奥地利的首都。

法律和秩序的瓦解，法国人的胜利，令这个伤势渐愈的传令兵陷入极度痛苦之中，身体衰弱、面容憔悴，但也从此催生出一种既能拯救也可以毁灭人类命运的无可估量的精神力量。

一战时期的希特勒（右一）

在他看来，德国的失败是无法按照常理理解的。这其中必然存在一个重大而恶毒的通敌阴谋。这个抑郁的小兵，只凭自己狭隘的个人经验苦苦推敲，想要找出灾祸背后的真正原因。在维也纳时，他曾和代表极端主义的德国国家人民党的一些小组厮混在一起，并从他们那里听到过一个种族——北欧日耳曼族的敌人和剥削者——犹太人所进行的种种罪恶和破坏活动。这种基于某种爱国主义而产生的愤怒以及对富人和上层人士的嫉妒，被融合在了一起，成为一种无法抑制的仇恨。

1919年的一张明信片上显示，犹太人正向德军背后捅刀子

这位毫不起眼的病人终于出院了，仍然穿着自己的军服。对于军服，希特勒抱有小学生对军服般的自豪感。当他揭开纱布时，眼前是一副多么悲惨的景象！战败引起的骚乱实在太可怕了。在颓丧和暴虐的气氛中，红色革命的轮廓不断在他的身边闪过。慕尼黑的大街上，横冲直撞的装甲车向惊惶躲避的路人散发传单或射击子弹。还有些和他一样的军人，公然在制服上佩戴红色袖章，嘴里疯狂地喊着口号，反对地球上他所热爱的一切。

对于部下身上的煽动性革命情绪，希特勒所在团的军官们看了很是惊慌。而下士希特勒的归来让他们感到很高兴，无论如何，总算发现了一个对局势知根知底的人。希特勒志愿留在军中，并做起了“政治教官”或者说是特务的工作。他还以此为名收集了各种叛变和颠覆活动的情报。不久之后，他的上司，一位安保军官要他参加当地各政党的集会[1]。

1919年9月的一天晚上，这位下士在慕尼黑一家啤酒馆里参加了德国工人党的集会。希特勒第一次听到和他的理想如出一辙的言论，同样是反对犹太人，反对投机分子，反对令德国堕入深渊的“十一月罪犯”[2]。9月16日，他便加入了这个政党。不久之后，为方便在军队工作，希特勒负责起了该党的宣传工作。

1920年2月，德国工人党在慕尼黑举行第一次大会。希特勒操纵了那次大会，并为德国工人党的党纲草案规定了25个要点。此时的希特勒已是一名老练的政客，他的救国运动就此开始。

同年4月，希特勒从部队复员。自此，他的整个生命都投入到德国工人党的壮大之中。到第二年的年中，他已把德国工人党原来的领袖一个个地逐出了。希特勒以他的热情和天才，让那些着了迷的同伴接受自己的个人独裁，他已经成为了“领袖”。不仅如此，他还买下了一家经营不善的报纸——《人民观察家报》，以此作为该党的机关报。

---

[1] 应为德国陆军军区司令部政治部的命令。

[2] 指1918年11月德国爆发的革命。

1936年，希特勒和他的党徒们行进在慕尼黑的大街上，以纪念“啤酒馆暴动”

很快，希特勒就被共产主义者注意到了，他们企图破坏希特勒的集会。于是在1921年年底时，希特勒第一次组织了他的冲锋队。在此之前，一切活动都是在巴伐利亚一带进行的，但因为德国人民战后的生活状况越来越糟糕，各地都有人开始聆听希特勒的新福音。

1923年，法国悍然出兵鲁尔，震惊了整个德国，后来被称为“国家社会主义党”的党员人数也因此大为激增。马克的崩溃摧毁了德国中产阶级的基础，他们中的许多人绝望之下成为这个新政党的党员。他们在国仇家恨和爱国热情的驱动下，为自己的不幸寻求安慰。

从一开始，希特勒就说得很明白，要夺取政治权力，首先得反抗和打击“魏玛共和”这一战败耻辱的象征。1923年11月，“领袖”的身边出现了一群坚定的信徒，其中最杰出的有戈林、赫斯、罗森堡和罗姆，他们认定夺取巴伐利亚政权的时机已经到来。

鲁登道夫将军以其在军中的威名，为这一次的冒险行动助长声势，而且他始终走在暴动行列的前面。人们在战前常说：“德国是不会有革命的，因为一切革命在德国都被严厉禁止。”慕尼黑有关当局在这次事变中践行了这句格言。警察开了枪，但是很仔细地避开了鲁登道夫。将军径直迈步前进，向警察的队伍走去，还受到警察的敬礼。示威者中大约有20个人被打死，希特勒扑倒在地上，和其他领导人一起逃出了肇事场所。1924年4月，希特勒被判处四年徒刑。

虽然国家的秩序得到了维持，德国的法院也对肇事者进行了惩办，但德国国内有不少人认为当局是在打击自己的骨肉同胞，以德国最忠实儿女的牺牲来为外国服务。于是，希特勒的徒刑最终由四年减为13个月。而他在兰茨贝格监狱的十几个月，使其能够完成《我的奋斗》一书的提纲——这本为死于暴动的人们所写的书，是他的政治哲学著作。

在希特勒夺取政权后，这本书是最值得协约国领导人仔细研究的。德国复兴的纲领、政党的宣传技术、同马克思主义作斗争的计划、国家社会主义的概念、德国理所当然地应享有世界最高地位——所有这些都在书中写得明明白白。这是信仰和战争的新可兰经：夸张、冗长、杂乱无章，却包含了这个党的使命。

不停战斗的希特勒，逐渐作为一个全国性人物而显露头角，这并没有引起各战胜国的注意，因为各国也正为自己的麻烦事和党派斗争所苦恼。国家社会主义党，即后来所谓的"纳粹党"，用相当长的时间牢牢控制了德国的民众、军队、国家机器以及那些企图摆脱共产主义威胁的工业家，最终成为令整个世界都不得不刮目相看的一股巨大力量。1924年年底，当希特勒从狱中获释时，他这么说道，重新组织运动恐怕得要五年的时间。

战后几年间，在共和政府和民主体制的背后，德国陆军参谋部掌握着真正的国家大权，总统和内阁的任免都受其操纵。一直以来，德国陆军参谋部都认定兴登堡元帅是其权力的象征和意志代理人。然而到了1930年，兴登堡已经83岁了，他的智能正逐渐衰退，越来越像是一个偏见、固执和独断的老人。

在战争中，兴登堡曾被奉为一个伟大的形象，而此时的德国爱国者却希望他能早日归天以表示对他的敬仰。这充分说明，兴登堡已经变成了一个"木头的泰坦神[1]"了。这么多年来，陆军参谋部的将军都已明白，是时候物色一个满意的领袖

[1] 希腊神话中天神与地神的子女。

来继承这位年迈的元帅了。但其物色新人之举，受到了国家社会主义党的压制。

1923年慕尼黑暴动失败后，希特勒曾发表过一个严格合乎魏玛共和体制法律条文的纲领，但他同时鼓励并计划扩充纳粹党的军事和半军事组织冲锋队（或称“褐衫队”），以及一个人数极少却有严格纪律的核心组织党卫队。这些一开始很小的组织，逐渐发展为无论是人数还是活力都很惊人的大规模团体，令军方相当忌惮，大为惶恐不安。

那位军官出身的罗姆负责领导冲锋队。在斗争的几年中，他既是希特勒的同志，也是希特勒的亲信朋友。罗姆是一个极有能力和胆量的人，作为冲锋队的总参谋长，他有着强烈的个人野心……冲锋队吸收了原德国国家人民党的大多数组织，其中包括1920年在波罗的海地区和波兰同布尔什维克党人作战的自由同志会，以及钢盔团这个国家人民党退伍军人的组织。

对国内政治形势深入研究的结果，使德军将领不得不接受一个事实：与纳粹运动相对立的军官阶层已无法再统治德国了。两派都想把德国从地狱中拯救出来，报战败之仇。但德国陆军代表的是德皇所设立的帝国机构，保护的是德国社会中的封建领主、贵族、地主和其他富裕阶级。冲锋队则基本变为一个由冲动、愤懑的颠覆分子和绝望的破产者所鼓动起来的革命团体，与其所谴责的布尔什维克党人水火不容。

一方面，德国陆军认为和纳粹党斗争，等于把战败的德国推向深渊，撕成碎片。1931年和1932年，德军高级将领一致认为，德国陆军虽然严厉反对过纳粹党的内政主张，但为了自己和国家着想，必须同纳粹党联合起来。

另一方面，尽管希特勒做好了不惜一切代价夺取政权的准备，但他面对的却是那些曾经领导德国的领袖人物，而这些人曾是他年轻时敬仰和效忠的对象。所以，双方之所以能够达成协议，条件可以说是现成的，也是大势所趋。

德国陆军逐渐认识到纳粹党势力之大，已到了只有希特勒才能替代兴登堡成为德国元首的地步。而希特勒也明白，要想实现自己复兴德国的计划，必须借助陆军的中坚力量。

兴登堡元帅戎装像（佚名拍摄）

交易一经达成，陆军将领就开始劝请兴登堡对希特勒另眼相待，把他当作未来的德国总理来看。希特勒则答应限制冲锋队的活动，并使其接受陆军参谋部的制约，而且还保证在万不得已之时会予以取消。凭借这些交易条件，希特勒取得了德国军队势力的效忠，正式掌握了行政管辖权，并明确拥有了国家元首的继承权。这位下士，步步高升，已经升得很高了。

1933年1月30日，希特勒就任德国总理。不久之后，那些反对或可能反对“新秩序”的人，马上会尝到这位德国新主人的手段。

1933年2月2日，德国共产党被禁止一切集会和示威，德国各地开始搜查共产党的秘密武器。

2月27日晚，德国的紧张局势达到了高潮。国会大厦忽然失火，冲锋队、黑衫队，以及其他附属组织奉命出动。一夜之间，4000多人被捕入狱，其中就有德国共产党的中央委员。负责这些行动的就是新就任德国内政部长的戈林，目的是为下一次选举做准备，以确保挫败新政府最有力的对手——德国共产党。手段高超、热情奋发的戈培尔则受命负责组织选举。但在德国，仍有许多势力不愿接受或仍然反对希特勒。

选举的最终结果是：共产党获得81席，许多人在彷徨痛苦之中投了他们的票；社会党得118席；中央党得73席；在巴本和胡根堡领导下已与希特勒结盟的人民党获得52席；纳粹党获得1730万票、288席。

选举使希特勒和他的盟友人民党获得了国会的操纵权。就这样，希特勒用尽了种种阴谋诡计才从德国选民那里得到了这一多数选票。而按照文明国家的惯例，民主议会中占有众多席位的少数派仍会在国家政治生活中产生巨大的影响。但在新的纳粹德国，少数派马上就要领教到，他们根本没有什么权利可言。

3月21日，腓特烈大帝墓陵附近的波茨坦，希特勒在驻军教堂里召开了第三帝国的第一届国会。陆军代表、冲锋队和党卫队的高级军官——就座于教堂中殿。陆军代表象征着德国武力的延续，而冲锋队和党卫队军官则是德国复兴的新人。

3月24日，国会以441票对94票压倒了一切反对派，以四年为期把全部紧急措施权力授予希特勒总理。议决案宣布时，希特勒朝着社会党的席次喊道："我再也用不着你们了。"

这次选举的气氛异常热烈，欢欣鼓舞的民族社会主义党在柏林的大街上拉开队伍举行火炬游行。经过自己的领袖面前时，他们纷纷行异教徒式的敬礼。

经历了漫长的斗争后，这次选举终于成功了。对于外国人，尤其是那些从未品尝过战败痛苦滋味的人们来说，这是很难理解的。希特勒终于来到了，但他并不是一个人来的。日耳曼这个欧洲人数最多、最容易被操控、残酷和不幸的民族，它所有的一切隐蔽而狂暴的愤怒，将由希特勒从战败的深渊中重新唤醒。希特勒召唤出了一个能够吞噬万物的摩洛神像[1]，而他成了这个神的祭师和化身。

至于仇恨与暴政的机构是在何种难以置信的残暴和卑劣手段下完成，以及这些机构是如何一步步趋于完善，就不在我所要叙述的范围之内了。在这里，我有必要告诉读者的只是一个可怕事实：在这个依然懵懵懂懂的世界，希特勒已经掌握了德国，而德国正在武装起来。

与此同时，英国的麦克唐纳—鲍德温政府迫于财政危机的压力，决定对原本已经够少的军备加以更大的削减和限制。对欧洲出现的不祥预兆，他们始终置若罔闻。麦克唐纳和他的保守党及自由党的同僚热衷于对胜利者的裁军，使之缩减到与《凡尔赛和约》强加于战败国身上的裁军一致。他们不但在国际联盟，还通过一切途径提出各种建议。虽然法国政府一直处于毫无意义的更迭中，但法国始

[1] 基督教文献中的一个古神，常将儿童作为祭品献祭。

终坚持维持陆军的实力，并将其作为法国及其所有同盟国生活的中心和支柱。而这一态度，却在英国及美国受到了各种抨击。报纸和公众的舆论完全不顾事实，而且这股逆流还十分强大。

1932年5月，在下院各党对裁军大加赞赏时……我第一次正式提出战争临近的警告。

如果让德国的军事力量接近法国，我将深以为憾。有人认为这种接近不无道理，甚至认为这是对德国的公平待遇，他们都低估了欧洲局势的严重性。我要劝告那些希望看到德法军备相近的人："难道你们想打仗吗？"就我个人来说，我衷心希望我这一辈子或者我的后代，一辈子也不会看到德法军备相近的情况。我这样说，一点也不代表我不尊重或不敬佩德国人民的伟大品质，但我可以肯定，这种"德国应取得与法国相等的军事地位"的议论，一旦见诸事实，就一定会把我们推进无法想象的灾难中去。

燃烧中的德国国会大楼（佚名拍摄）

英国政府的愚蠢和法国政府的软弱确实少见，但也的确反映出两国议会在这一时期的态度。美国也逃脱不了历史的诘难：他们只顾自己国内的事务，埋头处理自由社会种种利益、活动和事变，对欧洲所发生的重大变化只是漠然置之，以为无关紧要。许多精明强干的美国官员对此有不同的见解，但对那种缺乏远见、漠视欧洲事态的外交政策却没有产生任何显著的影响。

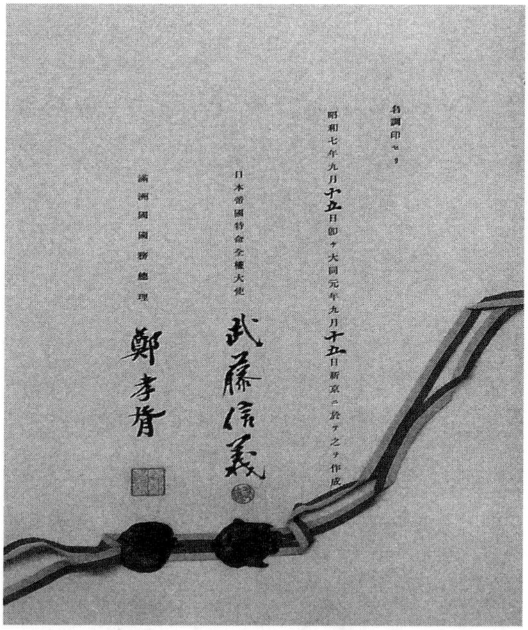

1932年9月15日，日本关东军司令官藤信义和伪满洲国“总理”郑孝胥签订的《日满议定书》

如果美国动用了自己的影响，就能促使英法两国的政客们行动起来。国际联盟虽不断遭受挫折，但仍不失为一个公认的国际机构，我们本可以用国际法的制裁来应对希特勒的战争威胁。但即便置身这种紧张气氛中，美国人也只是耸了耸肩。而几年之后，他们为此付出的将是新大陆的大量鲜血和财富。

当欧洲的胜利者与战败者在战争实力对比上出现可怕转变之时，远东地区非侵略和爱好和平的国家之间，也变得不再协调起来，成了恶化的欧洲事态的摹本。而这一切，都是由于从前的协约国和未来的同盟国领袖们在思想上和行动上的麻木而造成的。

1929—1931年的经济风暴，对日本造成的影响不亚于世界其他地区。自1914年以来，日本人口由5000万增加到7000万，冶金工厂由50家增加到148家。然而，生活费用不断上涨。稻米的生产停滞不前，从国外进口的粮食又很昂贵。日本迫切需要更多的原料和更大的国外市场。

在严重的经济萧条期间，英国和其他40个国家都渐渐意识到不得不采取限制政策或关税政策，以抵制不同于英美标准劳动条件生产出来的日本货物。中国一向是日本棉织品和其他工业制品的主要输出市场，也几乎是日本取得煤和铁的唯一的来源。因此，重新确保对中国的控制就成为日本政策的重中之重。

1931年9月，日本借口一次地方性骚乱，出兵占领了沈阳和南满铁路沿线地区。1932年1月，日本要求中国解散一切反日团体。被中国政府拒绝后，日本于

1月28日在上海公共租界以北登陆。中国进行了英勇的抵抗，虽然缺乏飞机、反坦克炮和其他现代化武器，仍然坚持抵抗达一个月以上。在遭到重大损失之后，中国军队不得不在2月底撤出吴淞口炮台，退至离海岸约12英里的新阵地。

1932年年初，日本成立了满洲傀儡国。一年后，日本又兼并了中国的热河省，日本军队还深入到中国其他不设防的区域，并直达长城。这些侵略行动和日本在远东势力的增长及其海军所取得的新地位是一致的。日本的对华暴行，从第一枪开始就引起了美国最强烈的反对。但美国奉行的孤立政策采取了一种骑墙的态度。如果美国是国际联盟的成员国，那它就一定会领导国际联盟对日本采取集体行动，而美国自己也会在集体行动中成为国际联盟的主要委托国[1]。

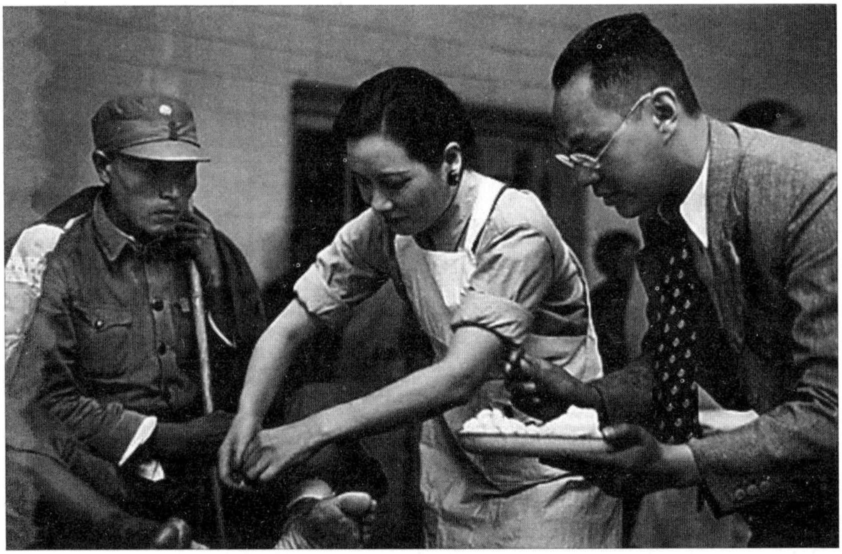

1932年，宋美龄慰问淞沪会战的士兵（佚名摄）

英国不愿单独同美国采取共同行动，也不希望在国际联盟宪章规定的义务之外卷入反日漩涡。英日同盟的终止，削弱了英国在远东的地位及其长久以来建立的权益，使一些英国人士感到不满。当时的英国政府正为了严重的财政危机和日

[1] 按照国际联盟的规定，“委任统治地人民的幸福和发展，是文明世界的神圣责任”，而实现这一目标的最好办法是“把委任统治地人民的监护工作委托给发达国家”。

渐紧迫的欧洲局势而大伤脑筋，既然不指望获得美国在欧洲方面相应的支持，没有在远东问题上站到美国一边，也就无可厚非了。

作为国际联盟的会员国，虽然中国没有付清应缴纳的款项，但它向国际联盟发出的呼吁，完全是正义的。1931年9月30日，国际联盟要求日军撤出满洲。12月，国际联盟委任李顿勋爵为主席，带领一个调查团赴当地调查。

李顿勋爵出身名门，曾任孟加拉省长和印度代理总督，在东方有过多年的经验。这个调查团一致通过了一份极有价值的调查报告，是研究中日冲突的基础。这份报告详细叙述了满洲事件的全部背景，得出了一个清楚的结论：满洲国是日本参谋部人为制造的产物，这个傀儡国家的成立并非基于人民的愿望。

在报告中，李顿勋爵及其同僚不仅分析了形势，还提出了解决争端的具体建议。这些建议包括：宣布满洲自治，但它仍是中国的一部分，受国际联盟的保护；中日两国订立一个全面的条约，规定两国在满洲的权益。国际联盟没有采纳这一建议，但这无损于李顿调查报告的价值。时任美国国务卿的史汀生就这一报告写道："它是迄今为止报告所涉及问题的极为公正的权威。"

1933年2月，国际联盟宣布不承认满洲国。国际联盟没有对日本进行制裁，也没有采取任何其他行动，而日本则于1933年3月27日退出国际联盟。在上次大战中，德国和日本处在对立面，而现在则彼此情投意合了。正当世界局势急需国际联盟的力量时，国际联盟在道义上的权威却缺乏任何实质上的支持。

在这个性命攸关的时期，由保守党执政的英国政府，以及政府内外的工党或自由党人的行为，都应该受到历史的谴责。他们听惯了悦耳的陈词滥调，而不愿正视不愉快的事实；一味哗众取宠获得选票，而不顾国家的根本利益；天真而简单地看待和平，可悲地认为单凭真诚就能为和平奠定基础；反应迟钝，对欧洲的情况毫无所知，一提到欧洲问题就感到厌烦；工党为强烈的和平主义所支配，自由党热衷的又是些不切实际的想法；昔日的伟大领袖劳合-乔治未能继续为他的事业奋斗；政府的全部提案都以压倒性的票数获得两院的支持。所有的一切，勾勒出一幅昏聩愚昧、萎靡不振的景象……其中并不带有恶意或阴谋，但对世界局势起了推波助澜的作用。

第4章 英、法的底牌已被摸清了

对希特勒来说，几年来的地下活动、隐秘或掩蔽的准备都成为了过去。他终于感到自己拥有了足够的力量，可以公开提出挑战了。

1935年3月9日，德国空军宣布正式成立。3月16日，德国陆军宣布将以国民征兵制为基础，不久后又公布了各项相关法令。其实，德国早就开始行动了。法国政府对此有详细的情报，并在德国行动的几个小时前，提前宣布把兵役延长为两年。对于国际联盟所依据的《凡尔赛和约》来说，德国的举动是一种公开、正式的冒犯。

在此之前，德国或是不动声色，或是巧立名目，并没有公开破坏和约。而各战胜国为和平主义的假象所迷惑，埋首于自己国内的各种问题，常常互相推卸责任，从没有正式宣布德国破坏或违背了和约。然而，问题发生了，来得是那么的直接而粗暴。

同样是1936年3月16日这一天，意大利士兵受征召前往埃塞俄比亚作战。埃塞俄比亚政府向国际联盟提出呼吁，抗议意大利的恐吓。3月24日，西蒙爵士与掌玺大臣[1]艾登在这种情况下应邀访问柏林。对此，法国政府认为有失妥当。法国所面临的问题，已不是麦克唐纳一年以前竭力迫使他们要实行的裁军，而是要把义务兵役由一年延长为两年。按当时普遍流行的看法来说，这实在是一件费力

[1] 原为国王任命、负责替国王保管玉玺的官员。没有实际功能，一般由内阁中没有具体部门职责的大臣兼任。

的工作。不但共产党不赞同，社会党也投票反对。当莱昂·布鲁姆[1]先生说“法国工人将奋起抵抗希特勒的侵略”的时候，多列士[2]在亲苏党羽的欢呼中回答：“我们决不容许工人阶级被拖进所谓保卫民主反对法西斯主义的战争之中。”

1936年，受征召前往埃塞俄比亚作战的意大利士兵（佚名拍摄）

美国对欧洲的一切事务都不愿过问，而且决定再不为欧洲而自找麻烦。虽然法国、英国以及意大利意见不一，但都认为应对希特勒断然违背和约的举措加以谴责。于是，在国际联盟的主持下，一战主要协约国在斯特雷萨[3]召开了一次会议，对这些问题提出讨论。

当时一致认为，牺牲了好几百万人才得以订立的庄严条约决不允许被公开破坏。但英国一开始就明确表示，即使和约被破坏也不考虑制裁的可能性，结果导致会议只限于空谈。会议最终通过了一项决议：由单方——即一个方面——破坏

[1] 法国著名政治家、文学和戏剧评论家。1936—1937年人民阵线联合政府首脑，法国第一位犹太人总理。

[2] 法国和共产国际著名活动家，德军占领法国期间领导了共产党组织的法国人民抵抗运动和1944年的民族解放起义。

[3] 意大利西北部城镇，著名的旅游与疗养胜地。

和约，是不能容许的，并将请国际联盟行政院公布已暴露出来的情况。

4月15日—4月17日，国际联盟行政院审查了德国实行普遍征兵制这一有违《凡尔赛和约》的行为。出席行政院会议的国家包括：英国、法国、苏联、意大利、澳大利亚、阿根廷共和国、智利、捷克斯洛伐克、丹麦、墨西哥、波兰、葡萄牙、西班牙和土耳其。所有国家都赞成不得以"单方"行动破坏和约，并将这一问题提交国际联盟大会讨论。

与此同时，出于对波罗的海地区海军均势的担忧，斯堪的纳维亚半岛的瑞典、挪威、丹麦三个国家也一致表示支持。19个国家提出了正式抗议，却没有一个国家做好不惜在最后关头动用武力的准备——这些反对只能是空口白话！

一旦希特勒控制的德国重整了军备，协约国和其他相关国家又不做积极干涉，第二次世界大战就势必发生。随着日期不断的拖延，我们避免艰苦的战争在第一阶段制止希特勒，以及经过艰难考验在第二阶段取得胜利的希望，都将变得越来越渺茫。

1935年夏天，德国破坏《凡尔赛和约》恢复征兵。英国不但对此表示默许，还根据另一个协定，准许德国重建海军。如果德国愿意的话，它还可以比照英国的规模来建造潜水艇。此时的德国已秘密地建立了空军，早在1935年春天就已公开宣布其空中实力与英国相当。

德国一直都在秘密制造军械，此时已是第二个年头了。英国乃至欧洲，以及当时还觉得离得很远的美国，即将面对的是这样一个可怕的对手——拥有欧洲最有效率7000万人的民族。这个民族不但有严密的组织能力，还具备强大的战斗力和战斗意志，而它正盼望着重新恢复往日的荣耀。在它身后，一个军事、社会和政党性的残暴政权正用力驱赶着它，一刻不得停顿。

终于，希特勒可以随意出击了。对于他的一系列举动，欧洲两个自由的民主国家没有进行有效抵抗。而美国除了富有远见的罗斯福总统以外，也没有多少人关注。在1935年，原本还有希望获得的和平，几乎完全看不到胜利的曙光了。

墨索里尼在埃塞俄比亚取得了胜利，他公然开始与国际联盟作对，尤其是和英国对抗，结果获得了成功。痛恨并疏远英国的墨索里尼与希特勒联起手来，“柏林—罗马”轴心正式形成。事实上，防止战争或用类似战争的试探来延缓战争，现在已经没有多少成功的希望了。对英法两国来说，除了等待战争的到来，就只能尽量做好准备了。

我们也许还有时间来建立一种“集体安全”，而这种集体安全其实是基于各国以武力来贯彻国际联盟决议的决心。就实力而言，民主国家及其附属国要比独裁国家强得多，但与12个月前相比，民主国家的地位被削弱了一半以上。善良的动机若是被惰性和怯懦所束缚，无论如何也敌不过武装起来的邪恶，对和平的真诚渴望也不能成为让千百万平民卷入全面战争的理由。大会中发出善意而软弱的呼喊，不久之后就沉寂了下来，大会的投票作废了，大难一天天逼近。

莱茵兰“非军事地带”是依据《凡尔赛和约》第四十二条、第四十三条和第四十四条成立的。条文规定德国不得在莱茵河西岸或50英里内的东岸设防，也不得在这一地区内有任何军事力量，不得在任何时间进行军事演习，或保持供军事动员之用的任何设备。

在这些条文之上的，则是双方从前自由谈判时签订的《洛迦诺公约》。在《洛迦诺公约》中，缔约国个别或集体地保证德比和德法边界的永久性。公约第二条规定，德国、法国和比利时保证不越过这一边界进行侵犯或攻击。如果《凡尔赛和约》第四十二条或第四十三条被侵犯，则这种破坏条约的行为就构成了“无故的侵略行为”，被侵犯的缔约国可因他国在非军事地带内集结军队而要求立即采取行动。这种破坏行为应立即向国际联盟提出，而国际联盟在确定破坏行为属实后，会建议缔约国对受到侵略的国家提供军事援助。

1936年3月7日中午，希特勒在提出“二十五年公约”后两小时，宣布准备重新占领莱茵兰。就在抛出这一言论的同时，德国军队已越过边界，进入该区所有的重要城镇。德军到处受到欢迎，而德军将领们却仍担心协约国会有所行动。

为了迷惑英美舆论，希特勒公开宣布这次占领只是象征性的。同时，德国大使向伦敦的艾登先生递交了一份建议书，内容与纽赖特当天上午在柏林交给《洛迦诺公约》各缔约国大使的建议书相同。这份建议书令大西洋两岸所有愿意上当的人大为放心。

成功重占莱茵兰之后，希特勒向他的德国将军们证明，一切担忧都是杞人忧天，他的“直觉”是如何高出于普通军人的判断。将领们对他低头了。作为德国人，他们当然更希望看到自己的国家能够迅速地在欧洲赢得地位，也愿意看到自己从前的敌人被分裂和驯服。这一幕大大增加了希特勒在德国最高权力阶层中的声望和权威，也刺激了希特勒做出更大的尝试。然而，希特勒这样告诉全世界的：“德国的领土野心已完全满足了。”

英美两国一开始没有意识到德国在莱茵兰设防的严重后果。4月6日，我在对外交政策投票时，再一次提到这个问题。

希特勒已经撕毁各种条约，并在莱茵兰驻了兵。现在他在那边有军队，而且准备永久驻扎下去。所有迹象表明，在德国国内及邻近国家，纳粹政权获得了新的威望。但是，事实还远不止于此，德国正在或者即将在莱茵兰地区设防。设防当然需要若干时日。首先，我们听说德国最早修筑的不过是普通的野战工事。但我们知道，德国可以逐步加强这些野战工事，使之更加完备，直至成为像兴登堡防线那样由许多钢筋水泥堡垒和地下室组成的完美防线。知道这种情况的人就会明白，野战工事和永久性防御工事相比，只在程度上稍有差别。从挖开第一块草皮起，简陋的野战工事可以一直干下去，直到极其完备的防线被最后筑成。

我完全相信，德国与法国接壤的全部边境工事，都将会在极短的时间里筑成坚固的防线。经过三个月、四个月或六个月，一定会有一道极其坚固的防线出现在我们面前。这在外交和战略上会产生哪些后果呢……一旦法国边境出现这样一条堡垒防线，德国就可以在这一战线上节省兵力，它的主力可以突破比利时和荷兰……现在我们来看看东线，莱茵兰设防的后果，在东线可能来得更为直接。对于我们来说，这不是一个直接的危险，而是一个迫在眉睫的重大危机。当这些防御工事完成时，整个中欧的形势也会跟着发生变动。波罗的海各国、波兰、捷克斯洛伐克，还必须加上南斯拉夫、罗马尼亚、奥地利和其他一些国家，在这个巨大的军事建筑工程完工之时，必将受到决定性的影响。

我的这篇警告，很快一点点地得到证实。

在占领莱茵兰和建立对法防御工事后，德国接下来显然要吞并奥地利了。（1938年3月13日）在大批德军和奥地利纳粹党人占领维也纳后，希特勒宣布解散奥地利共和国，其领土全部并入德国。

这时，里宾特洛甫[1]先生正准备离开伦敦，回国就任外交部长。张伯伦先生特别在唐宁街十号设午宴欢送，我和我妻子应邀出席作陪。席上共有约16个人，我的妻子坐在桌子的一端，在卡多根爵士的旁边。

吃到一半的时候，外交部的一个信差交给卡多根一封信，他打开信全神贯注地看。接着，他站了起来，绕着桌子走到首相的座位边，把信交给了首相。虽然卡多根没有表现出任何异样，但我注意到首相有点心神不定。不一会儿，卡多根收回了信并重新入座。后来，我听说信的内容是说希特勒已向奥地利进军，德国的机械化部队正迅速地向维也纳推进。

宴会仍顺利进行，没有半点停顿。但不久张伯伦夫人从她的丈夫那里得到了若干暗示，站起来说："让我们大家到客厅里喝点咖啡吧！"我们陆续走进客厅，在我或者其他一些人看来，张伯伦夫妇显然希望这个宴会赶快结束。大家都带着一种莫名的不安情绪，只等着和贵宾说再见。

里宾特洛甫夫妇似乎完全没有察觉到这种气氛。相反，他们拉着主人喋喋不休地谈了约半小时之久。有一阵子，我同里宾特洛甫夫人谈起来，我以一种临别赠言的口气说："我希望英德两国能够保持友好。"她庄重地回答说："请当心，不要损害两国之间的友好关系。"显然，他们完全知道发生了什么事，就是要拖住首相，使他无法接听电话或办理其他公事，并认为这是一个好策略。最后张伯伦先生对大使说："对不起，我得去处理急事。"说完，他立即离开了房

[1] 纳粹德国政治人物，曾任驻英国大使和外交部长等职。

间。里宾特洛甫夫妇还是不肯走，因此我们大部分人都托词回家。我想他们终于也走了。这是里宾特洛甫被绞死前，我同他最后一次的见面。

在奥地利发生的暴行，以及美丽的维也纳连同它的声誉、文化和对欧洲历史的贡献都被征服一事，使我受到很大的打击。在发生这些事件的第二天，即3月14日，我在下院说：

“3月12日事件的严重性，并非言过其实。欧洲现在遭遇的一个侵略计划，是经过精心策划，并在时间上作了巧妙安排而逐步展开的。不只是我们，对其他国家来说，都只剩下一个选择：或者像奥地利那样屈服，或者趁我们还来得及采取有力措施，把危险消除！如果无法消除，就想办法对付……如果坐等事态的演变，那我们还要放弃多少可供保卫我们安全与和平的资源呢？多少朋友将因此离开我们呢？我们还要眼巴巴地看着多少个可能的盟国被陆续推进那可怕的深渊呢？虚张声势的恐吓还要得逞多少次，使恐吓的背后不断积聚力量，变为真正的实力呢？……比如两年以后，那时的德国陆军肯定将比法国强大得多，所有的小国将纷纷从日内瓦溜走，转向日益壮大的纳粹制度致敬，从而为自己争取更好的待遇。那时，我们又将会变成什么样子呢？”

我又说：

“维也纳是从前的奥匈帝国也是西南欧各国的交通中心。多瑙河的一大段现在已落入德国的掌握。

“纳粹德国控制了维也纳后，将在公路、航运、铁路各方面对整个西南欧进行军事和经济上的控制。这会对欧洲的结构产生什么影响呢，对于所谓的“国际均势”以及所谓的‘小协约国’又会有什么影响呢？我必须说明一下，把小协约国的三个国家分别来看，不过是三个二等的国家，但它们极有力量，联合起来就成了一个大强国。无论过去还是现在，这三个国家都以最密切的军事协定联合在一起，成为一个大国的军事力量。罗马尼亚有汽油，南斯拉夫有矿藏和原料，都有庞大的军队。两国的军火主要由捷克斯洛伐克供应。捷克斯洛伐克这个名称，在英国人的耳里听来似乎有些怪异。它虽然只是一个小小的民主国家，它的陆军虽然只比我们大两三倍，它的军火供应虽然只有比意大利大三倍，但它仍不失为一个生气勃勃的国家。这个民族有自己的权利，有根据条约规定的权利；他们有一条要塞防线；而且他们表现出了强烈的生存意志，以及追求自由的生活意志。

“此时此刻，无论军事还是经济方面，捷克斯洛伐克都处在孤立之中。根据和约，汉堡虽然是它对外贸易的通道，但随时可能被封锁。从它开往南欧以及经南欧到西南欧的铁路与水路随时可能被切断。它可能会被迫缴纳毁灭性的过境税，一种完全可以制其对外贸易于死命的税收……除非在势必举行的谈判中达成对捷克斯洛伐克交通安全的保证协议，否则它同外界的交通马上会被切断，或者马上就要被切断。

“从南斯拉夫运来的原料以及它与那里的市场联系也许会立即被切断。上周周五晚上的暴行，结果也许会使这个小国的经济生活因此而‘窒息’。在所谓的小协约国中心，已经打进一个楔子了。这几个小国，在欧洲有过不受侵扰的生活的权利，正如我们中的任何人都有在自己家乡土地上不受侵扰地生活的权利一样。”

与此同时，苏联人也发出了警报。3月18日，苏联建议举行会议以讨论时局，希望讨论德国如果对和平产生重大威胁时，国际联盟内部应采取什么方法来履行《法苏协定》，哪怕只是商量一个纲要也好。在伦敦和巴黎，这个建议都受到了冷遇。法国政府由于其他事情而被弄得心烦意乱：国内的飞机工厂发生严重的罢工。张伯伦表示怀疑，他的态度消沉，不但不同意我关于时局危险的判断，也不赞成我对这些危险提出的应对策略。我一直主张，只有成立法、英、苏的三国联盟，才有希望制止纳粹的进攻。

法伊林先生告诉我们，张伯伦首相曾在3月20日写信给他的姐姐，信中流露了他当时的心情。

温斯顿所说的“大联盟”，其实我早就已经考虑过了……我同哈利法克斯谈过，并把这个想法提交三军参谋长和外交部专家研究过。这是一个极有吸引力的设想，在你开始考虑它是否切实可行之前，你会觉得这一设想几乎有百分之百的理由。但一到具体考虑时，它的吸引力就消失了。只要看看地图就知道，德国如要征服捷克斯洛伐克，无论法国或我们都毫无办法。因此我放弃了向捷克斯洛伐克保证的念头。另外，由于法国对捷克斯洛伐克有条约义务，我们对法国也不能给予任何保证。

无论如何，这总算是一个决定，虽然它是根据错误的推理得来的。现代大国或联盟之间的战争，保卫某个区域并不仅仅只靠同一地区的努力。这涉及整个战线的力量对比。在战争没有开始和战争还可避免的时候，这种情况尤为明显。“三军参谋长和外交部专家”当然无需思索就可以报告首相，英国的海军和法国的陆军不可能部署在波希米亚山头阵地，那等于置身捷克斯洛伐克国和希特勒的军队之间。没错，你一打开地图就知道，但如果德国了解到越过波希米亚边境就会引起全欧洲的大战，即使是那时，也还有机会阻止或延缓希特勒进行下一次的进攻。结果不到一年，捷克斯洛伐克的战略价值便丢光了，希特勒的权力和威望差不多又增加了一倍。

1938年3月24日，张伯伦首相在下院提出他对苏联动议的看法：

英王陛下政府认为苏联政府建议采取的那种行动，其间接的但势必导致的后果，将加强成立排他性国家集团的趋势，就英王陛下政府看来，这种集团的成立，对欧洲和平的前途必然是有害的。

不过，张伯伦首相无法逃避即将面对的残酷事实：当时存在着“国际信任的重大障碍”，英国政府迟早要对英国在欧洲的义务作出明确的解释。我们在中欧将承担何种义务，“一旦战争爆发，参战的国家不会只限于那些承担法律义务的国家。战争将打到哪里为止，哪些国家会被卷入，这些都无法预测”。

此外，我们还必须看到，虽然“排他性国家集团”仍存在弊端，但不这样做的话，就只有让侵略者各个击破，而且这种想法回避了国际关系中所有的是非问题。事实上，我们还有国际联盟及其宪章呢！

因此，张伯伦首相的路线明确规定了“向柏林和布拉格施加外交压力，对意大利采取绥靖态度，对法国的义务作严格限制的解释。为了执行前两点，必须对最后一点作慎重而精确的解释”。

希特勒决心把所有日耳曼人结合为一个大德意志帝国并继续向东扩张。在他看来，英法两国的领导人由于对和平抱有幻想以及没有做好军事准备等原因，都不愿意打仗。希特勒对捷克斯洛伐克采用了一贯的伎俩。苏台德的日耳曼人的确有不满情绪，这一点被他利用并加以扩大。

1938年《时代周刊》将希特勒评为年度封面人物，他也是唯一一位在封面上出现面孔的年度人物

1938年2月20日，希特勒在德国国会发表演说，第一次公开攻击捷克斯洛伐克。他说“有1000万以上的日耳曼人生活在同我们边境相邻的两个国家里”，德国有责任去保护这些日耳曼同胞，应该为他们争取“一般的，包括人身、政治和思想的自由”。

由于西方民主国家接受了德国对奥地利的征服，这就促使希特勒加紧推动对捷克斯洛伐克的计划。

第5章

慕尼黑悲剧：被出卖的不只是捷克

1938年9月13日—9月14日深夜，达拉第与张伯伦取得了联系。法国政府认为，假如英法两国领导人一起去见希特勒，也许会有转机。但张伯伦主意已定，他主动给希特勒发了一封电报，想去访问他。当天下午，他接到希特勒的回电，受邀前往贝希特斯加登。于是，他在9月15日早晨乘飞机到达慕尼黑机场。

无论从哪个方面来看，这一举动都有失妥当。无论是希特勒在9月12日发表的挑衅性演说，还是其随后鼓动苏台德的亨莱因党徒叛变，都没能得到当地民众的支持。亨莱因已经逃到德国去了，苏台德的日耳曼党失去了领袖，显然已无法采取直接的行动。捷克斯洛伐克政府在其提出的“第四次计划”中，正式向苏台德的日耳曼党领袖提出地方自治的行政计划，内容不但超出了1938年4月亨莱因在卡尔斯巴德提出的要求，也完全符合张伯伦在3月24日演说时提出的意见，以及西蒙爵士8月27日演说中发表的声明。

消息传到了捷克斯洛伐克首都，捷克斯洛伐克领导人简直无法相信。在他们第一次控制住苏台德区形势的时候，英国首相竟然亲自到访德国会见希特勒，这必然会削弱捷克与德国打交道时的底气。张伯伦此行使苏台德的日耳曼党有机会提出更多要求，他们依照柏林的训令公开要求苏台德归入德国。

张伯伦首相在9月16日下午到达慕尼黑机场，随后乘火车前往贝希特斯加登。与此同时，德国所有的电台都在转播亨莱因要求苏台德归并到德国的声明。这是张伯伦下飞机后听到的头条新闻。显然，这是有预谋的，目的是为了让首相在见到希特勒之前就知道这件事。对于归并的问题，无论德国政府或亨莱因本人都没有提出过，而且就在几天之前，英国外交部已经宣布这一要求不是英国政府所能接受的。

张伯伦和希特勒会谈的现存记录，已由法伊林公布了。我们可以从中了解张伯伦当时的感受：

我想，尽管我从他的脸上看出这是个残酷无情的人，但我觉得，这还是个作了保证之后可以信赖的人。

事实上，早在几个月以前，希特勒就已准备入侵捷克斯洛伐克，所等待的只是最后的信号而已。张伯伦首相在周六，即9月17日返回伦敦，立即召集内阁会议。那时朗西曼勋爵已经回来，他的报告当然也引起了大家的注意。这些日子以来，勋爵的健康状况一直很不好，执行这项使命又使他的精神极度紧张，身体也更加消瘦。他建议采取“一项直截了当的行动政策”，即“把以日耳曼人占多数的地区移交给德国”。

首相和朗西曼勋爵坚信，只有把苏台德区割让给德国才能劝阻希特勒不下令进犯捷克斯洛伐克。在和希特勒会谈时，张伯伦强烈地感受到希特勒身上“充满斗志”。他的内阁则认为法国毫无斗志，根本谈不上抗拒希特勒向捷克斯洛伐克提出的要求。还有大臣甚至提出“民族自决权”“少数民族要求公正待遇”等论调，表现出一副“支持小人物反抗捷克暴徒”的态度。

是时候同法国政府采取一致后退的步骤了。9月18日，达拉第和博内到达伦敦。张伯伦已决定原则上接受希特勒在贝希特斯加登提出的要求。剩下的只是拟出建议，由英法两国驻布拉格代表向捷克斯洛伐克政府提出。法国内阁送来了一份比较周全的草案。他们不赞成公民投票，因为这样一来，斯洛伐克和露西尼亚地区也可能会提出同样的要求。他们赞成直截了当地把苏台德割让给德国。不过他们也建议，英国应该和法国、苏联（他们从来没有与之磋商过）共同为捷克斯洛伐克这个支离破碎的新国界提供保证。

我们中的许多人，包括那些不在内阁圈子里的，都认为博内完全就是个失败主义者，他所有的花言巧语，其目的无非是一句话——“不惜任何代价来谋求和平”。他在战后所写的一本书中，竭力把责任都推到张伯伦和哈利法克斯身上。当时他心里的想法，大家都很清楚。他愿意付出任何代价，只要法国不用履行不久前还被重申的庄严而明确的义务，即为了保卫捷克斯洛伐克而战。这时，英法两国的内阁从表面看来，就像两个熟透了的西瓜在一起被压碎了。实际上，它们需要做的应该是刀剑出鞘。当然，在不与捷克斯洛伐克人商量这一点上，英法两国是完全一致的。捷克斯洛伐克人应该听从保护人的决定，这些孩子般头脑单纯的人受到了不能再坏的待遇。

英法两国在向捷克斯洛伐克提出他们的决定或最后通牒时说：“英法两国政府都认识到，要求捷克斯洛伐克作出的牺牲是多么的巨大。他们都觉得有责任坦率说明这些条件对国际安全是如何必要……首相最迟应在周三同希特勒先生再次举行会谈，如有可能还会提早，因此我们认为应请你方尽早给予答复。”于是，在9月19日下午，捷克斯洛伐克政府就接到了立即把捷克斯洛伐克境内日耳曼人占半数以上的地区移交给德国的建议。

无论如何，英国没有保护捷克斯洛伐克的义务，也没有提出过非正式的保证。而法国的确为这样的条约所约束：如果德国进攻捷克斯洛伐克，法国必须对德作战。20多年来，捷克斯洛伐克始终是法国的忠实盟友，几乎成了法国的附庸，在国际联盟和其他场合都支持法国的政策和利益。如果世上还有所谓神圣庄严的义务，那么现在的法捷关系就是了。勃鲁姆和达拉第的声明犹在耳边，法国政府竟自食其言，这可以看作大劫来临的预兆。我始终认为贝奈斯的屈服是错误的，捷克斯洛伐克应该保卫自己的防线。

按照我当时的看法，一旦战争爆发，法国在全国人民热情澎湃的情况下，一定会起来帮助的，而英国也会立即同法国采取一致行动。在这次危机高潮时（9月20日），我在巴黎待了两天，拜访法国政府中的朋友雷诺和曼德尔。这两位部长都非常苦恼，甚至想退出达拉第内阁。我反对他们辞职，因为就算他们辞职，也无法改变事态的发展，反而会让法国政府失去两个能干、果断的人，从而变得更为虚弱。在这次痛苦的访问之后，我就回到伦敦。

9月20日深夜至9月21日凌晨2时，英法两国驻布拉格公使拜访了贝奈斯总统，告知已无法根据1925年的德捷条约进行仲裁，“在法国和英国无法承担责任的状况还没有出现之前”，极力敦促他接受英法两国的建议。也许法国政府也对这一通知感到羞愧，所以只是由法国公使口头提出。

9月21日，捷克斯洛伐克政府迫于压力接受了英法的建议。当时在布拉格有一位名叫富歇的法国将军。他从1919年起就是法国驻捷克斯洛伐克军事代表团成员，1926年升任团长。他马上向法国政府申请离职，随即加入了捷克斯洛伐克军队，还取得了捷克斯洛伐克国籍。法国曾提出以下辩解，如果捷克斯洛伐克拒绝屈服，并由此发生战争，法国当然应该履行其义务。然而，捷克斯洛伐克因为受到压力而屈服，那就无损于法国的荣誉。对此，我们只能交给历史来评判了。

同一天，即9月21日，我向伦敦新闻界发表了一篇关于此次危机的声明：

捷克斯洛伐克在英法两国的压力下被分割，这无疑是西方民主国家向纳粹武力威胁的彻底投降。这种失败不会给英国和法国带来和平或安全。相反，这会让两国的处境更为危险。仅仅使捷克斯洛伐克中立，就能让德国抽出25个师的兵力来威胁西线。此外，这将为胜利的纳粹打通一条向黑海的道路。受到威胁的不只是捷克斯洛伐克，还有所有国家的自由和民主。以为把一个小国送入虎口就可以获得安全，这绝对是个致命的谬见。德国的战争潜力会在短期内得到迅速增长，其速度将比英法两国完成必要的防御措施快得多。

在9月21日的国际联盟大会上，李维诺夫提出正式警告。

现在，捷克斯洛伐克的内政正受到邻国的干涉，而且受到公开的咆哮式的攻击恐吓，说什么要以武力相加。欧洲最古老、最文明、最勤劳的民族之一，历经数个世纪的压迫后才获得独立，今天或者明天，也许就要决定是否拿起武器为保卫独立而进行战斗了。

对于奥地利被吞并的这一重大事件，国际联盟竟然毫不在乎地放过去了。苏联政府深知这对于欧洲尤其是捷克斯洛伐克命运的重要性，所以在德奥合并之后就立即向欧洲各大国提出正式建议，为应对这一事件可能发生的后果应立即进行集体磋商，以便采取集体性的预防措施。遗憾的是，苏联的建议并没有得到应有的重视。如果实行这一建议，我们不至于受到现在全世界为捷克命运所感到的这种震惊……在我动身来日内瓦的前几天，法国政府第一次询问我们：一旦捷克斯洛伐克被攻击，我们将采取什么态度。我以政府的名义提出以下毫不含糊的答复：

我们准备根据条约履行义务，将同法国一起尽己所能地援助捷克斯洛伐克。我国国防部准备立即参加法国和捷克斯洛伐克国防部代表举行的会议，商讨采取适时的措施……

两天以前，捷克斯洛伐克政府曾向我国政府提出以下正式询问：如果法国恪守其条约义务，给予捷克斯洛伐克直接而有效的援助，苏联政府是否愿意根据苏捷条约给予捷克斯洛伐克同样的援助呢？对于这个问题，我国政府给予肯定答复。

奇怪的是，这样一个不附带条件的公开声明，竟对张伯伦所进行的谈判和法国处理此次危机的举动没有丝毫影响。我听说从地理上，苏军不可能把部队开到捷克斯洛伐克去，即使发生战争，苏联的援助也只限于小规模的空军支持。而且，这需要征得罗马尼亚同意，还要取得匈牙利同意，才能让苏军通过它们的领土。麦斯基先生表示，至少对罗马尼亚来说，如果在国际联盟支持下的一个大同盟对它施加压力和提出保证，很可能取得它的同意。从苏联经过喀尔巴阡山脉到捷克斯洛伐克有两条铁路：北面由切诺维兹经过布科维纳，南面由德布勒森经过匈牙利。利用这两条与布加勒斯特和布达佩斯有一定距离的铁路，苏联就可以转运30个师的兵力到捷克斯洛伐克去。这些可能性就是维护和平的力量，将使希特勒受到很大的阻碍，而且一旦发生战争，几乎可以肯定会导致更大的后果。

有人竭力说苏联口是心非、毫无信义，因此苏联的建议没有得到重视，苏联不但没有被放在对付希特勒的天平上，还受到冷漠的（不必说是蔑视的）对待，这在斯大林的心里留下了一个阴影。事态的发展，就像苏联这个国家并不存在世界上一样。因为这一点，我们后来付出了很大的代价。

捷克斯洛伐克政府屈从英法的联合建议被迫解散，另成立了一个由赛洛维将军领导的无党派政府。在第一次世界大战时，赛洛维是驻西伯利亚的捷克斯洛伐克军团司令。9月22日，贝奈斯总统对全国广播，严肃地呼吁人民保持平静。当贝奈斯准备广播时，张伯伦已飞往德国，和希特勒举行第二次会谈。这次会谈是在莱茵兰的一个城市戈德斯贝格举行的。英国首相带着已由捷克斯洛伐克政府接受的英法建议的细节，作为同“元首”进行最后讨论的根据。两人在戈德斯贝格的旅馆中会晤，这个旅馆是四年前希特勒为了肃清罗姆而匆匆离开的那一家旅馆。会谈一开始，张伯伦就发现自己面对的是“一种完全意外的形势”。他后来曾在下院描述当时的情况。

在贝希特斯加登时，我听说如果接受民族自决原则，希特勒先生就会同我讨论实施的方法和步骤。他后来告诉我，他根本没有想到我竟然又来表明已接受这一原则。我不希望下院以为他有意欺骗我——我自己一点也不那么想，但对我来说，我本以为当我回到戈德斯贝格时，只要安静地同他讨论我带去的那些建议，事情就可以顺利解决。令我大为震惊的是，会谈一开始他就表明无法接受这些建议，而应以另一套我根本没想到的建议替代。

我觉得需要一些时间来考虑我该怎么办，所以我就退场了。对于我能否完成我的使命，我心中充满着不祥的预感。但在退场前我先得到希特勒先生的保证，即在谈判没有得到结果之前不调动军队。在我这方面，我则答应请求捷克斯洛伐克政府避免采取任何足以引起意外的举动。

就这样，讨论停下来了，直到第二天才继续进行。9月23日的一整个早上，张伯伦都在旅馆的阳台上踱步。他在早餐后给希特勒送了一封信，说他准备把德国的新建议转交给捷克斯洛伐克政府，但提出其中有严重的困难。希特勒在当天下午的答复中毫无让步之意，张伯伦要求在当晚最后一次会议上提出附有地图的备忘录。这时捷克斯洛伐克已开始动员，英法两国政府正式通知自己驻布拉格的代表，说以前曾负责劝说捷克斯洛伐克不要动员，现在不能再负这个责任了。当天晚上10时30分，张伯伦再度与希特勒会晤，至于会谈的情况，最好用他自己的话来说明。

在我同德国总理的最后一次会谈中，他把备忘录和地图交给我。会谈从当夜10时30分开始，直到次日清晨两三点钟，在场的有德国外交部长，还有亨德森爵士和威尔逊爵士。

我第一次在备忘录上发现有时间上的限期。因此，我说得很坦率。我极力强调，如果坚持这些条件就可能会产生危险，一旦发生战争，就会导致可怕的后果。

我说，这个文件的用语和所持的态度，与其说是备忘录，倒不如说是最后通牒，这将使中立国的舆论大为震动。我严厉谴责德国总理对我争取和平的努力毫无响应。

需要附带说明的是，希特勒恳切地向我重申他在贝希特斯加登说过的话：这一次是他在欧洲最后一次的领土野心，他并不是要把非日耳曼种族也包括在德国之内。他还极其恳切地说，希望能与英国友好相处，如果苏台德问题和平解决，他极愿意重启谈判。当然他还说："此外还有一个棘手的问题，即殖民地问题，但这个问题不会引起战争。"

9月24日下午，张伯伦返回伦敦。第二天，内阁召开了三次会议。这时在伦敦和巴黎都有日益强硬的舆论。结果决定拒绝在戈德斯贝格提出的条件，并把这个决定转告德国政府。法国内阁同意这个决定，并立即实行部分动员，其效率出乎意料的高。9月25日晚上，法国总理和部长又来到伦敦，勉强接受了对捷克斯洛伐克人的义务。第二天下午，威尔逊爵士奉命携首相亲笔信去柏林见希特勒，那时正是在希特勒准备在体育馆演说的前三个小时。威尔逊爵士得到的唯一答复，就是希特勒表示不愿意放弃戈德斯贝格最后通牒所定的期限，即周六（10月1日），除非他在周三（9月28日）下午2时以前接到捷克斯洛伐克表示同意的通知，否则他将在这一天向这个地区进军。

那天晚上，希特勒在柏林发表演说。当他提到英国和法国时，用语温和亲切，但对贝奈斯和捷克斯洛伐克人，则进行了粗暴而无情的攻击。他非常肯定地说，捷克斯洛伐克人必须在9月26日以前离开苏台德区，还说在这个问题获得解决之后，不管捷克斯洛伐克境内发生什么事情他都不再感兴趣了，“这是我在欧洲的最后一次的领土要求”。

局势日益恶化，我同政府的接触变得更为频繁。9月10日，我到唐宁街官邸拜访张伯伦首相，作了一次长谈。9月26日我又去了，或者首相邀请我去，或者很愿意接见我。这是关键的一天，下午3时30分，他和哈利法克斯勋爵在内阁会议室里接见我，我敦促他们执行我在8月30日致哈利法克斯勋爵信中所提出的政策，即由英国、法国和苏联发表一个共同声明，表明一致反对希特勒侵略的决心。我们详细讨论了一个公报，看来大家的意见完全一致了。哈利法克斯和我的意见相同，我当然就以为首相也完全同意了。当时有一个外交部级官员在场，就由他拟了稿。当我们分手时，我极为满意，如释重负。

当晚8时左右，外交部新闻司司长，即雷金纳德·利珀爵士，向外交大臣提交一个公报，内容大要如下：

德国如果不顾英国首相的努力，仍对捷克斯洛伐克发动进攻，其直接结果必定是法国援助捷克斯洛伐克，而英国和苏联必将支持法国。

公报由哈利法克斯勋爵批准后立即发表了。

法国右派报纸对这个公报表示怀疑和蔑视。《晨报》说这是“巧妙的谎言”。博内先生则忙着表示他的行动是多么进步。他对几个议员说自己不能证实英国公报，好让这些议员认为这并非他所希望的英国保证。当然，这种印象很容易就被传达了。

那天晚上，我和库珀先生在海军部吃晚饭。库珀先生告诉我，他正要求首相立即动员英国舰队。这使我回想起25年前我自己的经验，那时的情况与此十分相似。

冲突的时刻似乎已经到来，双方的军队已列阵对峙。捷克斯洛伐克有150万人在欧洲最坚强的防线后面武装待命，由具有高度组织和效率的工业机械武装起来。法国军队已部分动员，法国内阁虽然有点勉强，但仍准备履行对捷克斯洛伐克所承担的义务。在9月27日午夜之前，英国海军部向英国舰队发出了电报，命令舰队在次日动员。这个消息同时分发给英国各报纸（在下午11时38分）。9月28日上午11时20分，海军部正式发出英国舰队动员令。

张伯伦自己准备向英国人民广播了。他在9月27日晚上说：

“现在为了一个遥远国家中我们完全不了解的民族之间的争吵，我们在这里挖掘战壕、试戴防毒面具，这是多么可怕，多么不合理，多么不可思议……如果我认为还有所裨益的话，我将毫不犹疑地进行第三次德国访问。

“我这个人，打心底里就是一个爱好和平的人。国与国之间的武力冲突，对我来说，好比一场噩梦。但是，如果我确信有一个国家决心要用武力恐怖来统治整个世界的话，那就非进行反抗不可。因为在这种统治下，信奉自由的人是无法活下去的。然而，战争总是一件可怕的事情，在我们投入战斗之前，我们必须明白，这是一个生死攸关的大问题。”

张伯伦发表了这一篇和战两可、四平八稳的广播演说之后，收到了希特勒对他的答复。这也对威尔逊爵士转交信件的回复带来了一线希望。希特勒主动提出德国愿意参加对捷克斯洛伐克新国界的联合保证，还表示愿意对实行新的公民投票的方式提出进一步的保证。这时，时间非常紧迫。戈德斯贝格德国的最后通牒，在第二天（即9月28日，周三）下午2时，就到最后的期限了。张伯伦写了一封私信给希特勒：“拜读来信，使我深信你可以不经战争就立即得到你所有的基本要求。我愿立即亲自来柏林，同你以及捷克斯洛伐克政府的代表讨论移交事宜，如果你愿意，法意两国的代表也可以参加。我深信我们能在一周之内达成协议。”

9月28日下午3时，希特勒通知张伯伦和达拉第，建议在第二天加上墨索里尼一起到慕尼黑举行会议……就这样，张伯伦第三次飞去德国。

关于这次值得纪念的会议，已有过许多记述，这里只能强调几个重要特点。会议并没有邀请苏联参加，捷克斯洛伐克也没有获准出席。9月28日晚上，捷克斯洛伐克政府只是收到措辞直接的通知，说是第二天欧洲四强的代表就要举行会议。“四巨头”迅速达成协议。会谈在中午开始，一直开到次日凌晨2时。备忘录写了出来，在9月30日凌晨2时签字。它基本接受了戈德斯贝格最后通牒。自10月1日起，苏台德区分五批撤退，在10天内完成。最终边界由一个国际委员会来决定。最后，这个文件交给奉命专程前来慕尼黑听候发落的捷克斯洛伐克代表。

当这四位政治家等待专家们草拟出最后文件的时候，张伯伦首相问希特勒是否愿意同他进行一次私人谈话。希特勒“欣然同意”。

1938年，四国签署《慕尼黑协定》
从左到右依次为：张伯伦、达拉第、希特勒、墨索里尼（佚名拍摄）

9月30日早晨，两位领导人在慕尼黑希特勒的寓所中会晤，除了译员之外，没有别人参加。张伯伦提出了他事先预备好的一个声明，其内容如下。

我们，德国元首兼总理和英国首相今天继续会晤，双方一致认为英德关系问题是两国和整个欧洲最重要的问题。

我们认为，昨夜签订的协定以及英德海军协定是我们两个国家希望彼此之间不再发生战争的一个象征。

我们决心以协商的办法处理两国之间的一切其他问题，我们决定继续努力，以消除可能引起分歧的根源，从而为确保欧洲和平作出贡献。

希特勒读完这个声明，毫不犹豫地签了字。

张伯伦回到英国，飞机在赫斯顿着陆，他下飞机时挥动着有希特勒签字的联合声明，向前来欢迎的显要人物宣读。他的专车由机场开出，在经过欢呼的人群时，他对坐在身旁的哈利法克斯说："三个月后，这一切将成为过去。"在唐宁街官邸的窗户前，他又挥动那张纸说："在英国历史上这是第二次把光荣的和平从德国带回唐宁街，我相信这是我们时代的和平。"

现在,我们能够看到凯特尔元帅在纽伦堡受审时对捷克斯洛伐克代表提问的答复。

艾格上校代表捷克斯洛伐克向凯特尔元帅问道："1938年时，如果西方各国肯帮助布拉格，第三帝国会不会进攻捷克斯洛伐克呢？"凯特尔元帅回答："肯定不会。那时我们的军事力量还不够强大。慕尼黑[1]的目的，就是把苏联赶出欧洲，争取时间，完成德国的武装。"

希特勒的判断再一次得到了决定性的证明，德国参谋部不胜惭愧。元首又对了，他单凭自己的天才和直觉，准确地衡量了全部军事、政治形势。像在莱茵兰一样，元首的领导才能再度战胜了德国军事将领们的阻挠。这些将领们日夜辛勤努力，用各种方法来加强德国的实力。当他们发现自己多么跟不上形势的发展时，内心感到十分痛苦。在许多时候，他们对元首的憎恶和不信任都敌不过对他那高瞻远瞩的天才和神奇幸运的赞美。毫无疑问，他成了一颗他们应该跟随并服从的明星。就这样，希特勒终于成为不容置疑的德国主人。宏图大业的画轴已经打开了。

这里不妨提出一些道德和行为准则，也许对未来有些指导意义。要评判这类事情，决不能脱离当时的具体情况。也许人们当时并不了解某些情况，只能依靠猜测对事情作出估计，还可能受到情绪的影响。那些在气质和性格上喜欢对

[1] 指在慕尼黑签订协定。

1938年10月，纳粹德国正式吞并苏台德地区，一名妇女含泪致纳粹礼（佚名拍摄）

含糊暧昧的困难问题寻求斩钉截铁解决方案的人，那些一遇到外国挑衅就立即准备应战的人，并非都是对的。另一方面，那些倾向于低头忍受、耐心真诚地寻求和平妥协的人，也不一定是错的。恰恰相反，在大多数场合下，后者可能是正确的。不论从道德还是实际效果上来看，都是如此。忍耐和善意曾避免了多少次的战争！宗教和道德同样都主张谦让和卑逊。这不只限于人与人之间的关系，也包括国与国之间的关系。多少次战争由煽动者促成！多少次引发战争的误会本来可以延缓决定而得以消除！也曾有过多少国家，彼此间进行过残酷的战争，而在几年和平之后，不仅成了朋友，还结成了同盟！

“登山宝训”是基督教教义中的精义。我们每一个人都尊敬教友派[1]，然而，大臣们履行领导国家大事的责任，却不能以这种教义为根据。无论出于民族主义抑或意识形态的目的，他们首先应当确保与其他国家交往过程中避免产生冲突和战争，以及各种形式的侵略行为。但是，为了国家的安全，为了本国同胞的生命和自由（大臣们的职位是他们给的），在不得不采取最后手段时，或者经过深思熟虑有了肯定而明确的判断时，也不排除使用武力。

如有使用武力的充分理由，那就可以使用武力。在这时，就应该在最有利的情况下使用。如果把战争推迟一年，使自己在战争中处于更不利的境地，或将更

[1] 教友派为基督教的一支，此派反对在任何情形下使用暴力或诉诸战争。

难取得胜利，则推迟战争没有什么好处。这是有史以来，人类常常会遭受的痛苦的两难情形。这类事情的最后评判，只能由历史根据当时双方所知并在其后获得证明的事实来记载了。但这里有一条准则，有助于我们更好地作出评判，即一个国家要遵守诺言和遵守盟国的条约义务。这个准则叫作“道义”。

人们所说的“道义”，往往并不与基督教的教义完全一致，想起来实在令人难以理解。道义常常受自尊心的影响，而自尊心对于道义的激发有着巨大的作用。当然，过于夸大道义规范会导致空虚迂腐而不合常理的行为，不论它看来有多么美好，也不足为训。而在这一次，正是道义的准则指出责任之所在的时候，当时如果能对事实作出正确判断的话，就更能加强道义指令的力量了。

法国政府背弃自己忠实的盟国捷克斯洛伐克，这实在是一个令人伤心的错误，并产生了许多可怕的后果。除了明智而公正的政策，还有侠义、道义，以及对受威胁的小国的同情，这会形成一股不可抗拒的力量。英国如果有条约义务的约束，一定会起来战斗。无论如何，英国已深深地卷入其中，历史只好这样遗憾地记载：英国政府不仅默许，而且鼓励法国政府走上了这一条致命的道路。

第6章
大战爆发，德国入侵波兰

由那些好心、能干者的种种错误判断演化而成的悲惨故事，已经快到高潮了。令我们都陷入困境的事实说明，无论那些负责人的动机如何伟大光荣，都应受到历史的谴责。

让我们回头看看过去曾接连接受或是放弃的：根据庄严的条约解除了德国的武装；德国破坏条约重整军备；我们失去了空军优势，甚至连空中均势也丢掉了；德国以武力进占莱茵兰，齐格菲防线已经筑成或正在建筑；柏林—罗马轴心成立了；奥地利被德国吞并同化了；《慕尼黑协定》背弃和毁灭了捷克斯洛伐克，任由德国占领了其防御工事，强大的斯科达兵工厂从此替德军制造军火；罗斯福总统想通过美国的干预来稳定或澄清欧洲局势，被一手撇开了；苏联显然愿意联合西方国家全力援救捷克斯洛伐克，也没有人理睬；在英国只能提供两个师来增强法国边境防务的时候，三十五个本来可以对付尚不完备的德军的捷克斯洛伐克师，也被扔掉不要了。一切都烟消云散了。

到了现在，在我们把所有优势和有利条件丢得一干二净之时，英国却领着法国大步前进，要保证波兰领土的完整。这个波兰，在六个月之前，还像只饿狼一样参与掠夺和摧毁捷克斯洛伐克。

如果我们在1938年为捷克斯洛伐克而战，那是明智的，因为德军那时不一定能派出五六个训练有素的师到西线驻防。法国以其六七十个师的兵力，尽可以风驰电掣地越过莱茵河，进入鲁尔。但当时只要有人提起这种战争，就会被认为不讲道理、轻率鲁莽，不符合现代人的思想和道德水平。到了现在这步田地，两个西方民主国家又宣布时刻准备为了波兰的领土完整而牺牲自己的生命。据说，历史中大部分都是人类罪恶、愚蠢和痛苦的记录。像这样一反五六年来一直采取的绥靖政策，几乎在一夜之间就转变了立场、甘愿接受迫在眉睫的战争，而战争条件远比以前恶劣，其规模则大到极点，我们不妨好好地在历史里找一找，看看能否找出同样的事例来。

希特勒视察入侵波兰的德军

此外，我们怎么能够保护波兰，并履行我们的保证呢?

那只有对德国宣战，向那道曾在1938年9月吓退我们而现在更坚强的“西墙”和更为强大的德国陆军发动攻击。这是走向灾祸的一连串的纪念碑。这是向日益强大的德国威力不断屈服的记录，只是在开始时我们还有力量轻易对付，越往后就越困难。

现在，英法两国终于不再屈服了，在最坏的时刻和最不利的条件下，终于作出了必然导致千百万人遭受大屠杀的决定。先是把所有的资产和有利条件肆意挥霍殆尽，然后用颠倒过来的精心刻画的词句，宣布决意为了正义事业进行殊死战斗。如果你在可以不用流血便轻易获胜的时刻放弃了为正义而战，或是在稳操胜券并代价不大之时选择了不战，那就会导致在某一极不利的形势下，比如只有一线生存希望的时候被迫进行战斗了，甚至还可能出现更糟糕的情况。也许在没有任何取胜希望时还不得不奋起战斗，因为战死沙场总好过活着成为奴隶。

英国政府需要马上考虑的是，它给波兰和罗马尼亚的保证究竟涉及了哪些实际问题。除非这两个保证被纳入英国同他国达成的一个全面协议体制，否则没有一个具有军事上的价值。

正是为了这个目的，英国驻苏联大使和李维诺夫最终于4月15日在莫斯科举行会谈。由于苏联政府过去一直受到的苛待，现在就不能对他们抱有太大期望了。然而，他们还是在4月16日提出了一个正式建议，主张英、法、苏三国结成相互支援的联合阵线。这个建议的全文没有公开。

苏联的建议还主张这三个国家，如果可能的话还加上波兰，要对中欧和东欧受德国侵略威胁的国家作出保证。成立这个协定的障碍，就是这些毗邻苏联的国家担心假如接受了苏联的援助，苏军就将以大军入境的方式来保护它们和抵抗德国的侵略。

波兰、罗马尼亚、芬兰和三个波罗的海的国家都不知道自己所害怕的究竟是被德国侵略，还是接受苏联的援助。正是这种可怕的抉择，使英法两国的政策陷入了瘫痪。

根据德国外交部国务秘书魏茨泽克的记载，差不多一年前呈递国书的苏联大使，在4月17日那天曾对他作第一次的拜访……他问这位国务秘书对苏德关系有什么想法。魏茨泽克答："在我看来，苏联报纸近来并不像美国报纸和若干英国报纸那样唱着反德调子。"关于这一点，苏联大使说：既然意识形态上的分歧并不影响苏联和意大利的关系，这对德国来说也不一定是一种障碍。苏联从来没有利用目前德国和西方民主国家之间的摩擦来反对德国，它也不想这么做。在苏联，并不存在不能与德国在正常基础上相处的理由，而越是正常相处就越是会改善彼此的关系。

我们认为这次谈话是极为重要的，尤其是考虑到英国大使正在和李维诺夫在莫斯科进行会谈以及4月16日苏联正式提出与英法两国订立“三国同盟”的建议。这是苏联脚踏两只船的初次明显举动。从此以后，它一方面运行苏德关系“正常化”，另一方面为建立反对德国侵略的“三国同盟”进行谈判。

……5月3日，莫斯科发表了一项公告，宣布应李维诺夫先生自己的请求解除他人民外交委员的职务，该职将由总理莫洛托夫先生兼任……（莫洛托夫）一向赞成同希特勒达成协议。无论是慕尼黑事件还是其他许多事件，苏联政府从中得出结论，无论英国或法国，除非它们自己受到攻击，否则是不想打仗的，而到那时候它们是否打仗也就没有多大用处了。乌云密布，风暴逼临。现在是时候为苏联自己的安全着想了。

犹太人李维诺夫下台了，这令希特勒对苏联最强烈的偏见有所缓和。从此，德国政府就不再将自己的对外政策称为“反布尔什维主义”，转而攻击谩骂“财阀的民主主义”。报纸的文章向苏联人保证说，德国的生存空间不会扩张到苏联的领土，它也的确只到苏联边界便止步了。因此，只要苏联不同英法订立“包围”协定，苏联和德国之间就不存在引发冲突的理由。于是，德国大使舒伦堡伯爵奉召返回柏林进行详细的商讨，然后回到莫斯科提出一项对苏联有利的长期货物信用贷款，双方的一举一动都指向订立盟约。

那时的亲德主义是异端邪说，是阴谋叛国。而现在，一夜之间，它却成为国家的政策。任何敢于提出异议者，当然就活该倒霉了，即便那些转变得不够快的人，也往往遭到同样的命运。

为了完成立刻就要进行的工作，当然没有比新任外交人民委员更为合适的了。这位由斯大林安插于苏联对外事务中的人物，值得略加叙述，这是当时英法两国政府所不熟知的。

莫洛托夫是一个具有杰出才能的人，有着冷酷无情的性格。他和所有的布尔什维克领袖一样，在革命取得胜利的年代里经历过许多可怕的危险和考验，但最终安然无恙。他生活在一个不断出现各种阴谋、个人随时可能遭到清洗的危险社会里，并慢慢发迹起来。他那炮弹似的脑壳、黑色的小胡子、敏锐的眼睛、平板的脸盘、圆滑而机敏的谈吐以及沉着而冷静的举止，所有的一切都是他性格和才能的最佳表现。

他比任何人都适合在一个变化莫测的国家机器中充当政策代言人或工具。我只在某些带点幽默风趣的会议，或者当他殷勤地提议来一连串惯例的毫无意义的干杯时，以同等的地位和他见过面。我从来没有见过有比他更接近现代人心目中机器人形象的人了。尽管如此，他仍不失为一个看上去肯讲道理又讲究修饰的外交家。至于他对待地位不如他的人如何，那我就不得而知了。

在德黑兰会议上，斯大林答应在打败德国后立即进攻日本。从此之后，莫洛托夫对日本大使的态度如何，可以从他的谈话记录中看得出来。在其后接二连三地举行微妙、试探、尴尬的会谈中，他总是十分稳重，不透露他的意向，保持客气而正式的礼节。他的谈话没有破绽可寻，绝对不带半点不必要的刺激。他带有西伯利亚寒气式的微笑，他经过审慎斟酌、而且往往说得十分高明的话，再加上他那谦恭有礼的风度，使他成为在这个凶恶的世界上执行苏联政策最完美的代表人物。

因此，同莫洛托夫通信讨论那些有争议的问题，总是毫无用处的，如果逼之过急，他就不免以谎言或侮辱性的语言收场。只有一次，我似乎得到了自然而合乎人性的反应。那是在1942年春天，他从美国返国途中，飞机在英国降落。那时我们已签订了《英苏条约》，而他即将冒险飞回本国。在唐宁街我们用来开秘密会议的花园门口，我握住他的手臂，两人面对面互相凝视着。突然间，他好像深受感动似的，深藏在一贯外表之下的真实的人显现出来了。他用同样的力量握住我的手臂，以此作为回答。我们两人一言不发，只是互相紧紧握手。那时我们是团结一致、生死与共的。在他一生中，在他的周围，到处都是暴乱和破坏，他或是自己受到威胁，或是把别人投入其中。

从莫洛托夫当上外交人民委员那天起，他就推行牺牲波兰来同德国达成协议的政策。没有多久，法国就知道这种情形。法国《黄皮书》中曾载有5月7日法国驻柏林大使的一个值得引起我们注意的电文，说是根据他秘密得到的情报，断定第四次瓜分波兰将成为苏德和解的基础。1946年4月，达拉第先生写道："自5月份以来，苏联进行了两种谈判，其一是同法国的谈判，另一是同德国的谈判。他似乎愿意瓜分波兰而不愿意保卫波兰。这是第二次世界大战的直接原因。"当然还有别的原因。

英法两国政府为了同苏联达成协议又再度进行努力。

谈判始终围绕着一个问题，即波兰和波罗的海各国不愿意让苏联把他们从德国手中拯救出来。在这一点上，谈判始终没有取得进展。

最后，苏联政府建议同法英两国代表就军事方面继续谈判。英国政府派德拉克斯海军上将率领代表团于8月10日前往莫斯科。这些军官并没有得到进行谈判的书面授权。法国代表由杜芒克将军率领。在苏联方面，则由伏罗希洛夫元帅出席主持。

我们现在知道，当时苏联政府同时也同意德国派遣一个谈判代表到莫斯科。英法苏三国的军事会谈不久因波兰和罗马尼亚拒绝苏军过境而归于失败。波兰人的态度是，"德国人来了，我们有丧失自由的危险；而苏联人来了，我们有丧失灵魂的危险"。

斯大林和莫洛托夫认为必须把真正的意图掩藏起来，直到最后时刻再摊牌，以便更好地讨价还价。

莫洛托夫及其下属在和英德两国接触时，显出他们两头应付的惊人本领。直到8月4日，德国大使舒伦堡从莫斯科发出的电报还只能这样说："从莫洛托夫的整体态度来看，苏联政府明显更倾向于改善苏德关系，但对德国始终有种根深蒂固的不信任。所以，我的感觉是，如果英法两国能满足苏联的要求，苏联政府现在是决心要和他们签约的。当然，谈判也许还要拖很久，尤其是因为苏联非常不信任英国……而我们这边，如果要让苏联政府转换方向，就必须付出相当的努力。"其实，他大可不必担忧，因为大局已定。

8月19日晚上，斯大林向苏联政治局宣布准备同德国签订条约。直到8月22日晚上，同盟国代表团才找到伏罗希洛夫元帅。他对法国代表团团长说："同法国进行军事合作的问题多年来一直悬而未决。去年（1938年），在捷克斯洛伐克被吞并时，我们一直在等待法国，但始终没有任何消息。我们的军队是准备着的……对于政治和军事的谈判，英法两国政府总是一味拖延，而且已经拖得太久了。既然如此，就不能排除出现某种政治事件的可能性。"第二天，里宾特洛甫就抵达莫斯科。

现在，我们从纽伦堡文件和美国发表的新近缴获文件中，完全了解了这一永不应被忘却的交易。据里宾特洛甫的主要助手、和他一起飞到莫斯科的高斯所说，"8月23日下午，里宾特洛甫和斯大林举行第一次会谈……德国外交部部长在长时间会谈之后回来，显得极为满意"。

在这一天晚些时候，《苏德互不侵犯条约》的正文很快达成了协议，毫无困难。高斯说："里宾特洛甫在前言中亲手加进一句有关苏德两国友好关系形成重要意义的话。斯大林对此表示反对，苏联政府在被纳粹政府劈头盖脸倾倒了六年大粪之后，不能突然之间把友好的宣言拿到群众面前来。因此，前言中的这一句话就被删去了。"

在一个秘密的协定中，德国声明它在政治上对拉脱维亚、爱沙尼亚和芬兰毫无兴趣，但认为立陶宛应在它的势力范围之内。瓜分波兰的分界线已经划定，德国对波罗的海各国只有经济利益方面的要求。

直到8月23日深夜，这个互不侵犯条约和秘密协定才签订。

我试图平静地将这一切记录下来。双方都知道这只是一种权宜之计。因为，两个帝国和两种制度之间，有着不共戴天的仇恨。斯大林一定知道的是，在希特勒和西方国家作战一年之后，德国就不再成为苏联的劲敌了。而希特勒所采取的方法则是"各个击破"。无论如何，这一类的协定竟然能够成立，标志着几年以来英法两国外交政策和外交手段的彻底失败。

必须说明的是，苏联最迫切地需要德军部署的阵地越往西越好。这可以给苏

莫洛托夫在《苏德互不侵犯条约》上签字，里宾特洛甫（右三）和斯大林在其身后（佚名拍摄）

联时间，以使其军队从广大帝国的各个角落被召集起来。苏联永远不会忘记俄军在1914年的不幸状况。当时，俄军在仅仅部分动员的情况下向德军发动进攻。现在他们的边界，较上次大战时要偏东得多。因此，在苏联受到攻击之前，无论采取何种手段，武力也好，欺骗也好，苏军都得占领波罗的海各国和波兰的一大部分。苏联的政策固然是冷酷无情的，但就当时而言却是极具现实意义的。

这个不幸的消息，好像一个炸弹一样在全世界爆炸。苏联塔斯社说，8月21日—8月22日，里宾特洛甫正飞往莫斯科和苏联签订互不侵犯条约。无论英国政府当时感到何种情绪，但一定不包括恐惧的成分在内。因为，英国政府立即宣称“这件事决不影响他们所决心要履行的义务”。到了这步田地，再没有什么办法能避免或延缓大战的爆发了。

对此，我们仍有必要将“条约”的条件记录下来：

缔约国双方约定，相互之间不进行单独或与其他国家联合的任何暴力行动、任何侵略行为以及任何攻击。

这一条约的有效时间为10年，如在期满前一年，没有一方提出废除则自动延长5年。（条约签订后）会议桌的周围，欢呼庆贺，祝酒干杯。斯大林还主动提议为德国元首干杯：“我知道德国人民是多么地爱戴他们的元首，我愿为他的身体健康干杯。”从这些事实中，我们可以得到一个质朴而简单的教训：诚实是最好的策略。书中还会谈到几个类似的例子。老奸巨猾的人或者政治家，即使费尽心机，结果也总是害了自己。这就是一个明显的例证。22个月之后，斯大林和苏联成千上万的生命就得为此付出可怕的代价。一个在道德上毫无顾忌的政府，似乎总是大占便宜，为所欲为，但“一天结束时，一切都得算清楚，全部时间完结时，更得算清楚”。

8月25日，英国政府宣布同波兰订立正式条约，确认以前所提供的保证。实际上，希特勒将进攻日期从8月25日推迟到9月1日，而且像张伯伦所希望的那样，同波兰进行了直接谈判。但他的目的并不是想同波兰达成协议，而是想给英国政府机会，使之可以逃避保证。

至于英国政府的思想，像议会和全国一样，根本不是这样。英国岛民的性格有点古怪，他们讨厌军事训练，因为近千年来一直没有外敌入侵，但在危险日益临近并进一步扩大时，他们反而越来越镇定；在危险迫在眉睫之时，他们反而更为凶猛；而在性命攸关之时，他们反而无所畏惧。这些性格特点，曾使他们在多次危难中转危为安。

9月1日黎明，德国进攻波兰。同一天早晨，英国所有部队奉命动员。张伯伦首相请我在下午到唐宁街去看他。他告诉我，避免与德国作战的希望已经幻灭，他提议成立一个由少数不负责专部的阁员组成战时内阁来指挥作战。他还提到，据他了解，工党不愿参加联合政府，但他仍然希望自由党参加。他邀请我担任战时内阁的阁员。我没有作任何评论，便接受了他的提议……

9月3日[1]……张伯伦先生告诉我，准备邀请我就任海军大臣，并在战时内阁中担任阁员……海军部接到通知，立即向舰队发出信号：“温斯顿回来了。”这样我就重新回到了25年前我在痛苦和遗憾中离开的那间办公室。25年前由于费希尔勋爵的辞职，我被解除了海军大臣的职务，而且事实证明在达达尼尔海峡强行登陆的重要计划遭到了不可挽回的破坏。[2]

[1] 这一天，英法两国向德国宣战。

[2] 1915年丘吉尔主张在达达尼尔海峡登陆，进攻土耳其，以便包抄德国。这次战役持续8个月，英法军队死伤惨重，最后不得不自行撤退。费希尔第一海务大臣引咎辞职，丘吉尔也被解除了海军大臣职务。

坐在以前的那张旧椅子上，我背后几英尺的地方，是我在1911年安置的一个木制地图箱。箱子里仍存有北海的地图，当时为了便于集中注意最重要的目标，我曾命令海军情报局，每天在地图上注明德国公海舰队的调动和部署情况。自从1911年以来，超过1/4世纪的时光已经消逝了，然而，我们却仍然面临在同一个德国魔掌下遭受荼毒的威胁。我们再一次为了捍卫一个无辜遭受侵略和蹂躏的弱国权利而奋起作战。我们再一次为了生存和荣誉，奋起反抗日耳曼这个勇敢、有纪律却又残酷的民族的一切疯狂暴力。我们需要再一次战斗！既然如此，就战斗吧！

按照希特勒的计划，德军于9月1日出动。德国空军首先出动袭击波兰机场的波兰空军中队。两天之内，波兰空军基本被歼灭。在一周时间里，德军已深入波兰。波兰军队在各处都做了英勇的抵抗，但终归无效。所有边境上的波兰军队，除了在波森两翼已深深陷入包围中的兵团外，都被驱向后退……第二周的特点，则是剧烈的交战，号称有200万人之众的波兰军队溃不成军，不再成为有组织的武装力量。

在对华沙钳形攻势的合围下，波兰军队进行了搏斗并最终覆灭。当时，在波森的波兰兵团和从索恩和罗兹撤退的几个师会合，总数只有12个师。德国第一集团军由比较薄弱的第八集团军作掩护，突过这支波兰部队的南翼，涌向华沙。虽然已被包围，波森兵团司令库特尔齐亚将军，仍决定向南进攻德军主力的侧翼。这次英勇果敢的波兰反攻，即所谓“布祖腊河之役”，不仅吸住了德国第八集团军以及一部分第十集团军，甚至从北方吸引来第四集团军的一个兵团，使其不得不放弃华沙的目标。波森兵团，在这些强大军队的进攻下，在毫无抵抗的空中轰炸的强大压力下，维持它们那永垂不朽的光荣战斗达10天之久。最后，它们在9月19日这天全军覆没。

与此同时，外圈钳形围攻的德军部队已经会师合围。德国第十四集团军在9月12日到达伦贝格外围，并向北进击，在9月17日和越过布列斯特–利托夫斯克的第三集团军会师。此时已是四面楚歌，再没有一线机会可供分散且敢于冒险的人逃脱了。9月20日，德国人宣布，维斯杜拉河之战“是自古至今最大的歼灭战之一”。

1939年在索哈契夫的波兰骑兵（佚名拍摄）

接下来轮到苏联行动了。9月17日，苏军蜂拥越过了几乎毫无防御的波兰东部边境，在一个广阔的前线地带，以排山倒海之势向西猛进。9月18日，苏军占领了维尔纳（维尔纽斯），在布列斯特–利托夫斯克和德军相会。在上次大战中，俄国人违背他们和西方协约国所订的庄严协定，在这里和德皇单独媾和，并屈辱地接受了德国严酷的媾和条件。而此时，苏联人竟和希特勒在这个布列斯特—利托夫斯克握手言欢。

波兰的覆灭以及它被征服的整个过程，进行得很快。不过，华沙和莫德林一度都在坚持之中。

华沙的抵抗，主要由于民众激昂的爱国情绪所支撑，真是伟大悲壮，但却毫无希望。经过了许多天猛烈的空中轰炸，以及许多由平静的西线，通过东西向的主要公路，迅速调来的重炮队的疯狂炮击，华沙电台终于停止播送波兰国歌，而希特勒则进入了这个沦为了废墟的城市。

莫德林是维斯杜拉河下游20英里的一个要塞，索恩兵团的残部曾在这里坚持苦战，直到9月28日为止。最终，一切都在一个月内结束。一个拥有3500万人口的国家就这样陷入残酷的桎梏之中，而对它施加这种桎梏的人们不仅要征服，而且要奴役，甚至要消灭它的广大人口。

我们已经看见了现代闪电战的一个完整标本，看见了陆军与空军在战场上的紧密配合，看见了对一切交通线及可以成为目标的城镇进行的猛烈轰炸，看见了活跃的第五纵队的身手，看见了间谍和伞兵队的各种使用。最重要的是，看见了大批装甲部队势不可挡地向前冲锋陷阵。然而，波兰人并非忍受这种苦难的最后一个。

苏军继续向前推进，直到抵达和希特勒商妥的界线为止。9月29日，苏德两国瓜分波兰的和约正式签字。我仍确信苏德之间有深仇大恨，这种仇恨绝难消释，而且我始终认为，苏联会因为局势的影响倒向我们这边。因此，对于苏联的这种政策，虽然内阁中的人们情绪激动，置身其中的我也感到非常愤慨，但我仍保持冷静。

苏联和德国瓜分波兰后的第二步，就是同爱沙尼亚、拉脱维亚和立陶宛订立了三个“互助协定”。这些波罗的海的国家，都是在1918年和1920年的解放战争中摆脱苏联政府的羁绊获得自由的。这些小国完成了严厉的土地改革，主要是牺牲了以前地主的利益，然后逐渐地形成了一种带有强烈反共色彩的民族主义的农民生活方式。它们一贯畏惧强大的邻邦——苏联，并迫切地希望能保持中立，因此设法避免一切挑衅。但由于它们的地理位置，这一艰巨的任务很难实现。例如里加变成了一个搜集苏联方面情报的窃听站和国际反布尔什维克的中心。德国在和苏联进行的交易中，却乐于将它们放弃。

这三个国家过去曾是沙皇俄国的一部分和彼得大帝旧日的征服地。它们立即遭到苏联强大军队的占领。对于这样的大军，它们无法进行有效的抵抗。苏联使用了惯常的方法，对于所有反共反苏分子，实行了残酷的清算。20年来一直在他们本土过着自由生活、并作为绝大多数人民代表的许多人，现在都失踪了。其中一大部分被流放到西伯利亚，其余的被送到了更远的地方。这就是所谓的“互助”过程。

从德国卷入对英法两国作战之时起，苏联就根据对德条约的精神，开始堵塞自西方进入苏联的通道。第一条路线是从东普鲁士经过波罗的海国家进入苏联；第二条是经过芬兰湾的水域进入苏联；第三条是经过芬兰本土，横穿卡累利阿地峡到达芬苏边境，距离列宁格勒近郊仅有20英里。

苏联人没有忘记1919年列宁格勒所面临的危险。甚至高尔察克的白俄罗斯政府也曾通知巴黎和会，在波罗的海国家内的基地和芬兰，都是保护苏联首都所必需的地方。斯大林在1939年夏天也曾对英法两国代表说过相同的话。我们已经看到，这些小国的恐惧心理是如何成为阻碍英法两国与苏联结盟的障碍，并为莫洛托夫与里宾特洛甫的协定铺平道路的。

斯大林没有浪费时间。9月24日，爱沙尼亚外交部长奉命访问莫斯科。四天以后，他的政府与苏联签订了一个互助条约，条约给予苏联在爱沙尼亚境内的重要基地驻防的权利。10月21日，苏联红军与空军即开始进驻。同时，苏联对拉脱维亚也采取了同样的方式，而且苏军也进驻了立陶宛。这样，通往列宁格勒的南路以及半个芬兰湾，很快就被苏联的武装部队加以阻断，以防范德国入侵野心的可能。到此为止，只剩下芬兰本土这一路线了。

10月初，芬兰的政治家、曾经签订《1921年苏芬和约》的帕西基维先生到了莫斯科。苏联要求的很多，在卡累利阿地峡的芬兰边界线，必须后移相当的距离，使列宁格勒脱离敌方炮火的威胁。

苏联的其他要求包括：芬兰割让芬兰湾内若干岛屿，将雷贝锡半岛连同芬兰在北极海内唯一的不冻港比特萨摩一并租借给苏联。最重要的是，芬兰须将位于芬兰湾入口的汉戈港租借给苏联，以此作为苏联海军及空军的基地。

除最后一条外，芬兰对苏联的要求准备一一让步。在他们看来，如果芬兰湾的要害所在为苏联所掌握，芬兰的国家安全就将荡然无存。谈判在11月13日宣告破裂，芬兰政府开始动员，并加强他们在卡累利阿边境的军队。11月28日，莫洛托夫宣布《苏芬互不侵犯条约》作废。两天以后，苏军就沿着长达千里的芬兰边境，从八处进攻，同日早晨，芬兰首都赫尔辛基受到苏联空军的轰炸。

苏芬战争中，使用拉赫蒂M26式轻机枪作战的芬兰士兵（佚名拍摄）

苏联进攻的主力，起初是集中在卡累利阿地峡的芬兰边境防御工事。这一工事由一个设防地带组成，从南至北纵深约20英里，需要穿过落满积雪的森林区。它被称为曼纳海姆防线，曼纳海姆是芬兰的总司令。

苏联以其巨大的力量，悍然进攻一个生气蓬勃的文明国家，在英国、法国，尤其是在美国，激起了人们强烈的愤慨。然而不久之后，人们又感到惊讶和如释重负。在最初几周的战争中，苏军毫无进展，进攻的部队几乎全是从列宁格勒的驻军中抽调来的。仅有约20万武装力量的芬兰军队，却展示出了良好的战绩。他们以一种勇往直前的精神和很快被称为“莫洛托夫鸡尾酒”的新式手榴弹，对付苏联的坦克。

从1940年年初开始，苏联就把主力压在芬兰人的身上。苏联加倍努力，企图在积雪融化以前，突破曼纳海姆防线。而承受着巨大压力的芬兰人，曾把希望寄托在春天来临的积雪融化上。不幸的是，这一年的春天迟来了将近六周。

2月1日，苏联开始对卡累利阿地峡展开强大攻势，前后持续了42天，同时对芬兰防线后方的基地仓库和铁路线的连接站，进行了猛烈的轰炸。紧密排列的苏联大炮先进行了10天的猛烈轰击，接着开始了有力的步兵进攻。经过14天的战斗，这条防线就被攻破了……到了2月底，曼纳海姆防线已经完全崩溃。

3月12日，芬兰接受了苏联的条件。

第7章
临危受命：我来组成新的内阁

在短暂的挪威战役[1]中，许多令人失望的不幸事件发生了。英国国内因此引发了骚动，甚至连那些战前若干年间一直都不活动的迟钝者，他们的情绪也变得愈来愈激昂。为此，反对党要求对战争的走势进行辩论。经过安排，会议决定在5月7日举行。

那一天，随处可见神情激动而悲愤的下院议员，张伯伦先生的开场声明在来势汹汹的敌意浪潮前显得那样的软弱。在一片嘲笑声中，他的发言被打断了……坐在政府席后面的艾默里先生，在响彻下院的一片欢呼声中，引用克伦威尔[2]向长期议会所说的："走吧！你们坐得太久了！再也干不出什么好事了。我说，你们走开！让我们从此一刀两断。看在上帝的面上，走吧！"一位多年的朋友和同僚，一位同是代表伯明翰区的议员，一位声名卓著、经验丰富的枢密顾问官，竟然说出了这样一番令人痛心的话。

5月8日，人们看到劳合-乔治先生在下院做最后一次决定性的演说。在一次不超过20分钟的演说中，他对政府首脑进行了充满恶意的抨击，并打算替我开脱："我并不认为海军大臣对于在挪威发生的一切，应负全部的责任"。我立即插话道："我对海军部所做的一切负全责，我也愿意接受我应承担的全部责任。"

[1] 德军于1940年4月9日发动攻击，6月10日即占领挪威全境。

[2] 英国政治家、军事家、宗教领袖，处死国王查理一世，建立军事独裁统治。

劳合-乔治警告我不要为了同僚而把自己变成一个防空洞，以使其免于被流弹击中。接着，他把目标转向张伯伦先生："现在不是谁是首相朋友的问题。问题远比想象的要严重。首相曾吁请大家作出牺牲。全国都准备作出各种牺牲，但要有一个前提，那就是国家必须有人领导，政府必须明确需要达到的目标，而全国必须充分相信领导他们的人尽了最大的努力。"

劳合-乔治最后说："我庄重地声明，首相应该以身作则，首先作出牺牲，而在这次战争中，没有比牺牲自己的职位，更能对胜利作出贡献的了。"

在辩论结束以后，张伯伦首相请我到他的房间去。我立刻看出，他对于下院的情绪持有极严重的看法。他认为自己已经无法继续执政，而应该成立一个联合政府……5月9日下午，我有种预感，自己可能会奉命担起领导的责任。对此，我既没有紧张激动，也没有惊慌失措。我认为，这是当前问题最好的解决方法。于是，我平心静气地等待形势的发展。

5月10日天亮后，马上有重大消息传了过来。封装着最新电报的信盒经由海军部、陆军部和外交部发出，络绎不绝地送到我手里。德国人发动了他们等待已久的袭击。荷兰和比利时同时遭到入侵，两国边界多处被突破，德军已经开始了入侵低地国家和法国的整个行动。

大约10时，金斯利·伍德爵士来看我。他刚从首相那儿来，张伯伦先生鉴于大战临头的现状，感到自己有必要继续留任。但金斯利·伍德告诉张伯伦，由于新的危机，只有上下一致才能应付自如，成立联合政府更为重要。他还说，张伯伦先生已经接受了这个观点。

11时，我再一次受到首相召见，要到唐宁街去。我与哈利法克斯勋爵在那里又一次见了面。我们俩坐在桌子这头，与张伯伦先生相对而坐。张伯伦先生告诉我们，他深知组织联合政府，已不是他力所能及的事。他从工党领袖方面所获得的反响，已使他对于这一点毫无怀疑。所以，现在的问题是，在他本人辞职获准后，应该向国王推荐谁来组阁。他隔着桌子望着我们，态度冷静，不慌不忙，就事论事，似乎完全不考虑个人的成分。

在我的政治生涯中，我曾有过许多次重要的谈话，而这次确实是最重要的一次。通常我滔滔不绝地谈论，但这次却缄默不语。张伯伦先生显然心中记着两个夜晚以前下院纷扰的景象，当时我和工党人士舌剑唇枪，争执得似乎非常激烈。虽然我这样做，是为了给他支持并且为他辩护，但他觉得这可能妨碍我在这个关键时刻取得工党的拥护。我不记得他当时说了些什么话，但含义就是如此。他的传记作者法伊林先生，明确地说他宁愿要哈利法克斯勋爵组阁。因为我继续沉默，所以，我们的谈话中断了很长时间。这段时间似乎确实比纪念休战日静默两分钟的时间还要长。

过了一会儿，哈利法克斯终于发言了。他说由于他的上院议员身份，他在下院没有席位，在当前这种性质的战争期间，将很难执行首相这一职务。如果出任首相，他将对一切负责，但他缺乏领导下院的权力，而任何政府的存在，都全靠下院的信任。他发表这类意见的时间，有几分钟之久。等他把话说完时，显然这个责任就将落在我的身上——事实上，也真的落在我的身上了。

于是我才第一次发言。我说在国王命令我组阁以前，不准备和两个反对党中的任何一党交换意见。这次重要的谈话到此结束，然后我们又恢复了通常那种轻松而随便的态度。我们共事多年，无论在朝在野，都在英国政治舞台的友好气氛之中消磨时光，平日相处都是轻松而随便的。后来，我回到了海军部，也许不难想象，那里正有许多事等着我呢。

荷兰的阁员们正在我的办公室里。他们刚从阿姆斯特丹飞抵此间。他们形容枯槁，精疲力竭，眼中流露出恐怖的神色。他们的国家，突然遭到袭击，而且事先敌人既无任何借口，也未提出任何警告。大炮、坦克排山倒海似的越过边界，战火遍地燃烧。当敌人遭到抵抗，荷兰边防部队开枪反击时，大规模的空中袭击接踵而至。

荷兰全国都陷入纷扰混乱的状态中。准备已久的防御计划立即付诸实施，堤岸已经掘溃，洪水遍地泛滥。但德国人早已越过外部的防线，沿莱茵河堤岸长驱直入，并进一步突破内部的格拉夫林防线，同时也威胁到了围绕须德海的堤道。

我们能有什么方法来加以制止呢？所幸我们在不远的地点有一支小舰队。它立即奉命轰击堤道，给蜂拥而来的侵略者以最大的损伤。荷兰女王仍在荷兰境内，不过，她似乎已无法在当地久留了。

1940年，被德军轰炸后的鹿特丹（佚名拍摄）

这些讨论得出的一个结果，就是海军部对我们在附近的所有舰只，发出了大量的命令，并和荷兰皇家海军建立了密切联系。荷兰的阁员们，虽然对最近挪威与丹麦被征服的事例记忆犹新，但似乎仍无法理解，那个伟大的德国，直至头天晚上还对荷兰一味表示友谊，竟然会突然发动这种可怕而残酷的袭击。为了处理这些问题，一两个小时便消磨过去了。

从受到德军推进影响的各个边境方面，电报如潮水般地纷至沓来。德国旧有的施利芬计划[1]，为了配合新的形势已经扩展到荷兰，似乎已经充分地加以实

[1] 施利芬为德国在1891—1907年的总参谋长。他主张在德国与法国发生战争时，德军主力应越过比利时与卢森堡进攻法国。

施了。1914年德国侵略军队迂回前进的右翼，冲过比利时，但在荷兰边界停止前进。当时，人们都知道，战争如果延迟三四年发生，德国可能准备好额外的军团，而且铁路终点和交通线也可能改造就绪，以便进行越过荷兰国境的运动战了。此时，这一著名的运动战已经开始。它具备了所有便利的条件和一切施展突然袭击和诈术的环境。但其他的发展还在前头。敌人的决定性打击，并不是作为对侧翼的迂回运动，而是主力前线的突破。

我们和法国负责指挥的人士，都没有预见到这一点。在这一年的早些时候，我在一篇发表的谈话记录中，曾根据敌方军队的部署和公路、铁路的发展，以及从缴获的德国计划中显然可见的情形，警告这些中立国家，指出它们即将遭到的命运，但我的话只引起了别人的厌恶。

在这场巨大的战斗所引起的强烈震动中，我们在唐宁街进行安静谈话的印象，在我的心中逐渐淡薄或消失。不过我记得，有人告诉我张伯伦先生已经或正要去谒见国王，这不用说也料得到。

不久，我接到一个通知，要我在6时入宫。由海军部沿公园林荫道至皇宫，乘车只需两分钟。虽然我估计晚报上一定会充满从大陆方面传来的惊心动魄的消息，但对于内阁危机则只字未提。公众现在还没有充分的时间来理会国内外发生的一切情况，因此，皇宫门前并没有等候的群众。

我立即被引见去觐见英国国王。国王陛下对我非常客气，要我坐下。他以一种锐利而奇妙的眼光注视了我一会儿，然后对我说："我想你不知道为什么我要找你来吧？"我顺着他的情绪回答："陛下，我简直想不出为什么。"他笑着说："我要请你组织政府。"我说："我当然愿意遵命。"

国王没有规定政府必须具有举国一致的性质。我感到我的任命，与这一点并没有正式的关联。但是，鉴于已经发生的一切，以及造成张伯伦先生辞职的情况，建立联合政府显然是在当前形势下应有的安排。如果我感到无法和处在反对党地位的各个政党相妥协，那么，在宪政上并不能限制我设法成立一个最大限度的坚强的政府，只要能获得下院多数的信任，就要把所有愿意在危急时期为国效劳的人士都吸纳进来。

我告诉国王将立即邀见工党及自由党的领袖。我建议组织一个包括5–6个阁员的战时内阁。同时，我希望在午夜以前，使他知道至少5名人选。接着，我即告辞回到海军部。

当晚七八时左右，艾德礼先生应邀来见我。他和格林伍德先生一同到来。我告诉他，我已奉命组织政府，并问工党是否愿意参加。他说他们愿意参加。我提议他们在政府中应占1/3以上的职位，在5或6人组成的战时内阁中，应占两个职位。我请艾德礼先生给我一张名单，以便我们能讨论具体职务的安排。我提到了贝文先生、亚历山大先生、莫里森先生和多尔顿先生。他们出任高级的职务，实为当前形势所急需。当然，我和艾德礼与格林伍德两人在下院中久已相识。

在战争爆发前的10年间，我多少处于独立地位，我与保守党和联合政府发生的冲突与摩擦，远远超过与处在反对党地位的工党与自由党的冲突。这时，我们曾有一个短时间的愉快的谈话，然后，他们就告辞，用电话通知他们在伯恩默思的朋友和追随者。他们在前48个小时内，彼此之间曾保持着最密切的接触。

我邀请张伯伦先生以枢密院大臣的职位领导下院，他在电话中答允接受，并告诉我已经做好安排，决定在当晚9时向全国广播，宣布他已经辞职，同时，呼吁全国拥护和赞助他的继任者。所有这些，他后来在广播中，用非常豁达的措辞，都谈到了。我邀请哈利法克斯勋爵参加战时内阁，并连任外交大臣。大约在10时，我按照我所作的诺言，把五个人的名单呈交国王。陆、海、空军三部大臣的任命，是非常重要的事，关于这三部大臣的人选，我心中早已决定。艾登先生应该主管陆军部；亚历山大先生应主管海军部；自由党领袖阿奇博尔德·辛克莱爵士应主管空军部。同时，我兼任国防部大臣的职务，但是对于国防部的范围和职权，却不打算加以规定。

这样，在5月10日的晚上，在这场巨大战斗开始时，我取得了主持国政的大权。此后，在世界大战的五年三个月中，我所持有的权力日益扩大，直至最后。

在这场政治危机的最后这些忙乱的日子里，我始终没有感到格外的兴奋。我对事态的发展，全部加以接受。但是对于阅读这篇真实记载的读者们，我却不能隐瞒：我大约在3时上床，强烈地感到自己如释重负。我终于获得指挥全局的大权了。我觉得我好像是正在和命运一同前进，而我以往的全部生活，不过是为这个时刻，为承担这种考验而进行的一种准备罢了。

在唐宁街十号首相官邸，坐在自己座位上的丘吉尔（塞西尔·比顿拍摄）

在过去的十年中，我在政治上处于在野地位，因而使我摆脱了通常政党之间的敌对情绪。我在过去的六年中所提出的警告，既频繁又详尽，并且现在都已不幸而言中，所以，谁也不能对我非难，谁都不能指责我发动战争，或对战争缺乏准备。我想我对战争的全局有很多的认识，自己深信不会遭到失败。因此，虽然我迫切地盼望天明，但我却睡得很熟，而且不必在梦中去追求安慰，因为事实比梦想要美妙得多。

5月13日周一，下院召开特别会议。我要求下院对新政府进行信任投票。在报告了充实各部人员的进展情况后，我说："我没有别的，我只有热血、辛劳、眼泪和汗水贡献给大家。”在我们的全部悠久的历史中，没有一位首相能够向议会和人民提出这样一个简明而又得人心的纲领。

我在结束时说：

“你们问，我们的政策是什么？

“我说，我们的政策就是用上帝所能给予我们的全部能力和全部力量在海上、陆地上和空中进行战争；同一个在邪恶悲惨的人类罪恶史上还从来没有见过的穷凶极恶的暴政进行战争。这就是我们的政策。

“你们问，我们的目的是什么？

“我可以用一个词来答复，胜利——不惜一切代价去争取胜利，无论多么恐怖也要去争取胜利；无论道路多么遥远和艰难，也要去争取胜利。因为没有胜利，就不能生存。

“大家都要认识到，没有胜利就没有英国的存在，就没有英国所代表的一切，就没有促使人类朝着目标前进的那种时代要求和动力。

“我满怀兴奋和希望，担负起我的工作。我深信，人们不会让我们的事业遭到失败。在这个时候，我觉得我有权利要求大家的支持，我说，‘起来，让我们把力量联合起来，共同前进。’”

第8章

难以忘却的牺牲和努力

那渐渐聚集、郁积已久的狂风暴雨，终于猛烈袭来了。这是有史以来最为惨烈的一场战争，仅第一次交锋的对象就达四五百万人之众。

我们早已习惯了躲在法国身后，却不曾想到，这条看似坚固的“防线”，竟会在一周之内落入令人无法收拾的境地。不到三周，久负盛名的法国陆军便被打得溃不成军，再也不复往日的赫赫威名，英国陆军则损失了所有的装备，还被赶下了大海。不到六周的时间，我们几乎成了孤军，只差一点就被解除了武装。

节节胜利的德国和意大利扼住了我们的咽喉，整个欧洲落入希特勒的魔掌；而在地球的另一边，日本还在一旁虎视眈眈。在残酷的现实面前，前景显得如此黯淡，而我正是在这一情况下就任英国首相兼国防大臣，组织包括所有政党在内的联合政府，采取一切符合国家利益的手段来处理国内外事务。

差不多五个年头以后，随着处境的改善，我们才得以逐渐乐观起来。那个时候，意大利被征服，墨索里尼被杀死，强大的德国军队无条件投降，就连希特勒也自杀了。除了艾森豪威尔将军俘获了大批的俘虏以外，在意大利的亚历山大元帅以及在英国的蒙哥马利元帅也在24小时内俘虏了300万德国士兵。解放了的法国，在我们的帮助下重整旗鼓。我们和世界上两个最强大的国家——同时也是我们的盟国，一起粉碎了日本的抵抗。这确实是惊人的对比。在这漫长、艰苦而危险的六年里，那些倒在路上的人们，并没有白白牺牲；那些昂然走到胜利关头的人们，将为曾经的光荣选择而永远骄傲。

在讲述自己的工作和英国联合政府成立过程之前，我有责任阐明一点：对于二战这一关系到各国、各民族命运的共同事业，愈挫愈勇、迎难而上、团结一致的英国，作出了多么巨大的贡献。我无意与可敬的美国盟友作令人不快的比较，或是争个所谓的“高低”。对美国的帮助，我们的感激是无法用语言衡量的，我们将永志不忘。但是，我们也需要让大家了解英国在战争中的巨大努力。

直到大批美国军队1944年秋天到达诺曼底为止，在太平洋以及大洋洲以外的任何一个战区，英国都可以被视作最主要的力量，或者至少作为一个平等力量。在此之前，英国在任何月份任何战区的任何师，集结状况都一样。自1944年7月起，从与敌接触军队的师属单位数量来看，美国的战线不断扩大，而且捷报频传，直至10个月后取得最后胜利。

我的另外一个比较表明：英国的牺牲人数，甚至要比我们英勇的盟国还要大。英国武装部队死亡、失踪、被认为已死亡的共计303,240人，加上各自治领、印度和各殖民地的109,000人，总数达412,240人。这一数字还不包括死于空袭的60,500平民，以及约30,000名死亡的商船船员和渔民。与此相比，美国陆军、空军、海军、海军陆战队和海岸警卫队牺牲的人数是322,188。我之所以列举这些令人伤感的光荣的牺牲人数，是因为我深深相信，由宝贵的鲜血所凝结成的平等的战友关系，将继续获得英语世界人们的崇敬，并进一步鼓舞他们的行动。

在海洋上，美国承担了太平洋战争几乎全部的重担。1942年，美国在中途岛、瓜达卡纳尔岛以及珊瑚海所进行的决定性战役，使其获得了那片辽阔海洋上的全部主动权，打开了进攻日本所有占领地的道路，是最后打击日本本土的先决条件。与此同时，美国海军也就无力承担大西洋和地中海的重任。

在这里，我有责任摆明事实。在欧洲战区、大西洋和印度洋上击沉的781艘德国潜艇和85艘意大利潜艇，其中的594艘是被英国海军和空军击沉的。除了击毁或俘获意大利的全部舰队外，英国海军和空军还消灭了德国的全部战列舰、巡洋舰和驱逐舰。

珍珠港事件以后，美国尽最大的努力投入大规模的空战之中，特别是使用了“空中堡垒”式轰炸机。他们的空军不但打击日本，也由英伦三岛出发打击德国。事实上，自我们1943年1月到达卡萨布兰卡后，再没有一架美国轰炸机在白天[1]向德国投下过一颗炸弹。

1941年，伦敦地下防空洞里的下午茶时间（罗伯特·卡帕拍摄）

在1943年年底以前，英国在德国投下的炸弹吨数，都以8：1的比例远远超过了美国飞机所投的炸弹吨数。直到1944年春天，美国飞机轰炸的吨数才超过了我们。在这一方面，陆地和海上也一样，我们从一开始就参与了整个过程，只是到了1944年，美国才以巨大的作战努力赶上并超过了我们。

[1] 当时的美国B-17等轰炸机主要担负对德国目标的白天轰炸任务。

我们必须记住一点，从1941年1月《租借法案》开始实行算起，在美国的慷慨援助之下，英国的军需供应增加了1/5以上。有了美国的物资和武器，英国4,800万人就能当成5,800万人去作战。

在海运方面，由于自由轮[1]的大量建造，物资的供应可经由大西洋源源而来。另一方面，对整个战争期间各国船运由于敌方军事行动而遭受的损失也应作一个分析，其数字如下：英国11,357,000吨，美国3,334,000吨，其他各国（不受敌人控制的）6,503,000吨。以上80%的损失发生在大西洋，其中包括英国北海和沿海水域，只有5%的损失发生在太平洋。

我之所以列举上述事实，并非希望取得不属于我们的功劳，而是想在一个公平、公正的基础上证明，在世界历史的紧急关头，这个小小岛国的民众首当其冲，并在战争中作出了多么艰难的努力！

[1] 二战期间美国大量制造的货轮，以建造迅速和造价低廉著称。

第9章
敦刻尔克大撤退

现在，我们可以回顾一下这一令人难忘的战争截至目前这一阶段的全过程。只有希特勒才处心积虑地要破坏比利时和荷兰的中立。比利时在遭到攻击以前，一直不愿意让盟军入境。因此，军事上的主动掌握在希特勒手中。他在5月10日发动了进攻。

第一集团军群以英军为中心，不是在防御工事后面固守，而是冲入比利时，从事徒劳无功的援救，因为已经为时太晚。

法军在阿登山脉对面留下一道缺口，防御工事不完善，防御力量也很薄弱。大战以来的装甲部队以规模空前的进击，突破了法军战线的中央地带，北方集团军同南方以及海岸的各交通线在48小时之内随时都有被切断的可能。

法国最高统帅部最迟应在5月14日向这些集团军发出紧急命令，无论冒多大的险，都要以最快速度实行总退却，即使物资遭受重大损失也在所不惜。但甘默林将军没有果断而铁血地处理这一问题，法国北方集团军司令比约特也没能自行作出必要的决定。最终，遭受威胁的左翼各集团军完全陷入混乱。

当敌人的兵力占优时，法军开始向后退却。由于迂回运动是围绕他们右翼进行的，他们便构筑了一道侧翼防线。如果他们5月14日就开始后撤，那么，他们就可能在5月17日回到这条旧防线，从而获得突围的好机会。可惜，法军没能把握机会，至少损失了至关紧要的三天时间。

5月17日以后，英国战时内阁清楚地认识到，只有立即向南突围才能挽救英国军队。他们决定迫使法国政府和甘默林将军接受自己的意见，可是英军司令官戈特勋爵却产生了怀疑，他无法确定是否能够边脱离激战中的战线，边冲过敌人的防线。5月19日，甘默林将军被免职，由魏刚接任。

甘默林的“第十二号命令”——他的最后一道命令，虽然迟了五天，但在原则上还是正确的，也符合英国战时内阁和参谋委员会的主要论断。更换最高统帅，或者说没有统帅，又造成另外三天的拖延。魏刚将军在访问北方集团军以后提出的大胆计划，始终不过是一纸空文。他的计划基本就采用了甘默林的计划，而且由于时间的拖延，更加没有了成功的可能。

在这种进退维谷的可怕局势下，我们接受了魏刚计划，一直到5月25日一直都忠实而坚决地努力执行，虽然最终没有取得什么效果。5月25日，所有的交通线完全被切断，我们微弱的反攻被击退，阿拉斯失守，比利时军的战线被突破，国王利奥波德准备投降。于是，我们逃往南方的全部希望都成为了泡影。

只剩海路可走了。我们能否到达海边？如果无法到达，我们是否会在开阔的战场上被敌人包围和击溃？我们陆军的全部大炮和装备一定会丧失殆尽，好几个月也补充不起来。可是那些大炮、装备又怎么能和军队相比呢？只要有了人，英国将来重建军队就有了核心和基础。戈特勋爵从5月25日以来就觉得从海路撤退是唯一的出路，于是，他在敦刻尔克附近建立了一个桥头阵地，率领残存的所有兵力打到那里去。这就需要英国军队严守纪律，需要英军司令官，包括布鲁克、亚历山大和蒙哥马利在内，都能发挥他们的才智。需要的东西还有很多。所有力所能及的事情都已经做了。这是不是就够了呢？

我们有必要提到一个众说纷纭的小插曲。德国陆军参谋长哈尔德将军曾声称，当时希特勒对于战事曾亲自作了唯一一次有效的直接干预。据这位权威人士称，希特勒“为这些装甲部队担心，因为他们进入一个运河交错、处境不利的地区，要冒很大的危险，可是得不到任何重大的收获”。希特勒不想让这些装甲部队作无谓的牺牲，因为它们是战争第二阶段不可缺少的角色。毫无疑问，在希特勒看来，仅依靠空中优势就能制止敌人从海路的大规模撤退。

据哈尔德说，希特勒通过勃劳希契给他发了一个电报，命令“装甲部队停止前进，尖兵甚至可以撤回”。哈尔德说，这就给英国军队让出了一条通往敦刻尔克的道路。我们在5月24日上午11时42分截获了一份德军的明码电报，大意说暂停向敦刻尔克—哈兹布鲁克—梅维尔一线进攻。哈尔德说，他代表陆军最高司令部（O. K. H.）拒绝对龙德施泰特集团军群的行动进行干预，该集团军群奉有明确的命令制止敌人到达海岸。他争辩说，这一地区作战的成功越快越彻底，以后损失坦克的补充也就越容易。第二天他奉命同勃劳希契一同参加一次会议。

这场激烈的争辩，以希特勒发出的一道明确命令而告结束。希特勒说要派一名他本人的联络官到前线去监督执行命令。于是，凯特尔奉命乘飞机前往龙德施泰特集团军群总部，其他军官被派往前线各指挥所。

“我始终不能理解，”哈尔德将军说，“希特勒怎么会认为装甲兵团是在冒无谓的危险。在第一次世界大战中，凯特尔在佛兰德呆过相当长的时间，希特勒的这些想法很可能是根据他讲的故事而产生的。”其他德国将领也曾谈过颇为类似的情节，甚至暗示说，希特勒下这道命令是出于一个政治动机，以便击败法国之后同英国有更好的媾和机会。

后来发现了龙德施泰特总部记载的日记，这个可靠的证明文件记载的却是另一种说法。5月23日午夜，勃劳希契从最高统帅部带来命令，指示第四集团军仍由龙德施泰特指挥，以便进行“包围战”的“最后行动”。第二天早晨，希特勒到龙德施泰特总部，龙德施泰特对他说，他的装甲部队已前进了那么远，速度那么快，力量已大大减弱，需要停下来整顿，重新部署，以便对敌人进行最后的打击。他的参谋日记中写道：这个敌人“打仗非常顽强”，而且龙德施泰特还预见到，他那分散的兵力有遭到南北两方夹击的可能。

事实上，魏刚计划如果得以实行的话，显然就是盟军的一次反击机会。希特勒“完全同意”阿拉斯以东的攻击应由步兵执行，机动部队应继续扼守朗斯—贝顿—埃尔—圣奥梅尔—格拉夫林防线，以便截击受到东北方B集团军群压力的敌人。他也考虑到为以后的作战而保持装甲部队的兵力是极为必要的。然而，5月25日很早的时候，勃劳希契送来一份新的命令：总司令命令装甲部队继续前进。龙德施泰特仅着有希特勒的口头答应，竟对这道命令置之不理。

他没有把命令传达给第四集团军司令克卢格，他告诉克卢格要继续节省使用装甲师。克卢格对这种拖延提出抗议，可是直到第二天（5月26日），龙德施泰特才放手让他们行动，就在这个时候，他还命令暂时不要以敦刻尔克为直接攻击的目标。

日记上记载了第四集团军抗议这种限制命令的举动，集团军参谋长于5月27日打电话说：

海峡各港口的情况如下，大船停在码头边，放着跳板，人们纷纷登船。所有的物资都丢在后面。我们不希望看到这些人以后重新装备起来和我们为敌。

可以肯定地说，装甲部队曾经停止前进。不过，这并不是希特勒的主意，而是龙德施泰特的主意。龙德施泰特的见解无疑是有理由的，既考虑到了装甲部队的情况，也考虑到了战争的总体形式，但他应该服从最高统帅部的正式命令，或者，他至少应该告诉他们，希特勒在口头上是怎样对他说的。德军司令官普遍认为失掉了一个大好机会。

在这一紧要关头，影响德军装甲部队的行动的，还有一些其他原因。

5月20日夜，德军主要的装甲部队和摩托化部队到达阿布维尔的海岸后，就沿着海岸经埃塔普勒向北方朝布洛涅、加来和敦刻尔克前进，其目的显然是企图切断所有从海上逃走的去路。由于上次大战的经验，这一地区的情形又重现在我的心头，那时我曾使用机动的海军陆战旅从敦刻尔克攻击向巴黎进军的德军侧翼和后卫，因此，我无需了解加来与敦刻尔克之间的洪水系统或格拉夫林洪水防线的重要性。水闸已经打开，洪水逐日奔流，这样就在南面掩护了我们的退却路线。

布洛涅的防御战，尤其是加来的防御战，一直在狼狈的局面下坚持到最后一刻。当时英国立即派遣守军到达该地，5月22日布洛涅陷于孤立并遭到攻击，担任守备的是英国的两个营和少数几个反坦克炮队中的一个炮队，以及一些法国友军。他们抵抗了36小时以后，报告称难以支持，我同意将残存的守军连同法国部队从海路撤出。5月23日到5月24日的夜间，8艘驱逐舰在只损失了200人的情况下成功将英国守军撤走，而法军则继续在城堡战斗到5月25日清晨。对于我们的撤退，我表示遗憾。

早在数天以前，我就已经将海峡各港口的防卫工作交由总参谋长直接指挥，我和他经常保持接触。我现在决定：必须死守加来，不准守军从海路撤退。这里的守军有步枪旅的一个营、第六十步枪旅的一个营、维多利亚女王步枪旅、皇家炮兵第二二九反坦克营和皇家坦克团的一个营，另外还有21辆轻坦克和27辆巡逻战车，以及同样数量的法军。为了争取两天或三天的时间，竟要牺牲这些经过训练的优良部队，实在令人痛心。我们只有很少类似的部队，而争取到的两天或三天时间是否有价值还有待商榷，这几天究竟能起到什么作用也难以预料。最终，陆军大臣和参谋总长同意了这一令人痛心的举措。

加来是成败的关键所在。有许多原因都可能阻挠我们从敦刻尔克脱围，不过可以肯定地说，由于加来防御战赢得的三天时间，我们保住了格拉夫林的洪水防线，否则，纵使希特勒迟疑不决，龙德施泰特发了命令[1]，我们所有的后路也将被切断，从而导致全军覆没。

关于英军和法军从敦刻尔克撤退的情况，已有翔实而完善的记载。自从5月20日以来，舰只的集结已在多佛尔港司令官拉姆齐海军上将的指挥下进行。5月26日晚（下午6时57分），海军部一声令下，“发电机”作战计划便开始实行，第一批军队当天夜里就被运回英国。

布洛涅和加来失陷后，只有敦刻尔克港和连接比利时边境的开阔海滩还在我们手中。这时，我们认为最多只有两天时间救出大约45,000人。5月27日清晨，我们采取紧急措施搜寻更多的小型船只，以“应付特殊的需要”。这一搜寻数量

[1] 即指龙德施泰特下令德装甲部队暂停前进一事。

不得少于足够撤退全部英国远征军之用。显而易见的是，除了较大的船只从敦刻尔克港装载士兵外，还需要大量的小型船只，以备在海滩应用。根据海运部里格斯先生的建议，海军部官员从特丁顿到布赖特灵锡之间的各个船坞中找到了40只可用的汽艇，第二天便集中在希尔内斯。同时，伦敦各码头定期航轮上的救生艇、泰晤士河上的拖船、快艇、渔船、驳船、平底船和游艇，只要可以沿海滩使用的运输工具，都一律征集备用。5月27日夜间，所有的小型船只潮水似的涌向大海，先在我们的海峡港口集中，再从那里开往敦刻尔克，到达我们亲爱的军队身边。

敦刻尔克撤退中，被装进一艘改造的商船中的英军（佚名拍摄）

一旦不再需要保密，海军部马上放手施为，英国南部和东南部沿海的船民普遍自发地行动起来。凡是有船的人，无论是汽船或帆船，都开往敦刻尔克。好在准备工作早在一周前就着手进行了，许多人也纷纷自愿加入我们的行动。5月29日开来的小型船只数目还不多，但这只是之后开来的近400只小型船只的前驱。这400多艘小型船只起了极重要的作用，从5月31日起，有大约10万人从海滨送到了远离海岸的大船上。在这几天里，我没有见到我的海军部地图室主任皮姆上校和其他两三个经常见到的人。他们驾驶了一艘荷兰小船，在四天内运送了800人。在敌人不断空袭之下，前往营救军队的船只共计860余艘，其中近700艘来自英国，其余的则是其他同盟国的。

此刻，在环绕敦刻尔克的海岸上，我们对附近区域做了周密而细致的部署。撤退的部队到达时毫不混乱，他们井然有序地沿着防御工事进行整顿，两天之内我们的防御力量便得到了极大的加强。阵容尚好的部队被调去构筑防线，损失较大的，如第二师和第五师，则作为后备队留在海滩上，然后，尽早登船。

起初，英国在前线布置了三个军，到了5月29日，由于法军接过了更多的防线，所以有两个军就够了。敌人拼命追击我们的后撤部队，激烈的战斗一刻都没有停过，两翼靠近尼乌波特和伯格的地区更是激战不已。随着撤退的进行，英法两军的数目都在不断减少，防线也相应地缩短了。一连三四天，成千上万的军队在海滩的沙丘中间遭到无情的空袭。希特勒以为用德国空军就可以使我们无路可逃，想把他的装甲部队留作战役的最后一击之用。他这个想法是错误的，但并非毫无道理。

然而，由于三个原因导致他的想法落了空。第一，接连不断轰炸沿岸集结的大量军队，造成的伤亡极轻微。炸弹投入松软的沙内，爆炸的弹片被沙子包住，散不开。起初，在一阵轰隆隆的空袭过后，士兵们惊奇地发现几乎没有多少伤亡。到处都有炸弹爆炸，但很少有什么人受伤。也许，有岩石的海岸会造成比较严重的结果吧。不久以后，部队就不再对空袭感到在意了。只要他们沉着地蹲在沙丘之间，就有活下去的希望。虽然，面前的大海是灰色的，但并非不欢迎他们。在那边，有救命的船——就快到家了。

第二，希特勒没有料到他的飞行人员的伤亡。英德两国空军的质量在这里受到了直接考验。英国战斗机尽最大的努力在战场上空不断巡逻，与敌人殊死战斗。它们一次又一次地冲入德国战斗机和轰炸机群，把它们打得七零八散，逐出上空，予敌以重创。每天都是这样战斗，一直到英国空军获得光荣的胜利为止。

无论在哪里遇着德国飞机（有时德机一来就是四五十架），英国飞机都会马上向它们发动攻击，往往我们的一个中队或者不足一个中队的飞机，便打下几十架敌机，敌机的损失不久就达到儿白架之多。我们最后的神圣后备军——首都空军部队也全体出动，投入战斗。战斗机的飞行员有时一天出击四次，战果极为辉煌。尽管敌人很勇敢，还占有优势，但也被我们战胜了，有些被击退，有些则被打死，甚至被我们打得畏缩不前。这是一场决定性的战斗。

可惜，海滩上的部队很少能够见到空中的战斗场面，因为空战时常在几英里以外或云层上空进行。他们一点也不知道空军使敌人遭受的损失。他们所感觉到的，只是敌机向海滩投下炸弹，这些从上空飞过的敌机，也许再也飞不回去了。由于不了解情况，陆军中甚至对空军产生了一种强烈的愤怒情绪，有些部队在多佛尔或泰晤士河港口登岸时，还侮辱了穿着空军制服的人。他们原本应当和空军紧紧握手的，但他们又怎么能知道这些呢？在议会中，我千方百计地向大家说明这一事实。

但是，如果没有海，所有海滩细沙的有利条件和空中的英勇战斗也起不了什么作用。10天或12天以前所下的命令，已在紧急事态和人们高涨的情绪下结出了丰硕的果实。岸上和船上井然有序。海面很平静。小船来往于海岸与大船之间，它们停在海滩边接应士兵，运走涉水登船的、救起落水的，全然不顾敌人的轰炸，虽然轰炸常常使其遭受牺牲。但是船只的数量优势，足以弥补空袭造成的损失。就整个“蚊式”舰队来说，它们是打不沉的。正当我们遭受失败之时，敦刻尔克海滩的战斗经过传到了我们团结一致、不可战胜的岛国人民的耳里，这一光荣之举将被我们所有的史册所永远铭记。

虽然小船的工作很出色，也别忘了最繁重的任务是由军舰负担的，它们来往于英国和敦刻尔克港之间，载运了2/3的士兵。驱逐舰起了主要作用，私人船只和商船的巨大贡献也不容忽视。

对于撤退的进展，人们纷纷投以焦急的眼光，怀着日渐增长的希望时刻关注。5月27日晚，英国海军当局认为戈特勋爵的阵地已十分危急。海军部派往敦刻尔克担任高级海军军官一职的坦南特上校紧急电告，要求立即派遣所有能找到的船只到海滩去，因为“明天夜间是否能撤退将成问题”。情势很严重，甚至可以说是没有希望了。为了满足他的要求，我们尽了最大的努力，派去了1艘巡洋舰、8艘驱逐舰和26艘其他舰只。

5月28日，又是紧张的一天。但由于英国空军的有力支援，我们守住了阵地，紧张的局面因此逐渐缓和了下来。尽管我们在5月29日受到了巨大的损失（3艘驱逐舰和21艘其他船只被击沉，还有许多被击伤），海军的行动仍然照原计划执行。

我们绝对没有发生过把法军士兵丢在后面不管的情况。在法国方面还没有提出任何要求或怨言以前，我就下达了以下的命令：“……应尽量使法军和我们共同从敦刻尔克撤退，这是非常重要的。不要让法军仅仅依靠自己的航运工具。”

5月30日，我在英国海军部作战室召集海陆空三军大臣和三军参谋长举行会议。我们研究了比利时海岸当天的情况。军队撤退总数已达12万人，其中只有6,000名法国人。参加工作的各种船只共860艘。在敦刻尔克的海军上将威克-沃克来电，尽管受到了激烈的轰炸，一小时前仍有4000人上船。他还认为，也许明天敦刻尔克就守不住了。我强调迫切需要撤退更多的法军。如果做不到这一点，将对我们和盟国的关系产生无法弥补的损害。我还说，当英军的力量缩减到一个军的时候，我们便应告诉戈特勋爵上船回国，留下一个军长负责。英军应坚守阵地，能守多久就要守多久，以便法军得以继续撤退。

我深知戈特勋爵的性格，所以我亲笔给他下了一道命令，由陆军部于5月30日下午2时正式发出。

应尽最大努力继续防守目前阵地，以使目前顺利进行的撤退行动能撤走最多的人。可每隔三小时通过比利时西部的拉·潘尼报告情况。如果仍能保持通讯，当我们认为你指挥的部队已缩减到可以移交给一个军长时，我们将给你下达命令，让你与你觉得应当撤退的军官返回英国。你现在即应指定这位军长。

如果通讯断绝，当具有战斗力的部队不超过三师的人数时，你就应移交指挥权，并按照约定的办法回国。这是按正确的军事程序部署的，此事不能由你个人自由行事。从政治上考虑，当你指挥的部队只剩下一小部分时，你被敌人俘虏就等于是让敌人获得一种额外的胜利。你应当命令你所选择的司令官继续与法军共同防御，并继续从敦刻尔克或海滩撤退，当他认为已不能进行有组织的撤退并且不能再给敌人以相当的杀伤时，他有权与法军高级司令官协商正式投降，以免无谓的牺牲。

这封最后的电报很可能对另一位英勇的司令官的命运产生了影响。1941年12月底，我在白宫从罗斯福总统和史汀生先生那里得知麦克阿瑟将军和科雷希多[1]美国驻军即将面临的命运。我认为，在一位总司令指挥的部队已经缩减到一小部分时，我们应当站在他的地位给他们指出这样的处置方法。罗斯福总统和史汀生先生都很专注地读了那封电报，令我感到惊奇的是，那封电报好像给他们产生了很深的印象。过了一会儿，史汀生就向我要了一份电报抄件，我立刻给了他。也许（因为我不知道）这封电报促使他们做出了正确的决定，命令麦克阿瑟将军把他的指挥权交给部下的一位将军[2]，这位伟大的司令官才在后来得以屡建战功，否则即便不死也会成为日本的俘虏，不能参加后来的战斗。我希望我这个看法是正确的。

5月30日，戈特勋爵的参谋人员与在多佛尔的海军上将拉姆齐会商后通知戈特说，6月1日白天是有望守住东部外围阵地的最后时间，应采取非常的紧急措施，尽可能保证撤退时还有大约4,000人的英国后卫部队留在海岸上。我们后来发现这一兵力不足以防御最后的掩护阵地，于是决定将英军的防御阵线一直保持到6月2日午夜之前，同时在完全平等的原则下撤退英军和法军的残存力量。5月31

[1] 珍珠港事件后三日（1941年12月10日），日军在吕宋北岸登陆，麦克阿瑟下令全军西撤进入巴丹半岛，据守科雷希多，1942年3月17日温赖特（Wainwright）接替麦克阿瑟指挥美菲军队。1942年4月9日，巴丹守军被迫投降，1942年5月6日科雷希多失陷。

[2] 指温赖特将军。

日晚，当戈特勋爵遵照命令将指挥权交与亚历山大少将并回到英国时，情况就是如此。

5月31日和6月1日两天，虽然敦刻尔克的战事还没有结束，但已到了最后的关头。两天来，平安登陆英国的士兵已超过132,000人，其中将近有1/3是在猛烈的空袭和炮火下由小船从海滩撤出来的。

成功从敦刻尔克撤离的英军（佚名拍摄）

自6月1日清晨起，敌军轰炸机开始拼命轰炸，每当我们自己的战斗机必须飞回加油时，它们便乘隙而来。敌机的袭击使密集的船只遭受严重的损失，单单这一天的损失，几乎等于上周的总和。由于空袭、水雷、快速鱼雷艇的袭击或其他不幸事故而沉没的船只就有31艘，被击毁的有11艘。在陆地上，敌人增加了对桥头阵地的攻击，他们竭力想冲进去，但遭到盟军后卫部队的拼命抵抗，被全部击退。

最后阶段的撤退工作已经进行得很熟练和严密了。这是我们第一次能够事先作好计划，而不像过去那样临时看情况办事了。6月2日拂晓，约有4,000名配备着7门高射炮和12门反坦克炮的英军与相当数量的法军坚守缩小了的敦刻尔克外围阵地。撤退工作现在只能在晚上进行，海军上将拉姆齐决定把一切可以利用的船只一并调到敦刻尔克港。除拖船和小艇外，包括11艘驱逐舰和14艘扫雷艇在内的44艘舰只于当晚从英国出发，另有40只法国和比利时船只也参加了行动。

英国的后卫部队在午夜以前就上船了。然而，敦刻尔克的战事并没有到此结束。那天夜里，我们打算撤退更多的法军，其人数要大大超过他们自己提出的要求。结果，当我们的船只（其中有许多还是空的）要在拂晓撤退时，还有大量法军留在岸上，许多法国士兵还在与敌人接触中。我们必须再作一次努力。这些天来，尽管船员持续工作，缺少休息，早已精疲力竭，但他们还是响应了号召。

6月4日，有26,175名法军士兵成功登陆英国，其中的21,000多人是由英国舰只载运的。不幸的是，仍有数千人滞留敦刻尔克未被撤走，他们在愈来愈缩小的桥头阵地里一直战斗到6月4日早晨。当时，敌人已经进入该城外围，他们英勇地战斗了许多天，掩护他们的英国和法国同伴撤退，用尽了所有的力量。接下来，他们将在俘虏营里度过漫长的岁月。请让我们铭记：如果没有敦刻尔克后卫部队坚持战斗，我们在英国重建一支保卫本土和争取最后胜利军队的工作，就会大受挫折。

最后，6月4日下午2时23分，在法国同意之下，英国海军部宣布“发电机”作战计划现已完成。

议会于6月4日开会，我有责任先公开，然后在秘密会议中向议员报告全部经过。我的讲话稿现在还存在，这里只摘引其中的几段。我们不仅应当向自己的人民阐明，而且也应当向全世界阐明，我们继续战斗的决心有着可靠的依据，而不是一种绝望的挣扎，这是刻不容缓的。同时，把我自己对于抱有信心的道理加以说明，也是必要的。

我们必须非常慎重，不要把这次援救说成是胜利。战争无法靠撤退赢得。但是，这次援救中却蕴藏着胜利的可能，我们应当注意到这一点。

这一胜利是在我们空军的努力下获得的。归来的许多士兵没有见到空军的活动，他们看到的只是逃脱我们空军掩护性攻击的敌军轰炸机。他们低估了我们空军的作用。对于这件事，我曾听到许多议论，我现在之所以要离题来谈谈这件事，其理由就在这里。我一定要把这个事实告诉你们。

这一次是对英国和德国空军实力的重大考验。德国空军的目的是要使我们无法从海滩撤退，并要击沉在那里的数以千计的密集船只。除此以外，你们还能想象出他们有什么更大的目的吗？从整个战争的目的来说，还有什么更大的军事重要性和军事意义呢？德军曾全力以赴，但他们终于被击退了，在执行任务中遭到了挫败。我们成功地撤退了陆军，而德国付出的代价，四倍于对我们造成的损失……已经证明，我们各种类型的飞机和所有的飞行人员比起现在面临的敌人要更加优越。

当我们说起在英伦上空抵御来自海外的袭击将更有好处时，我应当指出，我从这些事实里找到了一个可靠的论据，我们实际可行而又万无一失的办法就是根据这个论据想出来的。首先，让我对这些年轻的飞行人员表示敬意。庞大一时的法国陆军，在几千辆装甲车的冲击下一败涂地，溃不成军。难道文明事业不能由几千名飞行员用他们的本领和忠心来保卫住吗？

有人告诉我们，希特勒先生有一个入侵英伦三岛的计划。过去也时常有人这么盘算过。当拿破仑带着他的平底船和大军在布洛涅驻扎一年以后，有人对他说，“英国那边有厉害的杂草。”是的，自从英国远征军归来后，这种杂草当然就更多了。

现在，我们在英国本土拥有的兵力比在这次大战或上次大战中任何时候的不知要强大多少倍，这一事实当然能对抵抗入侵的本土防御问题起到有利的作用，但不能这样继续下去。我们不能满足于打防御战。我们对盟国负有义务，我们必须再重新组织、重新建立在英勇的总司令戈特勋爵指挥下的英国远征军。这一切都在进行中，但在此期间，我们必须使英国本土的防御达到某种高度的组织水平，即只需极少数人便可有效地保障安全，同时又可发挥最大的进攻潜力。而我们现在正进行这方面的部署。

我在结束语中有一段话，正如将来可以看到的，对美国的决策起到了及时的重要影响。

尽管欧洲的大片土地和许多古老闻名的国家已陷入或可能陷入秘密警察和纳粹统治的种种罪恶机关的魔掌，我们也毫不动摇，毫不气馁。我们将战斗到底。我们将在法国作战，我们将在大海和大洋中作战，我们将具有愈来愈大的信心和愈来愈强的力量在空中作战；我们将不惜任何代价防卫本土，我们将在海滩上作战，我们将在敌人登陆的地点作战，我们将在田野和街头作战，我们将在山区作战；我们决不投降；即便我们这个岛屿大部或全部被征服并陷入饥饿之中——我从来不相信会发生这种情况——我们在海外的帝国臣民，在英国舰队的武装和保护之下也将继续战斗，直到新世界在上帝认为合适的时机，拿出它所有的力量，来拯救和解放这个旧世界。

第10章 惨烈的不列颠空战

1940年夏天，我们在法国沦陷后陷入了孤立无援的境地。英国各自治领、印度或各殖民地都无法给予我们有力的支援或及时的供应。不断取得胜利的德军，不但装备齐全，后方还有许多缴获的武器和兵工厂。它们正大批集结，准备对英国作最后的一击。拥有强大军队的意大利已向我们宣战，一心要在地中海和埃及把我们打垮。在远东，日本心怀叵测地瞪大了眼睛看着我们，并直截了当地提出要封锁滇缅公路，以断绝对中国的物资供应。西班牙已经占领了丹吉尔国际共管区[1]，并要求取得直布罗陀，随时可能与英国为敌，或请德军协助它进攻直布罗陀，或架设大炮封锁直布罗陀海峡的通道。在贝当和波尔多政府统治下的法国，刚刚被迁至维希，随时有可能被迫向我们宣战。而在土伦，残存的法国舰队也将落入德国人之手。

的确，我们的敌人可真不少。

奥兰事件以后，各国已经看清了英国政府和英国人民战斗到底的决心。然而，虽说英国不存在士气不振的弱点，可又如何克服那些严重的具体困难呢？要知道，英国国内的陆军除了步枪以外，其他什么武器也没有。事实上，英国所有的各型火炮不足500门，中型和重型的坦克不到200辆。那些用来弥补敦刻尔克损

[1] 第二次世界大战前，丹吉尔由英、法、西、意四国共管。大战爆发后，法国战败，西班牙遂于1940年6月14日派兵进占丹吉尔；至同年12月，宣布废除“国际共管”，把丹吉尔并入西属摩洛哥。摩洛哥独立后，恢复了对丹吉尔的主权。

失的军火，工厂要好几个月之后才制得出。全世界普遍认为英国的末日已经到来，这一点都不奇怪。

极度不安的情绪弥漫了整个美国，其他所有幸存的自由国家也是如此。当时，许多美国人都怀着沉重的心情暗自忖度：为了这样一种慷慨而无望的感情浪费自己有限的资源真的合适吗？他们不正该尽心竭力爱护每一件武器，以补救自己疏于备战的过错吗？

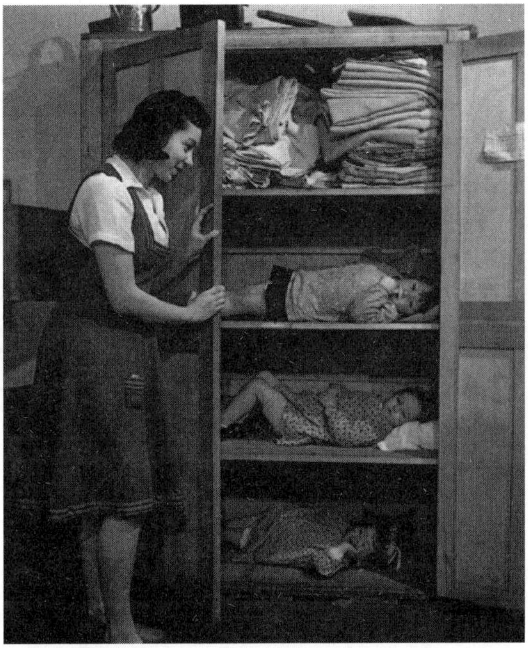

不列颠空战期间，睡在衣柜中的英国孩子（佚名拍摄）

要撇开这些令人信服、以事实为根据的论点，就需要有非常正确的判断。美国那位贤明的总统和他的重要官员与高级顾问，即便面临第三届总统大选，也从未对我们的命运和意志失去信心，英国对他们实在感激不尽。

英国人民具有那种既乐观又沉着的特质，能用词语描述它是我的一种光荣，有了这种特质就可挽回颓局。我们英国人，曾在战前的岁月里陷入极端和平主义，既缺乏远见，又沉迷于政党政治的角逐；疏于防备，却又漫不经心地涉猎于欧洲事务的中心。这一时刻，我们面临着一项任务，要同时清算过去的善良心意和疏忽的安排。对此，我们一点也不感到沮丧。

我们藐视那些欧洲的征服者，宁愿血染英伦本土，也不愿投降。这必然会在历史上写下光荣的一页。这类故事历史上有的是，雅典人曾经被斯巴达所征服，迦太基人曾独力抗击过罗马。在过去的史册上，这样的记载并不少见——还有好多悲剧根本没有记载或被人们永远遗忘，一些英勇、自豪和开明的国家，甚至连整个民族都被消灭，只有名字留了下来，有些国家甚至连名字也失传了。

我们岛国的地位有其独特的军事技术上的有利条件，了解这一点的英国人并不多，而外国人则更少。甚至在战前那些举棋不定的年代里，怎样在海防以及后来的空防上保持重要设施这一点，也不是每一个人都能认识到的。不列颠人在英格兰土地上看到敌人的营火，已经是将近1000年以前的事了。

在不列颠抗战的关键时刻，每一个人的表现都很沉着，宁愿豁出自己的性命去决一死战。这就是我们的心情，全世界无论是敌是友都逐渐认清了这一点。这种心情根据的是什么呢？那就是只有用暴力才能解决问题。

那时，我们的命运取决于能否赢得空战的胜利。德国领导人已经看出，他们能否实现入侵不列颠的一切计划，完全取决于能否控制英吉利海峡及其在英国南部海岸选定的登陆地点的制空权。无法防御英国空军的袭击，意味着无法进行登船港口的布置、运输舰只的集结、航道的扫雷和敷设新的水雷区。完全掌握运输舰只和海滩上空的制空权，是德国实现横渡海峡和登陆的决定条件。因此，最终的结果如何，要看是否能够摧毁英国空军和伦敦与海岸之间的机场系统。

英国女王夫妇正在视察空袭后的城镇房屋

我们现在知道，希特勒曾在7月31日对海军上将雷德尔说："如果经过八天的激烈空战之后，德国空军还未大量摧毁敌人的空军、港口和海军的话，作战行动就势必要推迟到1941年5月。"那时要打的就是这样一场战争。

对这场即将到来的实力对决，我个人在心理上毫无畏惧。

我曾在6月4日对议会说："庞大一时的法国陆军在几千辆装甲车的冲击下一败涂地，溃不成军了。难道文明事业不也能够由几千名飞行员用他们的本领和忠心来保卫住吗？”我又在6月9日对史末资说：“我现在只看到一条唯一可靠的出路，那就是让希特勒来进攻，在他进攻的时候摧毁他的空中武器。”这个时机已经到来了。

在法兰西之战中，德国对其空军的使用已经到了极限。和德国海军在挪威战役以后的情况一样，德国空军需要数周甚至数月的休整。这段时间对我们也是有利的，因为除三个中队以外，我们所有的战斗机中队都先后参加了欧洲大陆的战斗。希特勒没有想到的是，在法国崩溃以后，英国还是不肯接受和平建议。像贝当元帅、魏刚以及法国许多将军和政治家一样，他不理解一个岛国单独具有、不依靠外援的智慧。而且，同这些法国人一样，他错误地判断了我们的意志力。我们已经走过了一段漫长的道路，而且从慕尼黑以后学到了不少的东西。

6月间，希特勒在逐渐看清了新的形势后，便针对这种新形势作出努力，同时，德国空军也恢复了战斗力，并对他们的下一个任务进行了部署。下一个任务是什么，这是不言而喻的。希特勒必须进攻并征服英国，否则他就可能面临一场旷日持久的战争，以及由此产生的难以预测的危险与困难。这样的可能始终存在：如果在空中战胜英国，就可使英国停止抵抗。至于真正的侵犯，即使可行，也没有必要，除非他想要占领这个已经战败的国家。

德国空军在7月初便已恢复了战斗力，还进行了整编，被部署在法国和比利时的所有飞机场，准备从那里起飞进攻，并用侦察和试探性的袭击来估量将要遇到的抵抗的强弱和规模。直到7月10日，德国空军才开始进行第一次猛烈的袭击，通常就把这一天作为不列颠空战开始的日子。

另两个有重大意义的日子是8月15日和9月15日。在德国人的攻势中，还有三个彼此衔接而又互相重叠的阶段。

第一个阶段从7月10日到8月18日，德国空军对英吉利海峡的英国护航舰队和位于多佛尔到普利茅斯之间的英国南部港口进行骚扰，以试探英国空军的力量，引诱其出战，并乘机将其消耗殆尽。这样做还可以使那些被划作即将入侵目标的沿海城镇受到破坏。

英国空军的四架无畏式战斗机，图中的PS-V在1940年8月29日不幸被击落（达文垂拍摄）

第二个阶段从8月24日到9月27日，德国空军想通过对伦敦进行猛烈、连续的轰炸，以此来消灭英国空军及其相关设施，从而打开一条通向英国首都的道路，并切断其与受到威胁的英国沿海各地区之间的联系。但在戈林看来，有充分的理由相信，这样做还可以收到更大的效果，那就是使当时这个世界上最大的城市陷入混乱和瘫痪，使英国政府和人民产生畏惧心理，从而屈服于德国的意志。德国海军和陆军的参谋人员一心希望结果如戈林所料。然而，随着事态的发展，英国空军并没有被消灭，而且他们为了毁灭伦敦，就顾不上自己迫切需要的“海狮”作战计划了。

接着，当他们对一切都失望了的时候，由于缺少最重要的条件——制空权——而无限期地推迟入侵，就进入了第三个阶段，也就是最后一个阶段。想在白天空战中获得胜利的希望幻灭了，英国空军仍然精神抖擞，这让德国人感到头痛，就连戈林也无可奈何，于是他们在10月开始对伦敦及各工业生产中心城市进行不分地区地狂轰滥炸。

我们应当把9月15日看作最高潮的日子。那一天，德国空军继9月14日的两次猛烈空袭后，集中最大力量对伦敦再次进行白天空袭。

这是此次战争中的决定性战斗之一，而且和滑铁卢之战一样，也是在周日。那一天我在契克斯[1]。在这以前，我曾到第十一战斗机大队指挥部去过几次，想要亲眼看看指挥空战的情况，但是那几次都没有发生什么事。不过，今天的天气似乎对敌人有利，于是我便驱车前往阿克斯布里奇，到大队指挥部去。第十一战斗机大队所辖的战斗机中队有25个之多，它负责的地区包括埃塞克斯、肯特、苏塞克斯、汉普郡以及所有经由这些地方通往伦敦的道路。空军少将帕克指挥这个与我们命运攸关的战斗机大队已经有六个月了。从敦刻尔克之役开始，所有英格兰南部白天的战斗全都由他指挥，他的一切部署和指挥系统都已达到了最完善的地步。

我和我妻子被带到距地面深达50英尺的防弹指挥室去。如果没有这种地下指挥中心和电话系统，“旋风”式和“喷火”式战斗机的一切优越性能都无法得到发挥，战前在道丁的建议和敦促下，这种系统由英国空军部设计和建造。不朽的功绩应归于全体有关人员。在英格兰南部，当时有第十一战斗机大队的指挥部和它所属的六个战斗机驻防中心。正如前面已经谈到的，它们的担子都很重。在斯坦莫尔的空战司令部，代表最高统帅部行使职权，但是它明智地把实际指挥战斗机中队的权力交给第十一战斗机大队，而大队又通过驻扎在各郡的战斗机驻防中心控制各个中队。

戈林

[1] 英国首相郊外官邸在契克斯。

大队作战指挥室一共有两层，纵深约60英尺，就像一座小剧场。我们坐在楼上的特别座厢里。座厢的下面是一张大型地图台，台子周围约有20名受过专业训练的年轻男女，以及他们的电话助手。在我们的对面，在应当悬挂舞台帷幕的地方有一块遮盖了整面墙壁的大黑板，黑板分成六个装有灯泡的纵行，代表六个战斗机驻防中心，这些驻防中心的每个战斗机中队又有它自己的小格，并且用横线划开。

当最下面一排的灯泡亮起时，就代表哪些中队已做好准备，能在命令下达后的2分钟内“立即起飞”；当第二排的灯泡亮起时，则表示哪些中队已经“准备完毕”，能在5分钟内起飞；再上面一排的灯泡，又表示其他一些中队已经“准备完毕”，能在20分钟内起飞；又上一排的灯泡，表示哪些中队已经起飞；再上面一排的，表示哪些中队已经发现敌机；再一排灯泡——红色灯泡——表示哪些中队正在战斗，而最上面的一排灯泡则表示哪些中队已经返航。

我们左边有一个类似玻璃座厢的小屋子，里面有四五名军官负责分析、判断从对空监视哨收回的情报。当时，在我们对空监视哨工作的，不分男女老少，一共有50000多人。那时，雷达还处在试验阶段，在敌机接近英国海岸时可以发出警报，而敌机飞临我们上空的情报，则主要由那些携带着望远镜和手提电话机的对空监视员提供。在一场战斗中，我们往往会收到好几千件情报。在这个地下指挥部的其他地方，还有好几间类似的屋子，里面挤满了经验丰富的人，他们迅速地对反馈的情报加以甄别，每分钟一次把结果直接传达给围坐在楼下桌子边的坐标员和在玻璃座厢里指挥的军官。

我们右边则是另外一个玻璃座厢，里面都是陆军军官，负责报告我们高射炮队的作战情况。那时，我们有200个隶属空战司令部的高射炮队。在夜间，我们不能让高射炮向自己的战斗机飞向敌机的那些空域开炮，这一点是极重要的。我过去对这个指挥系统的大致轮廓并不是毫无所知，因为在战前一年到斯坦莫尔拜访道丁时，他已经向我讲解过了。这个指挥系统在不断的实战中得到发展和改进，各部门结合成一部完备的作战机器，像这样的机器，全世界当时都找不出第二个。

当我们走下楼去时，帕克说："我不知道今天会不会发生什么情况。目前还平静无事。"然而，过了一刻钟后，空袭坐标员开始来回走动。据报告，"40多架"敌机正从迪埃普地区的德国机场飞来。当各个中队完成"立即起飞"的准备时，墙上指示牌底层的那一排灯泡也随着亮了。紧接着传来了"20多架""40多架"的信号，很显然，10分钟以后马上就要进行一场激烈的战斗了。天空上开始布满了敌我双方的飞机。

不列颠战役中英国防御系统的设计者道丁元帅

信号接连传来，"40多架""60多架"，甚至有一次是"80多架"。在我们下边的那张桌子上，每分钟都在沿着不同的飞来路线推动坐标，标明所有分批入侵的敌机的行动；在我们对面的黑板上，一个接一个亮起来的灯光表示我们的战斗机中队已经升空，直到最后只留下四五个中队处于"准备完毕"的状态。这些关系重大的空中战斗，从开始接触起，只打了一小时多一点。敌人有足够的力量派出更多批次的飞机进攻，而我们的战斗机中队，由于全力抢占高空，因此在70-80分钟后必须加油，或在作战5分钟后必须降落，以补充弹药。在飞机加油或补充弹药的时候，如果敌人再派来几个中队无法阻拦的飞机，我们的战斗机就有可能在地面被击毁。因此，在指挥我们的战斗机中队时，要注意的主要事项之一，就是白天不要让过多的飞机同时在地面加油或补充弹药。

不久，红灯亮起，表明我们大部分的战斗机中队都已投入战斗。楼下有人压低了声音嘟嘟囔囔地说话。在那里，忙碌的坐标员正在根据迅速变化的情况来回地推动坐标。

帕克少将发布了战斗机中队部署的总指示，坐在楼上“特别座位”中心的一位年轻军官根据他的指示，作成详细的命令，传达给各战斗机队的机场，我那天就坐在这位年轻军官的身旁。几年后，我才打听到他的名字，他名叫威洛比·德·布鲁克勋爵（后来在1947年，赛马俱乐部——他是这个俱乐部的一位干事——邀请我观看德比赛马会时，我又见到了他。他对于我还记得那时的情景感到惊奇）。这时，他根据地图台上出现的最后情报，命令个别中队起飞巡逻。空军中将本人则在后面踱来踱去，警惕地观察这场战斗的每一个动态，注意观察这个执行命令的部下是否做得正确，他只是偶尔下达一些明确的命令，无非是对某一个受威胁的地区进行增援。转眼之间，我们所有战斗机中队都已投入战斗，有些已经开始飞回来加油了。所有的战斗机都在天空中，下面一排灯光熄灭了。留作后备的中队，一个也没有了。这时，帕克打电话给驻扎在斯坦莫尔的道丁，要求从第十二战斗机大队抽调三个中队归他指挥，以防当他的战斗机中队在补充弹药或加油时，敌人再来一次大袭击。他的要求被照办了。当时特别需要这三个中队来保护伦敦和我们的战斗机机场，因为第十一大队已经尽了他们的努力。

那位年轻的军官就像是在处理例行公事一样，继续按照大队司令官的总的指示，用一种平静、低沉而无变化的语调发布命令，三个增援的中队很快就加入了战斗。这时，我觉察到司令官有点焦灼不安，仍然静静地站在他那位部下的椅子后面。在此之前，我一直是默默地察看。于是我问道：“我们还有什么其他的后备队吗？”“一个也没有。”帕克空军少将回答道。他在事后所写的一篇关于回忆里说，我听到这句话时“显得很沉重”。我很可能是这样的。如果我们加油的飞机在地上又受到“40多架”或“50多架”敌机袭击的话，我们的损失将多么惨重！这种可能性很大，我们幸免的机会很少，真是危险极了。

又过了5分钟，我们大部分的中队都已降落，需要加油。在许多时候，由于我们力量所限，无法对这些飞机给予空中掩护。后来，我们发现敌机飞回去了。下边桌子上移动着的坐标表明德国轰炸机和战斗机不断地向东移动，再没有出现新的袭击了。

又过了10分钟，战斗结束了。我们重新登上通向地面的楼梯，我们刚一走出去，“解除警报”的信号便响了。

“首相，我们感到高兴的是，你亲自看到了这次空战，”帕克说道，“当然，在最后20分钟，情报来得太多，让我们有些无法应付。你可以看出我们目前力量的极限。今天使用的力量远远超过了它们的限度。”

我问他们是否已经接到关于战果的报告，我接着说，看来这次打退敌人进攻的空战打得很好。帕克回答说，他感到不满意的是，我们截击到的敌机不如他所希望的那样多。显然，敌机到处突破了我们的防线。据报告说，有好几十架德国轰炸机及其护航战斗机进入了伦敦上空。当我在地下室时，有十几架敌机被击落，但当时无法得知关于战果、破坏或损失的全部情况。

下午4时30分，我回到了契克斯，并立刻上床睡午觉。

因为观看第十一大队的作战经过，我太疲倦了，所以一直到晚上8时才醒。当我按铃时，我的私人秘书约翰·马丁拿着来自世界各地的夜间消息汇报进来。这个汇报真让人不满意。不是这里出了差错，就是那里耽误了时机，或是某某的答复不能令人满意，在大西洋又沉没了许多船只。“但是，”马丁在他结束这段叙述时说，“这一切都由空战补偿了。”

我们一共击落了183架敌机，损失还不到40架。虽然战后的资料表明敌人在那天的损失仅仅是56架，但9月15日仍不失为不列颠空战的关键一天。当天晚上，我们的轰炸机大规模地袭击了从布洛涅到安特卫普各港口的船舶。安特卫普遭受的损失尤其严重。

正如我们现在所知道的，德国元首在9月17日决定无限期地推迟“海狮”作战计划，直到10月12日才正式宣布把入侵推迟到第二年春天。1941年7月，希特勒再度把它推迟到1942年春，“到那时对苏联的战争就将结束了”。这是一个徒然的但是很美妙的幻想。1942年2月13日，雷德尔海军上将为“海狮”作战计划最后一次谒见希特勒，并说服他同意将整个计划完全“搁置起来”。“海狮”作战计划就这样完蛋了。而9月15日就可以算作它断命的日子。

对伦敦的轰炸持续了57夜。对当时世界上最大的这个城市来说，这是一场严峻的考验，结果如何，谁也无法预料。从来没有这么大的一片住宅区遭受过这样的轰炸，从来没有这么多的家庭被迫面临轰炸所造成的困难和恐怖。

将近8月底的时候，敌人又对伦敦进行狂轰滥炸，我们也立刻还以颜色，对柏林进行了一次报复性的袭击。由于我们必须飞越较远的距离，所以同从邻近的法国和比利时机场袭击伦敦的德国空军相比，我们空袭的规模就不能不小得多。战时内阁极力主张还击，主张拼一下，向敌人挑战。我深信他们是正确的，并且深信，只有让希特勒认识到英国人的愤怒和意志，才能使他感到震惊或打乱他的计划。我相信，他在内心深处是佩服我们的。

当然，希特勒利用了我们对柏林的报复大做文章，公开宣布德国的既定目标——要把伦敦和英国其他城市炸成一片废墟。他在9月4日宣称：“如果他们袭击我们的城市，我们就干脆把他们的城市夷为平地。”他的确曾拼命地这么做了。

德国人的第一个目的是要摧毁我们的空中力量，第二个目的是粉碎伦敦人的斗志，至少要使这个当时世界上最大的城市无法居住。这些目的，敌人都没有达到。我们飞行员的本领和勇敢，我们飞机的优异性能以及飞行中队的严密组织，使英国空军赢得了胜利。千百万普普通通的人民也表现出了各种各样同样优秀的、为不列颠的生存不可或缺的美德，他们向全世界证明了一个受自由熏陶的社会，力量是多么的强大。

有一天午餐后，财政大臣金斯利·伍德到唐宁街十号来找我洽商公事。我们听见泰晤士河对岸的伦敦南区发出的巨大爆炸声。我带着他去看出了什么事。炸弹落在佩克汉姆，那是一颗很大的炸弹，也可能是一颗地雷。它彻底炸毁或破坏了二三十幢三层楼的小型住宅，在这个非常贫穷的地区炸出了一片相当大的空地。这时，瓦砾堆中已经插起了许多小小的英国国旗，使人百感交集。

1940年9月伦敦东区，一群孩子的家在德国飞机轰炸后变成了瓦砾（佚名拍摄）

当居民认出了我的汽车时，他们从四面八方跑来，很快就聚集了1000多人。这些人的情绪都很高昂。他们围在我们的周围，一面高声欢呼，一面用各种形式表示对我的热爱。人们想摸摸我的衣服，可能认为我给他们带来了某些改善生活命运的美好的实际利益。我实在忍受不住，流下了眼泪。当时跟我在一起的伊斯梅记述，他听见一位老太太说："你们看，他真的关心我们，他在哭呢！"

我这不是悲哀的眼泪，而是赞叹和钦佩的眼泪。"你看这儿，"他们一面说，一面把我领到废墟的中心。那儿有一个巨大的弹坑，大概有40码（1码等于3英尺，约为0.9米）宽，20英尺深。紧靠弹坑的边缘，翘立着一个安德森式家庭防空掩体。一个年轻人、他的妻子和三个孩子在被炸歪了的防空掩体入口处迎接我们，他们一点也没有受伤，但显然受到了炸弹的惊吓。

当炸弹爆炸时，这家人正在那里。虽然说不出当时经历的情景。但他们依然活着，并且显得十分得意。邻居们把他们当作稀奇宝贝。当我们重新坐上汽车时，这群面色憔悴的人们喊道："我们要还击！叫他们也尝尝这种滋味！"他们表现出了一种激愤的心情，而我立即答应会实现他们的愿望，也确实履行了这个诺言。

11月3日晚，伦敦几乎有两个月的时间没有响警报了。对这种平静，许多人感到奇怪，他们以为出了什么事。第二天晚上，敌人的空袭遍及我们岛上的各个角落，这种空袭继续了一段时期。德国又一次改变了它的空袭办法。虽然伦敦仍然是主要的目标，但他们却把主要精力放在摧毁英国工业中心上。德国曾训练了配备新式导航设备的特殊轰炸机中队以袭击指定的重要地点。举个例子，他们曾训练了一个编队，专门用于摧毁格拉斯哥市的罗尔斯-罗伊斯航空发动机工厂。这纯粹是种权宜之计，一种过渡的办法。

入侵不列颠的计划暂时被德国人放弃了，对苏联的进攻则尚未开始，除了希特勒的亲信以外，没有谁会这样想。因此，残冬季节对德国空军来说是一个试验时期，试验夜间轰炸的技术装置，以及对英国海上贸易的袭击，并企图破坏我们的军事生产和民用生产。如果他们每次只专心于一件事，并且干到底，也许效果会好得多，但他们已经受到挫折，一时也拿不定主意。

这些新的轰炸战术是从11月14日晚上对考文垂进行闪电式轰炸开始的。伦敦这个目标似乎太大，很难收到决定性的效果，于是戈林希望能有效地摧毁各地方城市或军火生产中心。

空袭从11月14日黄昏时分开始，到天亮时，近500架德国飞机总共投下了600吨烈性炸药炸弹和好几千颗燃烧弹。这是我们遭到破坏性最大的一次空袭。考文垂的中心区被炸得粉碎，在短时期内，所有的活动完全停止。有400人被炸死，受重伤的人数更多。德国的广播电台放言，英国其他城市也将同样遭到"考文垂那样的轰炸"。虽然如此，所有重要的航空发动机工厂和工作母机工厂并未就此停工，在此以前从未受过轰炸考验的居民也未停止活动。紧急重建委员会花了不

《等等我，爸爸》，加拿大二战纪念邮票

到一周的时间，就在恢复考文垂日常生活方面作出了出色的成绩。

11月15日，敌人趁皓月当空，又回头向伦敦进行了一次猛烈的空袭。这次损失很大，特别是教堂及一些名胜古迹。下一个目标是伯明翰，自11月19日到11月22日，德国对伯明翰接连进行的三次空袭造成了极大破坏和伤亡。近800人被炸死，2,000多人被炸伤，不过，伯明翰的生活和居民的精神经受住了这次考验。

一两天后，当我到这个城市去视察工厂并亲自看看轰炸的损失时，发生了一件很令我高兴和感动的事情。那时正是晚饭时间，一位漂亮的少女向我坐的汽车跑来，把一盒雪茄烟扔进车里。我马上让汽车停了下来，她说道："我这周因为生产成绩最好，得到了奖金。我在一个钟头前才听说您要来。"这件礼物得花费她两三个英镑。我很高兴地（以首相的身份）亲吻了她。

之后，我就去看那长长的集体坟墓，那里刚刚埋葬了许多市民及其儿女。伯明翰精神闪耀着灿烂的光辉，那高度组织起来的自觉而明理的100万居民，丝毫没有被肉体上受到的痛苦所吓倒。

在11月的最后一周和12月初，德军空袭的重点转移到各港口。布里斯托尔、索斯安普敦，尤其是利物浦，都受到了猛烈的轰炸。后来，普利茅斯、谢菲尔德、曼彻斯特、利兹、格拉斯哥以及其他军火生产中心也都毫无畏惧地经受住了炸弹的考验。不论敌人袭击什么地方，我们的国家都坚如磐石，硬似钢铁。

12月29日，周日。这几周的空袭在伦敦再一次地达到了高潮。所有德国人苦心积累的经验都用在了这次轰炸中。这是一次典型的纵火行为。空袭的重点集中在伦敦市中心的金融商业区。轰炸的时间正好是潮水最低的时刻。德国人一开始就使用带降落伞的重型烈性炸药包破坏自来水的主要管道。我们要扑灭的大火差不多有1,500处之多，火车站和码头遭到了严重的破坏，8座“雷恩”式教堂受损或被炸毁，市政厅毁于大火和炸弹，而圣保罗教堂全靠人民的奋力扑救才得以保全。直至今日，在英国的最中心还有一片空旷的废墟。但是，当英王与王后到现场视察时，人们欢迎他们的热情，远远超过了任何皇家的盛典。

在这场好几个月才能结束的漫长考验中，国王陛下通常都留在白金汉宫。虽然白金汉宫的地下室里正在修建合适的隐蔽处，但需要很长时间才能建成。有好几次，国王陛下由温莎到伦敦时，都恰好遇上空袭。有一次他和王后差一点被炸！

大概就是从这时开始，国王陛下改变了接见我的方式。在我上任最初的两个月里，通常每周他会正式接见我一次，时间是在下午5时左右。此时的安排则是每逢周二他和我共进午餐，有时候王后也在座。这的确是个共商国事的好办法。有时，我们甚至不得不端着自己的盘子和酒杯，到还没有完工的防空室里去吃完我们的午餐。这每周一次的午餐变成了一种经常性的制度。

几个月以后，每当国王陛下决定用餐时，一个仆从也不要，由我们自己上菜，互相招待。这一情形一直继续了四年半，在此期间我发现国王陛下非常专心地阅读所有呈交给他的电报和公文。按英国的宪法制度，君王有权了解他的大臣们所负责的一切事务，并拥有向政府提出意见的无限权力。我也特别注意，努力使国王了解一切情况。在我们每周的会见中，我常常看出他已彻底洞悉那些我还没有批阅过的文件。在这些决定英国命运的年代里，能有这样好的国王和王后真是英国的福气！作为一名君主立宪制的忠实拥趸，我把我——作为首相——受到英王如此亲切的接待，看作无上的光荣。我认为，这是安娜女王在位、马尔巴罗[1]执政以后，就没有出现过的亲密关系。

就这样，这一年的年末来临了。为了照顾到情节的连贯，我已叙述到整个战局的前面了。读者将看到，所有这些霹雳和暴风雨反而更加衬托出我们泰然处之的冷静态度，我们的作战活动就是依靠这种冷静态度来维持的，我们的政策和外交也是按这种冷静态度进行的。

真的，我必须写明，就最高当局来说，这些伤害不但没能致之死地，反倒起了积极的推动作用，使我们有明确的看法、忠实的友谊和明智的措施。当然，要是以为敌人的空袭比现在猛烈十几二十倍——甚至只猛烈两三倍——也会产生我所描述的积极效果，那也是不明智的。

在这些危险的日子里，议会应当怎样进行工作，也需要时时加以指导……我始终把议员们的安全惦念在心。归根结底，在通过公正普选产生独立自主的议会制度下，人民随时都能推翻政府，但在最艰苦的日子里，他们却以支持政府为荣，这是支持我们与敌人相持的关键。就此而言，议会制度胜利了。

我对任何独裁者能否在自己的整个国家里行使像英国战时内阁那样多、那样有效的权力表示怀疑。每次我们一说出自己的意图，人民的代表就支持我们，全体人民也都心悦诚服地表示服从，从来没有发生过侵害批评权利的事。批评家们几乎是始终不渝地以国家利益为重。即使他们偶尔向我们挑衅，上下两院也会以绝大多数的投票予以否决。在这一点上，我们采用的手段与集权统治恰恰相反，我们决不强迫、干涉或滥用警察和特务。

每当我想到议会民主制度或用其他任何名词能够表达的英国公众生活忍受、克服并战胜一切考验时，我为此感到无比骄傲。看吧，就连连亡国灭种的威胁都没有把我们的议员吓倒！当然，好在亡国灭种的事也没有发生。

[1] 马尔巴罗（1650—1722年），为英国安娜女王在位时掌权的人物。

第11章
《租借法案》，来自美国的支持

在一片刀枪交响和大炮轰鸣中，一件决定世界命运的大事出现在我们的面前。11月5日，美国举行总统大选。这是四年一度的竞选，民主党和共和党之间将展开激烈的竞争。尽管两个大党在国内问题上存在重大的分歧，但两党的领袖人物都非常重视这一“崇高的事业”。

11月2日，罗斯福先生在克利夫兰说：“我们的政策，是向在大西洋和太平洋对面坚持抵抗侵略的国家提供一切可能的物质援助。”同一天，他的竞选对手温德尔·威尔基先生在麦迪逊广场花园宣称：“我们大家——无论共和党人、民主党人和独立党人——都赞成支援英勇的英国人民。我们必须向他们提供我国工业的产品。”

这种扩大的爱国主义保障着美国联邦的安全和我们的生存，但我仍然非常不安地等待着竞选的结果。没有哪一个新上台者能够具有或在短期内取得富兰克林·罗斯福那样的知识和经验。谁也没有像他那样的指挥才能。我和他的个人关系，是经我极其小心谨慎地建立起来的，看似已经达到了推心置腹、亲密无间的地步，在我全部的思想中形成了一个重要的因素。要结束这种慢慢建立起来的友谊，要中断我们正在进行的种种商谈，去和一个思想状况及个性特征都陌生的人重新谈起，对我来说，这不是一件令人快意的事。自从敦刻尔克之后，我还没有感到过这样的焦灼不安。当我得到罗斯福总统再度当选的消息后，我的欣慰之情真是难以形容。

到目前为止，我们向美国提交军火订单，虽然和美国陆军部、海军部和空军部磋商，但并不通过他们下单。由于我们各方面需求的日益增加，时常会发生订货重叠的现象。尽管大家都是一片好心，但仍有可能在较低级的官员中引起摩擦。斯退丁纽斯写道："只有政府对一切防务用的物资采取统一的单独采购政策，才能完成我们当前的这项艰巨任务。"这意味着美国政府将统筹安排所有在美国的军火订单。

在重新当选后的第三天，罗斯福总统就公开宣布，将按"根据实际经验得来的办法"来分配美国的军火产品。军火一出厂，其中的一半将被分给美军，另一半则分给英军和加拿大军。战时物资优先分配局批准了英国的要求，答应我们在英国定购的11,000架飞机以外，再供应12,000架。但是这笔钱该怎么偿付呢？

11月中旬，洛西恩勋爵从华盛顿乘飞机回国，和我一起在迪奇利盘桓了两天……我觉得洛西恩完全变了。在我认识他的这些年里，他给我的印象是学识渊博，卓尔不群，一派贵族风范。他对风度极为讲究，有主见，不随便依附他人，举止端庄，批评严苛，但态度却很轻松和活泼，始终是位很好的伙伴。但是，在共同遭受的严重打击下，我发现他成了一个十分踏实、凡事深思熟虑的人了。他对美国的态度了如指掌，曾主持过"驱逐舰与海空军基地交换"的谈判，并博得了华盛顿的好感和信任。他和罗斯福总统建立了亲密的私人友谊，回国之前一直都和总统保持密切联系。他现在把全部心思都用来考虑"美元问题"，这个问题的确很难处理。

在战争爆发之前，由于美国受中立法的约束，罗斯福总统不得不在1939年9月3日颁布禁运令，禁止把武器运往任何交战国家。10天后，他召开国会，举行特别会议，建议撤销禁令，因为这项禁令表面上似乎很公平，实际上却剥夺了英法两国在运输军火和供应品方面拥有制海权的优越条件。经过好几周的讨论和争执，一直到了1939年11月底，美国才撤销中立法，代之以"现金购货，运输自理"的新原则。这样，美国方仍保持着一副严守中立的样子，因为美国人既可以把武器自由地卖给盟国，也可以自由地卖给德国。事实上，我们的海军力量阻止了德国的一切海上运输，而英法两国只要有“现金购货”，就可以自由地“运输”。在这项新法令通过后第三天，以才能出众的阿瑟·珀维斯先生为首的采购委员会就开始工作了。

英国参战时，有45亿美国的资产，其中包括美元现金、黄金和可折算的投资。增加这些资财的唯一方法是：在英国——当然主要是在南非——开采新的金矿，以及千方百计地向美国输出商品，特别是奢侈品，如陶瓷、威士忌酒和上等毛织品等。在战争爆发的头16个月中，我们用这种方法获得了20亿美元。在“晦暗不明的战争”中，我们左右为难。一方面，我们急欲向美国定购军火；另一方面，我们打心眼里担心自己的美元储备会被消耗殆尽。在张伯伦先生执政期间，财政大臣约翰·西蒙爵士就时常向我们诉苦，英国的美元储备已经少得可怜，并一再强调要保留美元。我们中的许多人或多或少地承认，应当对我们向美国购买商品的行为严加限制。就像珀维斯先生有一次向斯退丁纽斯说的那样，“我们好像是在一个荒凉的海岛上，口粮不足，应尽量靠这点口粮多维持几天”。

这意味着，我们必须精打细算，以弥补我们款项的不足。在和平时期，我们可以自由进口，交付货款不受限制。当战争到来的时候，为了动用美元、黄金和私人财产，为了防止那些心术不正者把资产转移到他们认为比较安全的国家，为了削减浪费金钱的进口货和其他的开支，我们不得不设立一个管制机构。除了确保不浪费货币以外，更重要的是必须察看其他国家是否还接受我们的货币。

英镑区的国家和我们是站在一起的：他们和我们一样，采取了同样的外汇管理政策，而且也愿意接受和持有英镑。我们同其他国家作出安排，对他们用英镑支付，使英镑可以在英镑区的任何地方使用。他们还答应保存暂时不用的英镑，并按官方的外汇价格进行贸易。这种办法是在1940年春季以后商妥的，起初是同阿根廷和瑞典商定的，后来扩大到欧洲大陆和南美的一些国家。我们在这样困难的环境里能够商定和维持这种办法是一件令人满意的事——足见英镑是受人信任的。这样，我们就能够用英镑在世界上的许多地方进行贸易，把我们大部分宝贵的黄金和美元保存下来，以便向美国购买重要物资。

1940年5月，当战争急转直下时，我们不得不面对可怕的现实，我们意识到，英美关系已进入了一个新时代。自从我组成新政府，由金斯利·伍德爵士出任财政大臣以来，我们遵循了一个比较简单的政策，也就是说，我们尽可能地订购一切物资，而把未来的财政问题交给“永生的上帝”去解决。在敌人持续不断地轰炸，虎视眈眈地即将入侵之际，我们为生存而战，几乎成了孤军，如果过分担心美元告罄的后果，那是错误的节约方法和不恰当的小心。

一位地面防空观察员正在眺望着伦敦远方的天空（佚名拍摄）

我们意识到，美国舆论正在发生着巨大的变化。而且，不仅是华盛顿，就是整个联邦，也越来越相信，他们的命运是和我们连在一起的。况且，这时，在全美掀起了一个同情和钦佩英国的巨大的浪潮。他们从华盛顿直接给我们送来了非常友好的信息，还通过加拿大转告、鼓励我们勇敢战斗，并指出，无论如何都要想出一个办法来。后来，由摩根索先生当财政部长，盟国的事业就有了一位始终不渝的拥护者。

6月间，我们接手了法国在美国的订货合同，外汇开支因此几乎增加了一倍。除此以外，我们还向各方面发出了新的订货单，订购飞机、坦克和商船，推动了美国和加拿大大规模兴建新的工厂。

截至1940年11月，我们付清了收到货物的全部货款。此时，我们已经卖掉了价值3.35亿美元的美国股票，这些股票都是用英镑从英国的私人持有者那里征购来的。我们共支付了45亿美元以上的现金，只剩了20亿美元，其中大部分是投资，许多无法立刻售出。显然，我们不能再这样继续下去了。即使我们卖掉了全部的黄金和国外资产，也付不清订货货款的一半数额，更不用说旷日持久的战争让我们需要的订货量增加10倍。我们手头必须留点钱，以供日常的使用。

洛西恩确信，罗斯福总统和他的顾问们正认真地寻找一条最好的途径来帮助我们。现在，选举已经结束，采取行动的时刻已经到来。弗雷德里克·菲利普斯爵士和摩根索先生代表双方的财政部正在华盛顿继续不断地进行会谈。大使催促我写一封信，向美国总统全面地陈述我们的处境。于是，在那个周日，我和他在迪奇利商量着草拟了一封致美国总统的私信。

11月16日，我打电报给罗斯福说："我正给你写的一封长信，阐述了1941年的展望，将于数日后由洛西恩勋爵面交。"由于这份文件需经英国参谋长委员会和财政部的一再审核，而且还要经过战时内阁批准，所以在洛西恩返回华盛顿以前，并没有能完成手续。

11月26日，我给洛西恩发了一封电报："我仍在忙着致美国总统的那封信，希望能够在几天之内拍发给你。"这封信最后是在12月8日定稿，并且立即拍发给美国总统。由于这封信阐明了伦敦各有关方面对整个形势的共同看法，而且对我们的前途起了显著的作用，所以值得研究。

亲爱的总统先生：

将近年关之时，我觉得你也许希望听到我们对1941年的展望。我这样做是出于至诚和信心。因为，我觉得，美国绝大多数公民都深信，美国的安全、英美两个民主国家的未来以及我们所代表的文明，是和英联邦国家的生存和独立分不开的。只有这样，那些为控制大西洋和印度洋所必不可少的制海权才能掌握在忠实而友好的国家手中。美国海军控制太平洋和英国海军控制大西洋，是保障我们两国的安全和通商航道所必不可少的，也是防止战火蔓延到美国海岸最可靠的方法。

还有另外一个原因。把一个现代国家的工业改变为满足战争目的的工业，需要三四年的时间。当最大的工业能力尽可能地从民用转向军需生产的时候，便达到了饱和点。德国无疑已在1939年年底达到了饱和点。我们在英国范围内只进行到第二年的一半。我认为，美国在这方面一定不如我们走得远。而且，我知道，美国目前正从事于大规模的海、陆、空防御计划，完成这些计划无疑需要两年。在美国准备停当之前，坚持阵地并与纳粹势力搏斗，是我们英国人对共同利益应尽的职责，同时也是为了我们自己的生存。也许两年之内胜利便可到来，但我们不应这样打算，从而放松任何人力所能作的努力。因此，我怀着莫大的敬意请你以友好和善意考虑这样一点，只要上述情况还存在，英国和美国之间的利益就是完全一致的。正是从这一点出发，我才冒昧给你写这封信。

这场战争已经采取了这样的形式，并可能会继续采取这种形式，因此我们很难在有任何德国人能够集结主力的战场上和他们的陆军抗衡。然而，我们也能借助海军和空军的力量，在德军只能投入较少部队的地区和他们周旋。

我们必须竭尽全力以防德国的统治从欧洲扩展到非洲和南亚。我们还必须在本岛保持随时可以投入战斗的军队，这支军队必须强大到使渡海入侵成为敌人无法解决的问题。正如你已经知道的，为了这些目的，我们正在尽快筹编50～60个师。即使美国成了我们的盟国，而不仅是我们的朋友和必不可少的伙伴，我们也不会请求美国派遣一支庞大的远征军。限制的因素是船舶而不是人员，必须把力量尽先用来运输军火和供应品，然后再用来从海上运送大量士兵。

对同盟国和欧洲来说，1940年上半年是一个灾难深重的时期。最后5个月，大不列颠坚强地孤军作战，也许能出人意料地挽回了颓势。当然，这和你第三次被选为元首的那个伟大的共和国在军火和驱逐舰方面给予我们的莫大援助是分不开的。

大不列颠被敌人以优势兵力一击而溃的危险，目前已经大大地减少了。随之而来的，是另一种逐渐形成的长期危险，虽然不像前一种危险那样突如其来、触目惊心，但也同样致人死命。这种致命的危险就是我们的船舶吨位继续不断地、一天一天地减少。在德军不分青红皂白的轰炸之下，房倒屋塌，平民惨遭杀伤，这我们是能够忍受的。我们希望，随着我们科技的进展，能够逐步应付空袭，而且在我们的空军力量更接近敌人的力量时能够回敬他们，去袭击德国的军事目标。

1941年的圣约翰教堂（罗伯特·卡帕拍摄）

1941年的成败决定于海上。除非我们明确能维持本土食品供应和输入所需各种军火，除非我们明确能把军队调动到各个战场去迎击希特勒和他的同伙墨索里尼，并驻扎在那里，把所有的这一切一直进行到使欧洲的独裁者精神崩溃。否则，我们就可能中途失败。同时，美国也将失去进行防御准备所需要的时间。因此，整个1941年战争的进展取决于船舶以及远涉重洋——特别是大西洋——的运输力量。另一方面，如果我们能使我们所需的船舶运输无限期地在海洋上来去航行，那么，我们就可把优势的空军力量转用于德国本土，更加上德国人民以及其他惨遭纳粹蹂躏的民族日益增长的反抗，也许就能给遭受浩劫的文明带来幸福，使它重见光明。

但是我们千万不可低估这项任务。

我们船舶损失的程度，几乎和上次战争损失最大的一年不相上下。在11月3日以前的5周内，损失共达42.03万吨。为了使我们的作战活动保持充分的力量，我们估计每年应进口的吨数是4,300万吨；9月间，进口吨数只达到了3,700万吨，10月份达到3,800万吨。如果船舶吨数继续这样减少，那么，除非真能及时得到远远超过目前补充的吨数，后果不堪设想。

我们虽已想了许多新办法来应付这种局面，但要减少损失显然比上次战争困难得多。我们缺少法国海军、意大利海军和日本海军的协助，特别是缺少美国海军的协助，虽然美国海军曾在紧张的年代里给予我们重大的援助。敌人已控制法国北部和西部海岸的所有港口，越来越把这些港口和法国海岸附近的岛屿当作潜艇、飞艇和战斗机的基地。我们不能利用爱尔兰的港口和领土，以便从空中和海上对我们的海岸进行巡逻。

事实上，我们只有一条可以进入英伦三岛的航道，即北部航道，但是敌人正在那里集中兵力，并以潜艇和远程轰炸机不断骚扰。此外，近几个月以来，在大西洋和印度洋还出现了袭击商船的敌舰，我们还需要对付强大的袭击军舰的敌舰。我们既需要能够追击敌舰的舰只，也需要能够给用于护航的舰只。尽管我们的资源和准备都如此充分，但还是不够用。

在未来的六七个月里，我本土水域内战舰力量的对比不太能令人满意。“俾斯麦”号和“提尔皮茨”号在1月份内一定可以服役。我们已经有了“英王乔治五世”号，并且希望“威尔斯亲王”号也能同时参加到战斗行列。这些新式战舰的装甲方面，特别是在防御空袭方面，当然大大胜过20年前设计的“罗德尼”号和“纳尔逊”号这类舰只。最近，我们不得不把“罗德尼”号用于横渡大西洋护航。但是，当船只的数目这样少的时候，任何时候一个水雷或是鱼雷就会断然改变战斗行列的力量。

当“约克公爵”号在6月份竣工时，我们就可以松一口气。当“安森”号在1941年年底进入战斗行列的时候，我们的情况就更好了。但德国那两艘3.5万吨、装设15英寸口径大炮的第一流新式战舰，使我们不能不集中一支自开战以来还未出现过的雄厚的海军力量去对付。我们希望，意大利那两艘“利特里奥”级战舰暂时无法投入战斗，而且只要不配备德国海军，就没有什么了不起。也许它们会配备德国海军的！我们非常感激你在“黎歇留”号和“让·巴尔”号方面所给予的帮助，而且，我敢说，这样做就行了。

但是，总统先生，没有一个人比你更清楚，在这几个月里，我们必须考虑到在这次战争中将第一次出现这样的舰队行动，即敌人至少将有两艘战舰相当于我们那两艘最优秀、也是仅有的新式战舰。因为土耳其的态度，我们不能缩减在地中海的兵力，实际上整个东地中海的局势都取决于我们是否在那里保有一支强大的舰队。那些非近代化的陈旧的战舰要用来作护航舰。因此，即使在战舰级的舰只上，我们也是十分紧张的。

还有第二种危险。维希政府或者参加希特勒的欧洲“新秩序”，或者用某种办法，如从海路派遣一支远征军去侵犯自由法国的殖民地，使我们不得不去打击他们。这样，他们就可以找到一个借口，把尚留在他们手中的那支相当大的、没有受到损失的法国海军用来和轴心国家一起作战。如果这支海军参加轴心国，则西非将立刻落到他们的手中，从而严重危及我们北大西洋和南大西洋之间的交通，而且也会影响到达喀尔，当然也会随之影响到南美。

第三种危险是在远东。看来很显然，日本正在穿过印度支那向南挺进到西贡和其他海、空军基地，这样他们就和新加坡以及荷属东印度相距不远了。据悉，日本人正在准备五个精锐师，以便有朝一日充当海外远征军。这种形势如果任其继续发展，则以我们在远东的兵力就无法应付。

面对这些危险，我们必须尽量利用1941这一年来建立足以奠定胜利基础的武器供应，尤其是飞机，一面在英国本土冒着敌人轰炸的情况下提高产量，一面得到海外的供应。从我罗列的那些事实以及其他许多类似的事实可以看出，这项任务极为艰巨，因此，我觉得我有权，不，我觉得我有责任向你提出各种各样的办法，以便美国能够给予这个从某些方面看来是共同的事业以崇高的和决定性的援助。

最迫切的需要，是在大西洋通向英国本土的航道上防止和减少船舶的损失。要做到这一点有两个办法：一个是增加对付袭击的海军力量；一个是增加我们所需要的商船数目。

为了达到第一个目的，似乎有下列几种可供选择的方法。

第一，美国重申海上自由通航的原则，船舶不受非法的和战争的野蛮手段的骚扰，这是上次大战之后已有的决议，而且德国在1935年欣然承诺并作了规定的。根据这项原则，美国船只可以和一些没有受到有效、合法、封锁的国家自由进行贸易。

第二，我认为，接着就应以美国的武力，即护航战舰、巡洋舰、驱逐舰和空军编队，保护这种合法的贸易。你如何能在战争期间在爱尔兰获得基地，这种保护措施就会更加有效。我想，这种保护措施大概不致引起德国向美国宣战，虽然很可能不时发生一些危险的海上意外事件。可以看出，希特勒先生想避免德皇的错误。在他还没有彻底摧毁英国的军队以前，他是不想卷入对美国的战争的。他的名言是“一个时期打击一个敌人”。

我冒昧陈述的这项政策，或与此相类似的政策，可使美国的断然行动被解释为积极的非交战性行动，而且，比其他任何方法都更能确保英国的抵抗能够有效地想进行多久就进行多久，一直到取得胜利。

第三，如果以上所述难以办到，那么，为了维护大西洋的航线，便不得不请你们赠予、借予或供给我们一大部分现在在大西洋上航行的美国军舰——特别是驱逐舰。此外，美国海军难道不能在靠近美国那面的大西洋扩大海上控制，以防止敌人的舰只侵扰通向美国正在西半球英属各岛上修建的海、空军基地的新航线？美国海军力量是如此强大，所以美国给予我们的上述援助将不会危及它对太平洋的控制。

第四，我们还需要美国从中斡旋，需要美国政府不断地运用其全部影响力，为大不列颠在爱尔兰南部和西部海岸取得停泊小舰队的便利，更重要的是，为我们的飞机取得向西活动于大西洋上空的便利。如果宣布英国的长期抵抗以及为了源源运送在北美为大不列颠准备的重要军需品而确保大西洋航线畅通无阻，是美国的一种利益。那么，在美国的爱尔兰人也许愿意向爱尔兰政府指出，爱尔兰当前的政策正在给美国本身造成危险。

如果爱尔兰由于它所采取的行动有招致德国进攻之虞，英国政府当然会事先采取最有效的保护措施。我们不能强迫北爱尔兰人民违背他们自己的意志脱离联合王国而参加南爱尔兰。但是，我不怀疑，如果爱尔兰政府在这紧急关头表明它和英语世界各民主国家团结一致，就能够成立一个全爱尔兰的防务委员会，而且，从这个委员会起，或许在战后能以某种形式实现爱尔兰的统一。

以上措施的目的，是把目前海上的大量损失缩减到可以控制的程度。除此之外，为供应大不列颠和供大不列颠全力从事战争需要用的商船吨数，应当大大增加，并超过现在我们能够达到的最高年产量125万吨，这一点极其重要。护航系统、绕航、“之”字航行，目前输入供应品的航程遥远以及我国西部各港口的拥挤，这一切已使我们现有船舶的效率大约降低了1/3。为了确保最后的胜利，至少必须增加300万吨的商船建造能力。只有美国能够供应这种需要。

展望将来，1942年的生产规模似乎应和上次战争在霍格岛计划的生产规模相近。与此同时，我们请求美国在1941年把它所拥有的或是控制的商船，除供自己的需用外，悉数提供我们，并设法把目前正在为国家海务局建造的商船拨出一大部分来供我们使用。

再者，我们指望，美国的工业力量能够弥补我国战斗机制造能力的不足。如果我们在这一方面得不到大规模的增援，我们便无法在空中取得绝对优势，去削弱并摧毁德国在欧洲的控制。我们目前正在从事于一项计划，要在1942年春季把我们的一线飞机增加到7,000架。但是非常明显，这项计划还不能使我们具备需要的优势去冲开通向胜利的大门。为了取得这种优势，我们显然需要美利坚合众国提供对我们的事业支援最多的飞机。我们虽处于敌人不断的轰炸之下，但迫切希望把原定生产计划在本国完成一大部分。根据目前的安排，我们可以从美国的计划生产中得到飞机，但即使把这些飞机全部拨给我们的空军中队，我们仍然没有希望取得必要的优势。所以，总统先生，可否请你认真考虑一批紧急的订货，以联合结算的方式每月再增加2,000架作战用的飞机?

1941年，空袭警报长约翰·布拉姆利在伦敦街头站岗（罗伯特·卡帕拍摄）

我认为，在这批飞机中，绝大部分应当是重型轰炸机，因为我们主要依靠这种武器去粉碎德国军事力量的基础。我知道，这将使美国的工业组织承担一项十分艰巨的任务。但由于我们的迫切需要，我们要满怀信心地向世界上最有办法、最有才能的技术人员发出呼吁。我们要求他们作出前所未有的努力，我们相信他们是可以办到的。

你也收到了有关我们陆军的需要的情况。在军火制造方面，我们虽然处于敌人的轰炸之下，但仍然稳步增长。在工作母机的供应和某几种物品的让与方面，如果没有你的一贯的协助，我们就不可能在1941年装备50个师。我感激已经充分作好的安排，感激你们对我们计划编成的部队支援装备，感激你们对我们的10个补充师及时提供美式武器，以便投入1942年的战斗。但是，当独裁统治开始衰退的时候，许多力图恢复自由的国家便可能要求得到武器，而他们除了指望美国的工厂以外，别无其他来源。因此，我们必须着重指出美国尽量扩大小型武器、大炮和坦克的生产能力的重要性。

我正准备向你提出一份完善的计划，说明我们希望从你们那里得到的各种军火，当然，其中的绝大部分是已经取得了双方同意的。如果美国军队选用的武器类型和那些已经在实际战争中——无论什么时候都能——证实了它的性能的武器类型一致，那么，就可以大大地节约时间和精力。这样，储存的大炮、军火和飞机就可以交换，从而大大增加它们的数量。然而，这是一个深奥的技术问题，我就不在此详述了。

最后，我要谈一谈财政的问题。你们能够支援我们的军火和船只越迅速、丰富地源源而来，我们的美元存款就消耗得越快。正如你所知道的，我们已经提取了我们大部分的美元存款来支付到期的账款。的确，正如你所知道的，那些已经提交或正在磋商中的订单，包括那些为在美国建立军需工厂业已支付或有待支付的开销在内，已经超过大不列颠手中残存的全部外汇储备若干倍。我们不能再以现金支付船舶和供应品的时候即将到来。当我们作出最大的努力，不惜任何正当的牺牲用外汇来支付的时候，我相信你会同意这样的看法，如果大不列颠在这场斗争的高潮中被夺去全部可以销售的资财，以致用我们的鲜血赢得了胜利，拯救了文明，替美国争取了充分武装以防不测的时间之后，却一贫如洗，那在原则上是错误的，其结果对双方都是不利的。

这样的方针在道义和经济上不符合我们任何一国的利益。战后，我们从美国进口的货物就不能多于我们对美国出口的货物，购买的产品范围将不超过那些适合你们的关税条件和工业经济的出口数量。不仅我们在大不列颠要备尝艰苦，就是美国也将因出口能力的削减而引起广泛的失业。

再者，我不相信美国政府和美国人民会认为把他们慷慨答应给予我们的援助限制于要立即付款才能供应的军火和商品，是符合指导他们行动的原则的。请你相信，为了正义事业，我们是决心要忍受一切痛苦，作出最大牺牲的，而且我们也因为自己是维护这一事业的斗士而感到光荣。我们满怀信心地把其他的事情留给你和你的人民去考虑，我们深信，你们一定能够找到将来为大西洋两岸的子孙后代所赞颂的途径和方法。

总统先生，我深信，如果你认为摧毁纳粹和法西斯暴政对美国人民和西半球是一件大事，那么，你就不会把这封信看成是乞求援助的信，而是将把它看作一份陈述书，其中说明为了达到我们的共同目的应当采取的最低限度的必要行动。

白厅，唐宁街十号

1940年12月8日

这封信附有一个统计表，列明在这段时间内英国、同盟国和中立国的商船因遭受敌人的袭击而损失的吨数。

这封信是我写的最重要的书信之一，当它送到我们伟大的朋友的手中时，他正乘美国军舰“图斯卡露莎”号在阳光灿烂的加勒比海游弋，左右的人全是他的亲信。哈里·霍普金斯——那时我还不认识他——后来告诉我，罗斯福先生独自一人坐在他的帆布躺椅上一再阅读这封信，而且，经过了两天他都还没有得出什么具体的结论。他绞尽脑汁，默默沉思。

罗斯福总统从默默沉思中得到了一个非比寻常的决策。总统的问题绝对不是他不知道他应该做什么，而是如何使他的国家跟他走，如何说服国会听从他的引导。据斯退丁纽斯说，早在1939年夏天，总统就在船舶资源防务咨询委员会的会议上提议："英国无需自己出资在美国建造船只，也无需我们向他们提供贷款来达到这一目的。值此非常时期，我们没有理由不把造好的船只租借给他们使用。"这种想法最初似乎来源于财政部，是财政部的法律顾问，特别是缅因州的奥斯卡·斯·考克斯，在财政部长摩根索的启示下提出来的。

原来，根据1892年的一项法令，陆军部部长"在认为符合于公众利益的时候"，在国家不需要的前提下，可以把陆军的财产租借出去，为期不超过五年。这项法令的应用有先例可援，租借陆军各项用品的情况是屡见不鲜，有案可查。因此，罗斯福总统心中早就有了"租借"这个词和运用租借的原则来满足英国的需要之意，以之作为代替不久就要使英国失去所有偿付能力的无限期借贷政策的一种办法。所有这一切一变而为果断的行动，宣告了"租借"这一光辉灿烂概念的诞生。

12月16日，美国总统从加勒比海归来，第二天便在记者招待会上说明了他的计划。他举了一个简单的例子："如果我邻居的房子着了火，而我在离他四五百英尺远的地方有一条浇水用的水龙带。如果能拿我的水龙带去接在他的水龙头上，我就可以帮他把火扑灭。现在我怎么办呢？在救火以前，我不会对他说，'邻居，我这条浇水用的水龙带值15美元，你得给我15美元才能用。'不能这样做！那怎么办呢？我不要这15美元——在把火扑灭之后，我把水龙带拿回来就是了。"他还说："毋庸置疑，绝大多数美国人都认为美国最直接有效的防卫在于大不列颠得以保卫其本身。因此，姑且不谈我们在历史和在当前都对在全世界维系民主制度深感兴趣，就是从自私的观念和美国的国防出发，我们也应竭力帮助英国去保卫它自己。"最后，他说："我打算消除美元符号。"

在此基础上，永垂不朽的《租借法案》很快草拟完毕，并提交美国国会。后来我向议会说：这“在任何国家的历史上都是最光明磊落的行为”。法案一经美国国会通过，就马上改变了整个局面。它使我们能够通过协定毫无约束地为我们所有需要制定包罗万象的长期计划。没有规定偿付的条款。甚至连以美元或英镑计算的正式账目也没有。我们所得的全是借的或租借的，因为我们对希特勒暴政的继续抵抗，被认为是和伟大的美利坚共和国休戚相关的。按照罗斯福总统的说法，今后决定美国武器去向的，不是美元而是美国的国防。

在1940年11月到1941年3月通过《租借法案》这段时间内，我们的美元储备非常紧张。我们的朋友想出了各种各样的应急方法。美国政府买下了根据我们的订单在美国建立的几个兵工厂，把这些工厂纳入美国防务计划之内，但嘱咐我们继续尽量使用。美国国防部定购了一些并非他们所急需的军需品，以便制成之后转让给我们。

伦敦，一位美国军官逗着自己收养的战争孤儿（罗伯特·卡帕拍摄）

另一方面，美国也做了几件在我们看来是苛酷难堪的事。总统派了一只军舰到开普敦，要把我们储存在那里的黄金悉数运走。在美国政府的要求之下，我们把英国在美国的大企业——科陶尔股份公司按比它本来价值低得多的价格卖掉了。我有一种感觉，之所以采取这些步骤，是用来着重反映我们的困难处境，并激发人们的同情心去抵制那些反对《租借法案》的人。无论如何，我们通过种种办法总算渡过了难关。

12月30日，美国总统通过广播发表了“炉边谈话”，劝告美国人拥护他的政策。“危险就在眼前，我们必须防患于未然。但是我们深知，我们不能爬上床去，以被子蒙头的办法逃避危险……如果大不列颠一旦崩溃，我们整个美洲的人将生活在枪口之下，枪膛里装满一触即发的子弹，经济的和军事的子弹都有。我们必须竭尽我们所能支配的人力和物力，生产武器和舰只……我们必须成为民主国家的大兵工厂。”

第12章

地中海、大西洋和北非的硝烟

回顾扰攘不安的战争年代，我想不起有任何时期像1941年上半年这样，战事急如星火，许多问题一起涌来，或接踵而至，更直接地困扰着我和我的同僚的了。事件的规模逐年增大，但是必须作出的决定，却并非更加困难。

1942年，我们在军事上遭受更大的灾难，不过那时我们已经不再孤立，我们的命运已经和伟大同盟的命运结合在一起了。我们在1941年中的问题，没有一部分不是和其他问题相互关联而获得解决的。拨给一个战场的物资，必须取自另一战场。把力量用在这里，便意味着在那里冒着危险。我们的物质资源极为有限。有十几个强国的态度，是友好，是观望，还是有敌对的可能，尚在未定之时。

在国内，我们必须应付潜艇战、敌人入侵的威胁和接连不断的闪电战；在中东，我们必须进行一系列的战役；第三，我们必须试图在巴尔干半岛开辟一条对德作战的战线。在以前一段漫长的时期内，我们不得不孤军作战。在经过一场大风大浪之后，我们又得在急流中挣扎了。我们凭着独自的努力，逐日为不致在急流中溺毙而斗争并克尽自己的职责，而比之前更重大的事件却又在冷酷无情地向前发展着，这篇记述的困难之一，就是这二者之间的比例失当。

我们在大不列颠总算有了一个稳固的基础。我确信，只要我们在国内保持高度的戒备和必要的兵力，德国在1941年进攻我国的尝试对我们并不是不利的。德国空军在各个战场的实力和1940年相比较，几乎没有什么增长；而我们国内的战斗机中队则已从51个扩充到78个，轰炸机中队已从27个扩充到45个。德国人并没有在1940年的空战中获胜。看来，他们在1941年也没有获胜的希望。我们本土上的陆军已经大大加强。从1940年9月到1941年9月，已从26个现役师增加到34个，另有5个装甲师。

1941年，机械师向一名将飞往被占领的法国进行空袭的盟军飞行员发出起飞信号（罗伯塔·卡帕拍摄）

加之军队已经训练成熟，他们所使用的武器也已大量增加。国民自卫军已经从100万人增加到150万人，并且这时都持有枪支。在兵员数额、机动性、装备、训练、组织和防御工事各方面都有了巨大的改进。当然，希特勒为了侵犯我国，需要时时拥有超过需要的兵员。他要征服我们，至少需运送100万名士兵和所需要的给养横渡英吉利海峡。

到1941年，他可能拥有大量的——纵然不是足够的——登陆艇，但是，由于我们拥有优势的空军和海军，足以控制海空，我们深信我们有摧毁或重创德国入侵舰队的能力。因此，我们在1940年所依靠的一切论据，现在都无可比拟地更加强有力了。只要我们不放松警惕，或者，不大肆削减我们自己的防卫力量，战时内阁和参谋长委员会便不会感到忧虑。

虽然我们的美国朋友——他们当中有些将军曾经访问过我们——对于我们的处境很担心，而且全世界一般都认为德国进攻不列颠是很可能的事，但是，我们自己却放心大胆地尽我们现有船舶的运输能力把所有军队运送到海外去，投入中东和地中海地区的攻势作战。我们赢得最后胜利的关键即在于此，而其最初的一些重大事件就是从1941年开始的。

在战争中，军队必须战斗。非洲是我们唯一能够和敌人在陆地上周旋的一个洲。保卫埃及和马耳他岛是我们的职责，而意大利帝国的毁灭则是我们能够获得的第一个战利品。英国在中东抵抗耀武扬威的轴心国家，我们试图联合巴尔干各国和土耳其共同抵御敌人，便是我们当前叙述的主题与线索。

自从纳尔逊时代以来，马耳他岛就像是一名忠诚的英国哨兵，捍卫着地中海中部那条狭窄的、重要的海上走廊。在最近这次战争中，它在战略上的重要性比过去更大了。为满足我们在埃及部署大量军队的需要，我们的运输船队自由地通过地中海，同时阻止敌人向的黎波里增援军队，已成为我们头等重要的任务了。同时，德国新式空中武器不但对马耳他岛，而且对英国在这些狭窄的海面上有效地保持制海权，进行了严重的打击。如果没有这种现代武器的威胁，我们的任务就简单多了。我们原来能够在地中海自由通航，并可以断绝所有其他国家的海上往来。现在已不可能以马耳他岛作为主力舰队的根据地了。该岛本身就受到敌人从意大利各港口出击的威胁，并遭受经常的、多次的空袭。敌人的空军也使我们的运输船队因危险莫测，几乎无法通过突尼斯海峡及马耳他海峡，只好绕道好望角，经历漫长的航程。与此同时，敌人占优势的空军使我们的战舰若不甘冒重大的损失和危险，便不能在中地中海充分展开活动，这样他们便得以保持一条向的黎波里运送军队和给养的补给线。

意属班泰雷利亚岛距马耳他岛约140英里，扼着西西里岛与突尼斯之间西部海峡的咽喉。该岛素以设防巩固著称，并有一个极有价值的飞机场。这是敌人通往突尼斯和的黎波里航线上的重要据点，它如果落到我们手中，将显著地扩大我们能在马耳他岛周围布置的空军掩护区。

1940年9月，我曾请海军上将凯斯制订一项计划，用新编成的突击队夺取班泰雷利亚岛。我们的设想是，两三艘军队运输舰跟在我们一支防守力量很强的运输船队后面。当运输船队吸引住敌人的注意力时，这几艘军队运输舰便在黑暗中转换方向，出其不意地猛扑该岛。这一被称为“车间”的作战计划，越来越获得三军参谋长的支持。凯斯热情洋溢地声称，他要抛开海军上将的身份，亲自领队进攻。

我和左右的人并不认为实际攻占该岛有多大困难，但是，当我们在马耳他岛已受到沉重的压力时，要保持这一战利品的困难却引起了我们的疑虑。

大家的意见已完全一致，但是，由于从事其他方面的工作，没有来得及在原定1月底的日期开始行动。1月18日晨，在契克斯举行的一次会议中，我同意第一海务大臣和其他参谋长等的意见，把日期推迟一个月。我想，我本来是能够使会议通过维持原定计划的决议，但是，我和其他人，一则忙于更加重大的事务，再则听说突击队还没有完全训练好，所以没有坚持原定的日期。凯斯当时不在场，他闻悉后大失所望。这次推迟使这项计划成为泡影。在1月底以前，德国空军早就进驻西西里岛，于是，局势完全改观。我们没有得到的这项战利品的价值是无可置疑的。如果我们在1942年占领班泰雷利亚岛，在我们的运输船队冲破敌人拦截驶往马耳他岛的航程中，有许多优秀舰只可以免遭损失，而且敌人通向的黎波里的航线也会受到更大的骚扰。从另一方面来看，我们也很可能被德国的空中进攻所压倒，失去有利地位，而使马耳他岛的防务在这时更加复杂起来。

我深深感到迫切需要班泰雷利亚岛，但是时机已经失去了。我们面临大量的各种各样的问题，直到1943年5月，我们摧毁了在突尼斯的德国和意大利军队以后，一支英国登陆部队奉艾森豪威尔将军的命令在经过猛烈的轰炸之后，才攻占了班泰雷利亚岛。那时，我们在这一战场上已有极为强大的力量，虽然在事前认为任务非常艰巨，结果却没有受到损失。

我方海军同德国空军第一次激烈的遭遇战，发生于1月10日。那时，舰队正掩护一系列的重要行动，这些行动包括：一支运输船队从西面驶过中地中海，其他船只正从东面向马耳他岛运送给养，以及各种小规模的运输船队正驶往希腊。

那天清晨，驱逐舰“豪侠”号在马耳他海峡内护送主力舰队时触了水雷。不久便出现了尾随侦察的敌机；当日下午，德国轰炸机开始猛烈袭击。敌机集中轰炸由博伊德上校指挥的新航空母舰“光辉”号。在3次空袭中，“光辉”号被巨型炸弹击中6次，重创起火，死83人，重伤60人。该舰幸亏有装甲甲板，才能有效地进行抵御，舰上配备的飞机至少击毁了5架来袭的敌机。这天夜间，在空袭愈益加剧、舵机失灵的情况下，博伊德上校把“光辉”号驶进了马耳他。

当夜，坎宁安海军上将率领主力舰队在马耳他岛以南护送向东行驶的运输船队，未受阻挠。第二天，巡洋舰“索斯安普敦”号和“格罗斯特”号在快要驶抵马耳他岛东岸时，受到了俯冲轰炸机的袭击，这些敌机是从太阳照射过来的方向飞来的，因此未被发现。“格罗斯特”号被击中一弹，未引发爆炸，受创轻微。但是，“索斯安普顿”号的机舱却被击中了，烈火熊熊，无法扑灭，该舰不得不被放弃，随后便沉没了。这样，运输船队虽然安全地驶到目的地，舰队却付出了重大的代价。

德国人觉察到那艘受伤的“光辉”号在马耳他岛的处境，所以决心要摧毁它。但是，我们驻在该岛的空军已经增强，因此在战斗中，一天之内便击落敌机19架。尽管“光辉”号在船坞中又被炸弹击中，它还能于1月23日晚起航。敌人发现它已驶去，千方百计地搜寻，但该舰于两天后安抵亚历山大。

这时，从西西里岛出击的德机不下250架。马耳他岛在1月间受到58次轰炸，从这以后直到5月底，每天遭到三四次轰炸，中间只有短暂的间歇。但是我们的人力、物力增加了。1941年4～6月间，海军上将萨默维尔的H舰队曾出动六次，将相当数量的飞行小队运送到马耳他岛的航程以内，同时有224架“旋风”式战斗机连同少数其他型号的飞机从西面飞抵战场。给养和增援部队也从东面运到。到了6月，击退了敌人第一次猛烈的袭击，该岛才得以幸存。大难的来临是在1942年。

在纷至沓来的严重事件中，有一件事使我们最感不安。战斗可胜可负，冒险可成可败，领土可得可失，但是支配我们全部力量，使我们能够进行战争甚至得以生存下去的关键问题，就是我们控制自己的远洋航线，以及使我们的船只得以自由驶近并出入我们的港口。我在前面曾谈到德国占领北起北角[1]南至比利牛斯山脉的欧洲海岸线给我们带来的危险。

敌人的潜艇在速度、续航力和活动半径方面都不断有所改进，它们能够从这条漫长的海岸线的任何港口或海湾出击，摧毁我们海上运输的粮食和商品。它们的数目也在不断增加。在1941年的第一季度，新潜艇的生产率是每月10艘，不久后就增加到每月18艘。这些潜艇包括所谓500吨型和740吨型两种，前者的巡航航程为11,000英里，后者则达15,000英里。

这时，在德国潜艇带来的灾难以外，又加上远程飞机在远洋所进行的空袭。在这些飞机中，被称作兀鹰的“福克乌尔夫200”式飞机是最可怕的一种，幸亏其在最初数量有限。它们可以从布雷斯特或波尔多起飞，在不列颠岛上空盘旋一周，到挪威加油，然后于次日返航。我们由于缺乏护航舰，不得不编成包括四五十艘船只的庞大运输船队，敌人的远程飞机在途中可以从高空俯瞰这些运输船队的出航或返航，它们可以用毁灭性的炸弹袭击这些运输船队或个别船只，也可能把方位告知待机而动的潜艇，以便进行截击。还在12月的时候，我们就已经开始准备作为最后手段的办法：从默尔西河口及克莱德河河口起，到爱尔兰西北600英尺深的水域线止，设置水中爆炸网。

这时，我们已下令扩充并重新部署空军海防总队，优先供给驾驶员以及飞机。我们计划到1941年6月，海防总队的飞机增加到15个中队，而且在这些增援的飞机中包括我们预期在4月底收到的57架美国“卡塔利娜”式水上飞机在内。南爱尔兰拒绝给予我们以一切便利，再次对我们的计划产生了有害的影响。我们在北爱尔兰以及苏格兰和赫布里底群岛加紧建造新飞机场。

以上谈到的种种不利条件继续存在，而且有些还变本加厉。由于英国科学和

[1] 在挪威马格吕岛。

技术取得成就，由于两万名忠实的工作人员携带着许许多多、形形色色的新奇仪器，不辞辛苦地把研究成果在上千的小艇上运用起来，我们才使磁性水雷这条绞索松动一些，不让敌人勒紧。我们沿不列颠东海岸的整个海上运输工作，经常处于德国轻轰炸机或战斗机的威胁之下，因此海运量受到了严重的限制和削减。在第一次世界大战时被认为对我们的生存有极大关系的伦敦港，这时的吞吐量已降到原有的1/4。英吉利海峡是实际作战的水域。敌人对默尔西河、克莱德河和布里斯托尔的空袭，严重地破坏了这些仅存的主要商港。爱尔兰海峡和布里斯托尔海峡则遭受封锁，或受到严重阻碍。每一位权威的专家，如果在一年前遇到现在这些情况，都会立即宣布我们的处境是毫无希望的，这是一场生死攸关的斗争。我们的保护措施规模很大，要求又非常细致，其中包括护航、变更航线、使用消磁电缆、扫雷、不走地中海航线等。大多数船只的航行时间和航行距离都有所延长。同时，由于轰炸与灯火管制，船只在港口也要拖延一些时日。

以上种种原因，使得我们船舶的有效运输力大为降低，这种情况比实际遭受的损失更为严重。在开始的时候，海军部首先想到的当然是使船只能够安全进港，并以沉船愈少成就则愈大的标准来衡量他们的成就。但是，现在却不能以此来作为衡量的标准了。我们一致认识到，国家的生存和作战活动，都依靠安全起岸的进口物资的数量。我在2月中旬向第一海务大臣发出的备忘录中说："我了解到，1月份载货进口的船只不及去年1月份的一半。"

压力在不断地增加，同时我们损失的船舶远远超过了我们新建的船舶。美国的庞大资源只能缓慢地发生作用。我们不能再期望意外地获得大量的船只，像1940年春季挪威、丹麦、荷兰与比利时被敌人占领后那样大量船只落入我们手中。而且被击伤的船只数量很多，远远地超过我们的修复能力，同时我们的港口一周比一周拥挤，使我们穷于应付。

3月初，被击伤的船只共达260万吨位，其中有93万吨位边修理边装货，近170万吨位的船只无法使用，必须修理。我如果能回避得了这些严重的麻烦问题，而在军事方面从事虽不顺利、却是生气勃勃的冒险行动，那简直是如释重负。我是多么愿意用进行一场大规模的进攻来替代这些用图表、曲线和统计数字表明的难以捉摸、难以估量的危险啊……

现在，潜艇战发生了重大变化。3月间，我们消灭了三名德国的海上“王牌”，我们的防御措施也有所改进，这些都对潜艇战术产生了影响。敌人发现西部海口地区战事过于激烈，便把潜艇西移到更远的海域。由于南爱尔兰拒绝我们利用它的港口，我们只有少数小型舰队的护航舰只可以驶入那些海港，而且在那里也得不到空中掩护。我们从联合王国海军基地出航的护航舰，只能在通往哈利法克斯航线约1/4的航程中对我运输船队提供有效的掩护。

4月初，一个“狼群”在西经28°袭击一支运输船队，当时护航舰还没有赶到。在一场历时很久的战斗中，22只船中有10只被击沉，一艘德国潜艇也被击毁。我们无论如何总得设法扩大我们的控制范围，否则我们能生存的日子便屈指可数了。

直到现在为止，来自大西洋彼岸的援助还只限于物资供应；但是，在目前这种日益加剧的紧张状态下，美国总统依据他作为三军统帅所享有的、并载明于美国宪法的各项权力行事，开始给予我们武装援助。他决意不容许德国潜艇和攻击舰艇所进行的战争逼近美国海岸，并且要确保他运送给不列颠的军火至少要运过运输途中的一半路程。早在1940年7月，他就派遣了一个海、陆军使团到英国来进行“探索性的会谈”。

美国海军观察员戈姆利海军上将不久就满意地见到，不列颠已经下了百折不回的决心，并且能够抵御得了逼到眼前的任何威胁。他和英国海军部共同担负的任务是，确定怎样才能更好地将美国的力量集中用于：第一，根据现行政策的“除了参战以外的一切援助方面”；第二，一旦美国被卷入战争时，同英国武装部队联合作战。

从一开始便产生了两大英语国家对大西洋联防的广泛计划。1941年1月，在华盛顿开始了参谋人员的秘密会谈，会谈范围涉及整个战局，并制定了一项联合的世界战略。美国军事首脑同意，一旦战火蔓延到美洲和太平洋，大西洋和欧洲应被认为是决定性的战场。必须首先击败希特勒，美国在大西洋战役中所提供的援助便是根据这个概念筹划的。为了适应大西洋中联合远洋运输船队的需要，各项准备工作已着手进行。

1941年3月，美国军官访问大不列颠，为他们的运输船队和空军选择基地。随即开始了建造基地的工程。在这期间，美国在西大西洋英国领土内发展基地的工作（这项工作在1940年便已开始），进展非常迅速。北大西洋的运输船队的最重要的基地是纽芬兰的阿根夏。美国的武装部队借助于这一基地和联合王国的港口，可以对大西洋战役发挥他们最大的作用，或者说，在规划这些措施的时候，看来是能够发挥最大作用的。

在加拿大与大不列颠之间有纽芬兰、格陵兰和冰岛。这些岛屿都位于哈利法克斯港与苏格兰之间那条最短的，也可以说是弧形的航线的一侧，离航线不远。以这些“踏脚石”为基地的武装部队，可以分段地控制整条航线。格陵兰是完全缺乏资源的，但是我们可以对其余两个岛迅速地善加利用。有人说过：“谁占领了冰岛，谁就牢牢地握着一把手枪对着英国、美国和加拿大。”当丹麦在1940年遭受蹂躏时，我们所以在冰岛人民的同意下占领该岛，就是根据这种想法。

现在我们可以利用它来对付德国潜艇了，于是我们于1941年4月在该岛设立了基地，以供我护航舰分队和飞机使用。冰岛成为一个单独的指挥区，从那里起，我们把海上护航舰的活动范围扩展到西经35°。虽然如此，西面仍有一个不祥的缺口，暂时还无法弥补。5月间，一支从哈利法克斯港出航的运输船队在西经41°受到猛烈的袭击，并在我反潜艇护航舰能够赶到以前丧失了船舶9艘。

这时皇家加拿大海军的力量正在增长，他们的新式护航快艇开始大量地从造船厂驶出。在这危急万分的时刻，加拿大准备在这场生死攸关的斗争中担任重要角色。从哈利法克斯港出航的那支运输船队的损失，十分清楚地表明，要护航，就非得实施从加拿大到不列颠的全线护航不可。

于是，英国海军部于5月23日请求加拿大和纽芬兰政府同意，利用纽芬兰的圣约翰斯为我们联合护航舰队的前哨基地。他们立即表示同意，到月底，全线的连续护航终于实现了。从那时起，皇家加拿大海军便负起了护航责任，用他们自己的人力物力保护那条远洋航线西段的运输船队。我们能从大不列颠和冰岛保护其余航程上的舰只。尽管如此，可资利用的舰艇数目仍然极少，难以完成护航的责任。这时，我们的损失急剧上升。

到5月为止的三个月中，仅由德国潜艇击沉的船只就有142只，共计81.8万吨。其中99只，共约60万吨是英国的。德国人为了获得这些战果，在北大西洋继续不断地保持12艘左右的潜艇，此外，还在弗里敦附近的海域进行猛烈袭击，力图扼杀我们的防务。在这一海域内，仅在5月一个月中，6艘潜艇便击沉32艘船只。

在美国，总统正一步一步地靠近我们，而且他有力的干涉不久便起了决定性的作用。因为我们看到有必要在冰岛发展基地，他也在同月采取措施，在格陵兰设立了一个专供美军使用的航空基地。据悉，德国人已在格陵兰东海岸面对着冰岛的地方设置了气象站，因此总统的行动是十分及时的。

此外，我们还可根据其他决定，将我们在地中海或其他海域的激战中受伤的商船和军舰，都送往美国的船厂里修理，这就使我们国内极其紧张的人力、物力立即得到了非常必要的缓和。总统在4月4日的电报中证实了这一点，这封电报还提到，他已拨出经费另行修建58处下水场并新建船舶200艘。

一周后，传来了关系重大的消息。总统于4月11日打电报告诉我，美国政府打算把从战争初期以来就划定的所谓安全地带和巡逻区域，扩展到包括西经26°左右以西全部北大西洋水域在内的一线。为了这一目的，总统建议利用从格陵兰、纽芬兰、新斯科舍、美国、百慕大群岛和西印度群岛（以后还可能再扩大到巴西）出动的飞机与海军舰只。他敦促我们极其秘密地将运输船队的行踪通知他，“从而使我们的巡逻舰只，得以寻觅侵略国家在安全地带的新线以西出动的任何舰只或飞机”。

就美国方面来说，只要在他们的巡逻区域内发现可能是侵略国家的舰只或飞机，将会立即公布其位置。总统最后说：“我不一定就此发表特别的声明。我可能决定发布有关海军行动的必要命令，而让时间去证实这个新的巡逻区域的存在。”

我把这封电报转到海军部，心中如释重负。

我们在巴尔干成立一条战线的所有努力，都是以确保在北非的沙漠侧翼为基础的。这一侧翼或许应该设在托卜鲁克，但是，韦维尔的迅速西进和班加西被攻克已使我们占领了昔兰尼加全境。这一区域的门户就是阿盖拉的海角一隅。在伦敦和开罗的有关当局一致认为，应不惜一切代价据守阿盖拉，这是超过所有其他军事行动的重要任务。意大利军队在昔兰尼加全军覆没，而敌人调集新军又必须跋涉漫长的路程，所有这一切都使韦维尔相信，在今后一段时间内，他可以用少量的军队据守这个重要的侧翼，而以训练较差的军队去替换他那支久经战斗的部队。沙漠侧翼是影响全局的关键所在，任何方面都无意使它为了希腊或巴尔干的任何事件而受到损失或威胁。

这时，我情报人员的报告开始引起了三军参谋长的关心。2月27日，他们向韦维尔发出一封电报，提出警告说：“鉴于德国装甲部队和空军已抵达的黎波里塔尼亚，此间已在考虑埃及和昔兰尼加的防务问题。请简要电告你的意见。”他针对这封电报发来了一封经过深思熟虑的重要复电，其中包括下列内容：“……航运的危险、陆路的困难和酷暑的临近，都将使敌人难以在夏末以前发动这样的攻势……”。

但是这时有一位新人物跃登世界舞台，他是将在德国军事史占有一席地位的一名德国军人。埃尔温·隆美尔于1891年11月生于符腾堡省的海登海姆。他童年时代体质孱弱，在家读书读到9岁才转入当地的公立学校，他的父亲就是这所学校的校长。1910年，他在符腾堡团中任见习军官。当他在但泽军官学校受训时，他的教官们说道，他身材虽小，但很强壮。他在智力方面并不出色。在第一次世界大战时，他转战于阿尔贡地区、罗马尼亚和意大利，曾经两次受伤而获得最高级的铁十字勋章和战功勋章。在两次大战之间，他担任团级军官，并供职于参谋部。

第二次世界大战爆发时，他在波兰战役中任元首行营的司令官，其后担任第十五军第七装甲师司令。这一个师的绰号叫“鬼怪”，是德军突破马斯河的先锋。英军于1940年5月21日在阿拉斯反攻时，他几乎被俘。之后，他统率着他的师经由拉巴西向利尔推进。如果这一次突击再多获得一点点成就，或者如果没有被德国最高统帅部下令进行限制的话，便可能把包括蒙哥马利将军所指挥的第三师在内的大部分英军切断。他指挥的这一个师是越过松姆河、沿着塞纳河直指鲁昂的尖兵，曾席卷法军左翼，而在圣梵勒利附近俘获大批英法军队。他的这一个师最先进抵英吉利海峡，而在我们最后的一批军队刚刚撤退后进入瑟堡，隆美尔在这里接受了该港与法国俘虏30,000人的投降。

1940年法国战役，隆美尔（中）正召开作战会议（佚名拍摄）

由于这许多战绩和功勋，他于1941年年初被任命为德国派往利比亚的军队的司令。2月12日，他率部下抵达的黎波里，协同他从前曾与之对垒从而建立了殊勋的那个盟国[1]作战。那时，意军希望只据守黎波里塔尼亚，而隆美尔则负责指挥在意军司令统率下日益扩充的德国分遣队。他立即争取进行攻势行动。4

[1] 指意大利，隆美尔在第一次世界大战时曾在意大利作战。

月初，意军总司令试图说服他，在未获得他的同意前，德国的非洲军团不得前进。这时，隆美尔抗议道："作为一名德国将领，他必须按照形势的需要发布命令。"他宣称，因供应问题而提出任何保留都是"毫无道理的"。他要求并获得了行动的完全自由权。

隆美尔在非洲战役中自始至终表现出是运用机动部队的能手，特别擅长在一次战役之后迅速整编，争取新的胜利。他是一位卓越的军事赌博家，善于掌握供应问题，而且藐视种种阻碍。德国最高统帅部最初是放手让他去做，后来对他的成就感到惊愕，因此有意抑制他。他热心作战，一往无前，使我们受到严重的灾难。但是，他对于我1942年1月在下院对他的称赞是当之无愧的（这番话并不是没有引起公众的指责），当时，我提到他时说道："我们遇到了一个非常勇敢善战的对手，而且如果我可以撇开战争造成的破坏来说，他是一位伟大的将领。"他也值得受我们的尊敬，因为尽管他是一名忠诚的德国军人，后来却憎恨希特勒和他的所作所为，并且参与了1944年企图驱除这个狂徒与暴君以拯救德国的密谋。为此，他牺牲了生命。在现代民主政治下进行的残酷战争中，侠义行为是没有地位的。大规模的无情屠杀和群众意向压倒了一切公平意见。我对隆美尔所表示的敬意，虽然曾被评判为不合时宜，但我仍不懊悔，也无意收回。

在伦敦，我们接受韦维尔3月2日发来的电报作为我们行动的基础。阿盖拉隘路是全局的核心。如果敌人突破阿杰达比亚，那么班加西以及托卜鲁克以西的一切据点便都岌岌可危了。他们可以选择通往并越过班加西的那条良好的沿海公路，或者选择利用直通梅基利与托卜鲁克而把200英里长、100英里宽的沙漠突出部分切断的那些小路。我们曾于2月间采取后一路线，因而切断并俘获经由班加西撤退的数千意军。如果隆美尔也走这条沙漠路线，用同样的办法欺骗我们，那是不足为奇的。但是，只要我们据守在阿盖拉的门户，敌人就没有机会用这种方式来愚弄我们。那里有良好的地形，但是却没有很好的布防，部分原因在于托卜鲁克向外运输的任务过于紧张，而班加西的港口据鉴定还不能使用。

这一仗打得如何，不仅依靠是否熟悉地形，也要看是否熟悉沙漠作战的条件。我们以前的前进是十分迅速，我们的胜利是十分容易、十分彻底，以致我们在这一时期没有牢牢掌握这些战略要领。但是，如果我们在装甲和质量方面而不是在人数方面占有优势，加上空军力量势均力敌，那么即使失去那个门户，也还是能够使比较精锐、比较活跃的军队在一场沙漠的混战中获胜的。我们所作的安排却没有一项达到这些条件。我们在空军方面处于劣势，我们的装甲部队大感不足（理由将在以后说明），而托卜鲁克以西的军队，在训练与装备两方面也都不完善。

3月17日，韦维尔将军和迪尔将军到昔兰尼加，亲自进行视察。他们乘汽车经由安特拉特到阿盖拉，迪尔立即感觉到防卫阿盖拉与班加西之间大片沙漠地带很困难。他在3月18日从开罗发给国内帝国副总参谋长的一封电报中说道，显著的事实是：在阿盖拉与班加西以东的那些盐田之间的沙漠，一片空旷，很适宜于装甲车辆的行驶；因此，在其他条件相等的情况下，较强的装甲部队将获得胜利。步兵在这里无用武之地。当然，在这些辽阔的沙漠中，给养问题仍然存在，而且完全有利于守方。他说，韦维尔已经着手解决防守方面的困难问题了。

3月间，越来越多的迹象表明，德国军队正从的黎波里开往阿盖拉。韦维尔于3月20日报告说，敌军似乎正在准备发动一次有限度的进攻，昔兰尼加边境的局势使他感到有些不安。如果我们的前哨部队被逐出他们现在的阵地，在班加西以南将没有阻挡敌军的适当据点，因为这一地区是一马平川的平原。但是，敌人由于后勤的问题，只能作一次有限度的进攻。

隆美尔于3月31日开始对阿盖拉进攻。尼姆将军接到的命令是，在敌人进逼时，打一场拖延战，然后退到班加西附近，并应尽量持久地掩护该港。他还奉命在必要时在破坏该港后撤退。因此，我们在阿盖拉的装甲师——实际上只有一个装甲旅和该师的支援部队——在以后两天内缓缓地撤退了。

在空军方面，敌人确实是强得多。意大利空军仍然是无足轻重，但是德国空军约有100架战斗机、100架轰炸机和俯冲轰炸机。韦维尔将军于4月2日报告，昔兰尼加的前哨部队受到德国一个殖民地装甲师的袭击。“昨日，有几个前哨据点受到袭击和破坏。目前的损失虽还不算严重，但是装甲旅的车辆情形使尼姆非常担忧，损坏的车辆看来不少。至少在三四周之内我抽调不出装甲部队来，因此我提醒他，即使要撤退一大部分军队，甚至可能从班加西撤退，也要保存三个旅。”

我根据韦维尔将军以前的估计，仍然觉得敌人的潜在力量有限。

4月2日，我们的第二装甲师的支援部队被敌军50辆坦克逐出阿杰达比亚，而撤至其东北35英里的安特拉特境内。该师则奉命撤至班加西附近。我们的装甲部队在德军袭击下秩序紊乱，损失惨重。电讯最后说，“已下令破坏班加西的港口。”韦维尔将军于4月3日飞临前线，归来后报告说，装甲旅的大部分遭到占优势的德国装甲部队的攻击，已溃不成军。

这将使班加西以东及东北的第九澳大利亚师的左翼失去掩护。“他们的撤退或许是必要的。”他说，由于敌人在利比亚的兵力强大，第七澳大利亚师不能开往希腊，而必须调往西部沙漠。英国第六师仍未装备停当，必须留作后备。“这就要推迟对罗得岛的进攻。”于是，在一击之下，而且，几乎在一日之中，作为我们一切决定的基础的沙漠侧翼便崩溃了，并且大事削减了本来就力量薄弱的那支派往希腊的部队的力量。攻占罗得岛是我空军在爱琴海的作战计划的重要部分，现在也不能实现了。

韦维尔的前线之行是要让奥康纳接任司令的职务。这位军官当时尚未恢复健康，他向总司令表示，在战争中途，最好不要真的让他接替尼姆的司令职务，而是用他熟知当地的专门知识从旁协助。韦维尔同意了。这次商定的办法未顺利实行，或者说，没有实行多久。4月6日夜间，我大批军队从班加西撤退。第九澳大利亚师正沿着海岸公路向东撤退。为了避免交通拥挤，尼姆将军偕同奥康纳将军乘坐一辆汽车，未带任何护卫，从一条小路驶去。在黑暗中，他们突然被截住，一队德国巡逻兵从车窗伸进手枪对着他们。这时，他们除了投降以外别无办法。尼姆曾获得维多利亚勋章，奥康纳从各方面来说是我们最有经验和最有成就的沙漠地区司令官，我们损失了这两位英勇的陆军中将，不胜悲痛。

正当我们在希腊的冒险行动全面开展的时候，我们的沙漠侧翼遭到失败，构成了一个最大的灾难。我在相当时期内对于所以造成这一灾难的原因大惑不解，因此战事略一停息，我便觉得必须要求韦维尔将军对于事情的经过进行一些解释。我一直等到4月24日才向他提出了对他是一种精神负担的要求。

我们仍在等待阿盖拉和梅基利方面的战况。这几场战斗使我们损失了第三装甲旅和一个摩托化骑兵旅的精华。我们显然已受到一次重大的失效。因此，为了理解你的困难以及我们自己的困难，我们有必要大概了解一下事情的经过和原因。是由于我们的部队在数量上、谋略上、战术上比不过敌人，还是因为据说是过早地破坏了汽油库造成的错误？根据幸存者的报告，一定能够使我们对于这场关键性战斗得到一个有头有尾的报告。如果你不将情况报告的话，我便无法再帮助你了。

韦维尔于4月25日电复。他指出，因为几乎所有有关的高级军官都已失踪，所以无从获悉他们的行动和动机，他必须慎重行事，以免不公正地将责任归咎于他们。正如他素日的性格一样，他自己承担了责任。同日，他又发来总结这次战斗的电报。他在电报中说，他曾注意到，第二装甲师司令部和第三装甲旅要经过相当时间才能够熟悉沙漠和沙漠作战的情况。他曾经希望，在敌军大举进攻以前，至少会有一个月的时间在边境上进行小规模的战斗，这样他们就可以得到适应当地环境的时间了。实际上，他们还没有安顿停当，攻击就开始了，而且至少比他的参谋人员根据时间与空间计算出来的可能日期早了两周，但是敌军的实力则大致同他的估计相符。他曾经料到，敌人将有限度地向阿杰达比亚挺进。缴获的文件和战俘的供述一直证实了敌人的本意不过如此。

我们现在知道，敌人的初步成就完全出乎他们的意料之外[1]。后来他们所以能够乘胜追击，完全是由于第三装甲旅过早而不幸地被击溃。我们有充分的证据证明，敌人从阿杰达比亚推进的部队是临时匆匆编成的，它包括由德意两国部队

[1] 德斯蒙德·扬在其著的《隆美尔》一书中谈到隆美尔的初期进攻及其丰富的成果，曾使他自己的上司大为惊讶。

编成的八支小纵队，其中有几支纵队与后方供应脱节，不得不由飞机运送物资。

隆美尔在北非（佚名拍摄）

我第三装甲旅是一支临时编成的部队，拥有机械装备不良的巡逻坦克一个团、轻型坦克一个团和用缴获的意大利中型坦克装备起来的一个团。从昔兰尼加战役结束时我装甲战车的情况来看，如果准备派往希腊的军队配备任何装甲力量的话，这一个旅就可能成为他能够投入这场战斗的最精锐的部队。如果它拥有充分的实力并有较长的时间作为一支战斗部队而安顿下来的话，它本来是足以对付得了预料中的进攻的。

我好像记得艾登说过，韦维尔"一夜之间老了十岁"。我记得有人曾经这样评论："隆美尔已经把韦维尔新近赢得的桂冠从他的头上扯下来扔在沙漠中了。"这不是真实的想法，只不过是一时出于悲痛说的话。要对这一切下正确的判断，只有联系当时可靠的文件，而且无疑也要根据以后陆续发现的许多其他有价值的证据。但是事实终归是：在实行"战斧"作战计划之后，我得出结论，认为应该进行一次人事调整了。

第13章

巴巴罗萨：苏德战争的开始

内米西斯是“司报应的女神，她毁伤一切非分的幸运，抑制那随之而来的骄傲情绪……并且是大奸大恶的惩罚者”[1]。

我们必须揭露苏联政府的冷酷算计的谬误与虚妄，必须揭露他们对自己处境认识的极端无知。他们对于西方列强的命运漠不关心，尽管这意味着“第二战场”的破灭，但不久后他们又大声疾呼开辟这一战场。他们似乎丝毫没有觉察到，希特勒在六个多月之前就已经决意要毁灭他们了。

如果说，他们的情报组织曾报告过德国正向东欧部署大军（这时正日益扩大规模）的消息，他们却忽略了采取许多必要的对策。这样，他们就听任德国蹂躏所有巴尔干国家。他们仇恨、憎恶西方民主国家，但对他们的基本利益和本身安全有莫大关系的四个国家，即土耳其、罗马尼亚、保加利亚和南斯拉夫，本来由苏联联合起来成立巴尔干战线是能在英国的积极援助下反抗希特勒的。他们却让这些国家陷入混乱，于是，除了土耳其以外，都一个一个地被德国吞并。

战争主要是人们行事失策的记录，但我们怀疑历史上是否有像当时斯大林和其他苏联领袖所犯的那样错误，他们抛弃在巴尔干的一切机会而因循等待，他们也没能够觉察那即将对苏联发动的猛攻。我们此前一向把他们看作自私的谋略家，现实证明他们还是傻瓜。苏联的力量、群众、勇敢和坚忍还有待考验，但就

[1]《牛津英语词典》中有相关解释。

战略、政策、预见和才能来判断，斯大林和他的人民委员们是二战中彻底的受骗上当者。

现在我们知道，希特勒在12月18日的指令中曾规定5月15日为进攻苏联的日期，但是他在对贝尔格莱德革命的盛怒之下，于3月27日把进攻日期推迟一个月，以后又推迟到6月22日。到3月中旬，德国在北面向苏联主要前线调动军队，已经不需要采取特别隐蔽措施的行动了。但是，柏林当局3月13日下令在德国境内工作的苏联考察团人员停止工作，并遣送他们返国。在德国的苏联人只许逗留到3月25日为止。在北部地区，德国已经集结强大的部队。3月20日以后，还要集结更强大的兵力。

4月22日，苏联方面向德国外交部指控，越来越多的德国飞机连续侵犯苏联边界。从3月27日到4月18日，这类事件有80次。苏联的照会还指出，“如果德国飞机继续飞越苏联边界，将会发生严重事件”，德国的答复是一系列对苏联飞机的反指控。

5月7日，舒伦堡满怀希望地报告说，斯大林已经接替莫洛托夫任人民委员会主席，因此成为苏联政府的首脑。更换的原因可能在于最近在对外政策方面所犯的错误。这些错误导致了一向火热的苏德关系的冷却，而斯大林则一直有意识地致力于建立和保持双方这种诚挚关系。

斯大林有了新职位，将对政府内政外交的方方面面负责……我深信，斯大林将利用他的新地位亲自致力于维持和发展苏德之间的良好关系。

德国海军武官自莫斯科发来报告，用这样的话来表示同一要点：“斯大林是苏德合作的中心。”苏联对德国姑息的事例增多了。5月3日，苏联正式承认伊拉克亲德的拉希德·阿里政府。5月7日，比利时和挪威的外交代表被苏联驱逐出境，甚至南斯拉夫公使也在被逐之列。6月初，希腊公使馆全体人员被赶出莫斯科。

正如德国陆军部经济司长托马斯将军后来在论述德国战时经济一文中所写的：“直到进攻前夕，苏联人仍在履行交货任务。苏联在最后几天，还从远东用快车急运橡胶。”希特勒对于他的欺骗与隐瞒伎俩的成功，以及对于受害人的心理状态，理应感到满足。

1941年6月22日4时，里宾特洛甫把正式宣战书递交驻柏林的苏联大使。黎明时分，舒伦堡在克里姆林宫会见莫洛托夫。后者沉默地倾听了德国大使所宣读的通知，然后评论说：“这就是战争。你们的飞机刚刚轰炸了我们十几个未设防的村庄。你认为我们应该受到这样对待吗？”

1941年巴巴罗萨行动中，一名德国士兵朝敌人阵地投掷手榴弹（佚名拍摄）

面对塔斯社的广播，要想在艾登先生已经向驻伦敦的苏联大使提出的各项警告之外再说些什么，或者由我重新作出私人的努力去唤醒斯大林注意他的危险，都是徒劳无益的。美国甚至经常地把更确实的情报送交苏联政府。我们之中的任何人，都无法打破斯大林在他自己和那可怕的事实之间所持的愚昧的偏见和固执的想法。虽然按照德国的估计，苏联有186个师集结在它的边界，其中有119个师面对着德国前线，但苏军多半受到突然袭击。德军在前沿地带没有见到任何准备进攻的迹象，而且苏联的掩护部队很快地就被打败了。类似1939年9月1日波兰空军遇到的那种灾难，这时又以大得多的规模重新降临在苏联的飞机场上。天亮以后，数百架苏联飞机被发现，在能够起飞以前就被炸毁了。这样，苏联的宣传机器于午夜播送出来的仇恨英国和美国的叫嚣，到了黎明时分就被德国的炮声压下去了。

6月20日（周五）晚上，我独自乘车到契克斯去。我知道，德国对苏联的进攻不过是几天内的事，或许是几小时内的事。我曾经安排在周六晚上就此事发表一个广播演说。这当然得用审慎的词句。而且这时苏联政府态度傲慢，盲目无知，把我们的一切警告，当作是被打败的人想拉别人同归于尽的图谋。我在汽车中思索的结果，把这次广播演说推迟到周日晚上，我想到那时一切会明朗起来。所以周六像往常一样，在忙忙碌碌中度过了。

我在周日（6月22日）早晨醒来以后，听到了希特勒进攻苏联的消息。信念已变成了事实。我毫不怀疑我们的任务和政策是什么，也毫不怀疑我要说的话是什么。尚待完成的只是起草这篇演说稿了。我吩咐负责人员立刻公告我将在当晚9时发表广播演说。不久，迪尔将军从伦敦赶来，带着详细的消息进入我的卧室。德军已经从一条辽阔的战线进攻苏联，突然袭击了苏联一大部分停留在地面上的空军，并似乎正锐不可当地迅速前进。这位帝国总参谋长又说："我想，他们将会成群地被包围。"

整整一天，我都在起草我的广播稿。没有时间同战时内阁商量，而且也没有必要。我知道，我们对这件事的看法是一致的。艾登先生、比弗布鲁克勋爵和斯塔福德·克里普斯爵士（他是在10日离开莫斯科的）也一整天和我在一起。

我的私人秘书科尔维尔先生在这个周末值勤，他所写的契克斯这个周日的情况，或许值得一读。

6月21日，周六，我在晚餐以前到了契克斯，怀南特夫妇、艾登夫妇和爱德华·布里奇斯正在那里。进餐时，丘吉尔先生说德国进攻苏联已经确定不移了。他认为，希特勒正指望得到英国和美国的资本家和右翼的同情。但是希特勒错了，我们应当全力帮助苏联。怀南特说，美国的态度也是一样。

饭后，当我同丘吉尔先生在槌球草场上散步时，他的谈话又回到这个话题上来。我问他，对他这位头号反共人物来说，这样一来是不是就同流合污了。丘吉尔先生答道："完全不是这样。我只有一个目的，就是打倒希特勒，我的一生这样一来就变得简单多了。

第二天凌晨4时，我被外交部打来的电话惊醒，电话说，德国已经进攻苏联了。首相曾经常说，除非敌人打到，不得因别的事情把他唤醒。因此，我延迟到8时才告诉他。他只说了一句话："通知英国广播公司，我在今晚9时广播。"他从上午11时开始准备讲稿，除了同斯塔福德·克里普斯爵士、克兰伯恩勋爵和比弗布鲁克勋爵共进午餐外，整天都在忙于此事……讲稿在8时40分才准备好。

我在这次广播中说：

"我眼前看到的是，苏联的士兵们站在他们故乡的门旁，捍卫着他们的祖先自古以来耕种的田地。我看到的是，他们在捍卫着他们的家园，母亲和妻子们在家乡祈祷——啊，是的，大家经常都在祈祷——她们在祝愿亲人平安，祝愿她们的赡养者、战斗者和保护者的归来。我看到苏联上万的村庄，那里穿衣吃饭都依靠土地，生活虽然十分艰辛，可是那里仍然有着基本的人类乐趣，少女们在欢笑，儿童们在嬉戏。我看到，纳粹的战争机器正以疯狂的进攻，向这一切猛冲过去；跟着过去的是身着华丽戎装、佩刀和鞋跟叮当作响的普鲁士军官们，以及刚刚威吓过、压制过十多个国家的那些奸诈的专业特务们。我也看到大批头脑愚钝、受过训练、唯命是从而凶暴残忍的德国士兵，像一群爬行的蝗虫在蹒跚行进。我看到德国轰炸机和战斗机在空中飞翔，它们被英国人多次鞭挞仍然伤痛在身，却想寻找它们认为是比较省力和稳当的猎物。

"在这一切令人头晕目眩的突然袭击的背后，我看到那一小撮计划、组织和发动这种造成人类极大恐怖的恶棍……

"我必须宣布英王陛下政府的决定（我确信伟大的自治领不久就会一致同意这个决定），因为我们现在必须立即宣布这项决定，一天也不能耽搁。我必须发表这个宣言，但是，我们将要采取什么政策，你们还有怀疑吗？我们只有一个宗旨，一个唯一的、不可改变的目标。我们决心要毁灭希特勒，以及纳粹制度的一切痕迹。

"什么也不能使我们改变这个决心。什么也不能。我们决不和敌人谈判，我们决不同希特勒或他的任何党羽进行会谈，我们将在陆地上对他作战，我们将在海洋里对他作战，我们将在天空中对他作战，直到邀天之助，我们把他的影子从地球上消除尽净，把世界上的人民从他的压迫下解放出来为止。任何对纳粹帝国作战的个人或国家，都将得到我们的援助。任何跟着希特勒走的个人或国家，都是我们的敌人……这就是我们的政策，这就是我们的宣言。根据以上的理由，我们将要对苏联和苏联人民进行我们能够给予的一切援助。我们将向世界每一个角落的朋友和盟国呼吁，请他们采取同一方针，并且如同我们一样，忠诚不渝地坚持到底。

“这不是阶级的战争，而是整个英国和英联邦不分种族、信仰与党派所从事的一场战争。美国的行动，不应当由我来讲，但我要说这样一句话：如果希特勒妄想他对苏联的进攻，将会使决心消灭他的伟大民主国家的目标有丝毫偏离，或者会使他们的努力有丝毫松懈，那么他就大错特错了。

德军轰炸中遇害的苏联母亲和孩子（佚名拍摄）

“相反，我们从他的暴政下拯救人类的努力将得到增强和鼓舞。我们将加强而不是减弱我们的决心和手段。

“有些国家和政府行事愚蠢，它们让自己被人家各个击破，如果它们采取联合行动的话，它们本来是能够拯救自己，并且能够使世界免于发生这场灾祸的，但现在不是针对它们的愚蠢向它们讲清这些道理的时候。

“我在几分钟前谈到迫使或诱使希特勒对苏联进行冒险所表现出来的嗜杀和贪欲时，我曾指出在他的暴行的后面还存在着一个更深的动机。他想摧毁苏联的力量，因为，他希望，如果他能得逞，就可以把他的陆空军主力从东欧调回，再大举进攻这个岛国。他知道，他必须征服这个岛国，否则他就要因他的罪行而受到惩罚。他进攻苏联，只不过是企图进攻不列颠诸岛的前奏。

“毫无疑问，他希望这一切行动可以在冬季来到以前结束，他可以在美国的海空军进行干涉以前击败大不列颠，他希望用比以前更大的规模重演他各个击破敌人的故伎。他一向就是依靠这种手段起家的。然后，他就可以为他的最后行动扫清障碍，这最后行动就是使西半球屈服于他的意志和制度之下，如果做不到这一点，他征服别国的一切战果都是空的。

“因此，苏联的危难就是我们的危难，也是美国的危难，正如苏联人为保卫家乡而战的事业，是世界各地的自由人民和自由民族的事业一样。让我们吸取通过残酷的经验得来的教训吧。让我们加倍努力，只要一息尚存，力量还在，就齐心协力打击敌人吧。”

第14章

我与罗斯福的会晤及《大西洋宪章》

7月下旬的一天下午，哈里·霍普金斯来到唐宁街的花园中，我们同坐在阳光下。他一开口就说，罗斯福总统很愿意在一个偏僻的港湾之类的地点同我会晤。我随即答道，我确信内阁将允许我请假。

很快，一切就安排好了。地点选定为纽芬兰的普拉森夏湾，日期定为8月9日。接着，命令我们最新的战列舰“威尔士亲王”号准备出发，我渴望同罗斯福先生会晤。到现在，我已同他日益亲密地通信将近两年了。况且，我们之间的一次会谈，将昭告世人：英美两国的团结越来越密切，将使我们的敌人感到担心，将使日本仔细考虑，并使我们欢欣鼓舞。关于美国介入大西洋、援助苏联、英国本身的供应等问题，最重要的是日本的威胁日益增加的问题，我们都有许多有待解决的事。

与我一同前往的还有：外交部的亚历山大·卡多根爵士，国防部的彻韦尔勋爵、霍利斯上校与雅各布上校，以及我个人的幕僚。此外，还有技术与行政部以及计划部的许多高级官员。总统说，他将携美国三军首长和国务院的萨姆纳·韦尔斯一同与会。那时在北大西洋有大量的德国潜艇，所以必须极其保密。为了确保秘密，总统表面上是休假巡游，但在海中换乘“奥古斯塔”号巡洋舰，把他的游艇留在后面作为迷障。

这时，哈里·霍普金斯虽然身体很不好，但得到罗斯福的许可，取道挪威、瑞典和芬兰飞越一段令人疲倦而又危险的漫长航程前往莫斯科，以便直接从斯大林那里详尽地了解苏联最新的局势和需要，并将在斯卡帕湾登上“威尔士亲王”号。

我在首相郊外官邸附近上了这列载运我们一行人员（包括大批译电人员）的长长的专车。我们在斯卡帕湾从一艘驱逐舰登上“威尔士亲王”号战列舰。

丘吉尔和罗斯福在“威尔士亲王”号甲板上（佚名拍摄）

8月4日黄昏时分，“威尔士亲王”号同护送它的几艘驱逐舰驶入大西洋浩瀚无际的洋面。我发现哈里·霍普金斯在长途飞行和莫斯科的吃力的会议之后是那样疲惫不堪。的确，两天以前抵达斯卡帕的时候，他是那样精神萎靡，以致海军上将庞德先生立刻让他躺在床上，并留他在那里休息。虽然这样，他却像往常那样快活，在航程中慢慢地恢复了气力，并告诉我他出使莫斯科的全部经过。

当船停泊在港内的时候，那些位于螺旋桨上面的宽敞的舱房最舒适，但如果在海上遇到大风大浪，这些舱房会因为摆动而使人难以安身，所以我就迁移到舰桥上舰队司令的舱房内，在那里工作和睡眠。

第二天，海上风浪是这样大，使我们不得不减慢速度，否则就得丢开我们的驱逐舰护航队。第一海务大臣庞德上将作出了决定。自此以后，我们就单独以高速度继续航行。据报告，曾发现几艘德国潜艇，因此，我们曲折前进，并作大迂回，以躲开它们。舰上严禁发出无线电波的声音。我们能够收到电报，但在一段时期内，我们只能偶尔交谈。因此，我的日常工作暂停，并且有一种生疏的空闲感，这是自从开战以来从来没有过的。

许多个月以来，我第一次能够看一本消遣的书。驻开罗国务大臣奥利弗·利特尔顿曾送给我一本书，叫作《皇家海军霍恩布洛尔上校》，我发现这本书非常有趣。我趁一个适当的机会电告他说："我发现霍恩布洛尔好得很。"这竟在中东司令部中引起了不安，那里的人以为"霍恩布洛尔"是他们不曾获悉的某项特殊军事行动的暗号。

由于海面波涛汹涌，后甲板不能使用，但是我每天三四次出入各个舱房，并上下通向舰桥的各个扶梯，因而得到充分的运动。我们有一个很好的电影院，晚间在那里为我们一行人和那些不值勤的军官放映最新最好的影片。卡多根在他的日记中写道："晚餐后，观看《汉密尔顿夫人》影片。非常好。首相看过五次，还是深受感动。放映完毕后，他对大家说，'诸位，这部影片的内容很像你们亲身经历的那些大事，所以我想，它会使你们感兴趣的'。"这次航行是一支令人愉快的插曲。

我们于8月9日（周六）上午9时抵达纽芬兰普拉森夏湾的会晤地点。

在海军互致例行的敬礼以后，我登上"奥古斯塔"号军舰向罗斯福总统致敬。总统以完全的礼仪接待我。在奏两国国歌时，他由他的儿子埃利奥特搀扶而站立着，然后对我致最热烈的欢迎词。我把国王的一封信交给他，并介绍我们一行人员。随后，总统和我本人、萨姆纳·韦尔斯和亚历山大·卡多根爵士以及双方的参谋人员之间分别开始会谈，在我们逗留的几天内几乎是持续不断地进行会谈，有时个人对个人，有时举行较大的会议。

在周日（8月10日）的早晨，罗斯福先生带着他的僚属和几百名美国海军和海军陆战队各级的官兵代表来到"威尔士亲王"号上，在后甲板上参加礼拜仪式。我们都感觉到，这次礼拜是两国人民信仰一致的一种极为动人的表现。凡是参加这次礼拜仪式的人，都不会忘记那个阳光灿烂的早晨呈现在那拥挤的后甲板上的景象——讲坛上挂着英美两国的国旗，美国和英国的牧师共读祈祷文，英美两国的最高级海陆空军官们成为一个整体，聚集在总统和我的背后，密集的水兵队伍完全混合在一起，他们合用着一本《圣经》，热烈地参加双方都熟悉的祈祷与唱诗。

我亲自选择了两首赞美诗——《海上遇险歌》和《基督徒进军歌》。我们结束时唱了《上帝是我们千古的保障》这首诗，麦考利的著作使我们忆起，这是铁骑军在把约翰·汉普登的遗体送入坟墓时曾经歌唱的那首诗。每一个字都好像震动心弦。这是生活中的伟大时刻。唱诗的人中约有一半人在不久后战死。

罗斯福总统在最初会晤的一次谈话中对我说，他认为，我们最好能够拟订一项联合宣言，规定一些广泛的原则，以便沿着同一道路引导我们的政策。我极愿意依从这项极其有益的建议，因而于第二天（8月10日）交给他一篇初步的宣言大纲。

考虑到所有关于我的反动的“旧世界”的观点的传说，以及据说使总统因此感到的痛苦，我愿意记录下来后来称为《大西洋宪章》的文件全稿的实质与精神，是出自英国方面，是我自己的手笔。当我们在早晨会晤时，总统交给我一份修正稿，我们以此稿作为讨论的基础……

8月12日，大约在中午时候，我去看总统，为了就宣言的最后形式同他取得一致。我向总统提出内阁对于第四点的修正文，但是，他宁愿依从业已同意的措辞，我对这点也就没有再坚持。他欣然同意插入内阁希望添入的关于社会安全的那一节。许多词句上的改动都经双方同意，于是宣言定稿。

美国总统和英国首相的联合宣言

美利坚合众国总统和代表联合王国国王陛下政府的首相丘吉尔先生举行会谈，认为应当公布某些有关两国国策的共同原则，他们希望在这些原则的基础上改善世界的前途。

第一，他们的国家不寻求领土和其他方面的扩张。

第二，两国反对不符合有关民族自由表达的愿望的领土变更。

第三，两国尊重各国人民选择他们在其管辖下生活的政府形式的权利，两国主张凡是被强制剥夺主权和自治权的民族恢复这些权利。

第四，两国在适当照顾到它们现有的义务的条件下，力图使一切国家，不论大国或小国，战胜国或战败国，在平等条件下进行贸易并在全世界范围内取得为其经济繁荣所必需的原料。

第五，两国愿意在经济领域内促成一切国家之间的最充分的合作，目的在于使所有国家改善劳动标准，发展经济，享有社会安全。

第六，在最终摧毁纳粹暴政以后，两国希望见到建立这样一种和平，以使一切民族得以在自己的疆界内安居乐业，保证一切地方的所有居民都可以过无所恐惧、不虞匮乏的生活。

第七，这样一种和平应使所有的人能够在公海不受阻碍地航行。

第八，两国相信，世界上所有的国家，基于实际的和精神上的原因，必须放弃使用武力。如果在自己的国界以外进行侵略威胁或可能进行侵略威胁的国家继续使用陆海空军备，就不能保持未来的和平。两国相信，必须在建立更广泛和更持久的普遍安全体系以前解除这类国家的武装。两国也将赞助和提倡一切实际可行的方法，以减轻爱好和平的各国人民在军备方面的沉重负担。

1941年8月12日

这次联合宣言影响深远的重要性是显而易见的。美国在名义上仍属中立，却同一个交战中的国家发表这样的宣言，仅就这一事实而论，意义就是惊人的。宣言中包括有“最终摧毁纳粹暴政以后”的词句（这是根据我的原稿中的一句话写的），这等于一个挑战，这种挑战在平时意味着战争行动。最不容忽视的一点，就是最后一节的现实意义。这一节清楚而鲜明地宣告，在战后，美国将和我们联合起来维持世界的秩序，直到建立起一种较好的局面为止。

罗斯福总统和我本人也拟就联名致斯大林的一封电报。

哈里·霍普金斯自莫斯科归来后提出了一个报告，我们趁着研究这一报告的机会磋商，当你们正在对纳粹的进攻进行英勇抵抗的时候，我们两国怎样才能最有效地帮助你们的国家。目前，我们正通力合作，尽量提供你们最急需的物资。

许多船已经载运物资驶离我们的海岸，最近将有更多的货船驶出。

现在，我们必须考虑到一项更长期的政策，因为，在能够获得完全的胜利以前，我们还要走过一段漫长而艰苦的道路。如果不能赢得完全的胜利，我们的努力和牺牲就白费了。

战争在许多战线上进行着，而且，在这场战争结束以前，还可能发展出更多的战线。我们的资源虽然雄厚，也是有限的，因而必然要产生这样的问题：究竟在何时何地才能最有效地利用这些资源，以使我们的共同努力达到最大限度。这也同样适用于军用产品和原料。

你我武装部队的各种需要，只有凭着充分了解我们在作出决定时所必须考虑到的那些因素，才能决定。为了便于我们迅速规定统合资源的分配，我们建议，筹备在莫斯科举行一次会议。我们将派遣高级代表出席，以便直接和你讨论这些问题。如果你同意举行这个会议，我们想要告诉你，在这个会议作出决定以前，我们将继续尽快地运送军需物资和材料。

我们充分认识到，苏联英勇而坚决的抵抗，对于击败希特勒主义是多么重要，因此，我们觉得，在任何情况下，我们必须迅速行动，立即制定将来分配我们的合在一起的资源的方案。

1941年8月12日

我在起航回国以前收到英国国王的一份贺电。在航程中，我答复了这封电报和其他电报。

到冰岛的航程一路无事，只是在某一个地点，由于附近发现德国潜艇而不得不改变航线。我们这一段航程的护航舰只有两艘美国驱逐舰，总统的儿子海军少尉小富兰克林·罗斯福就在其中的一艘驱逐舰上。8月15日，我们遇到由73艘船只组成的驶向英国的一个联合运输船队，所有的船只在幸运地通过大西洋上一段航程后，秩序井然，阵容整齐。这种情景令人振奋。那些商船上的海员见到了“威尔士亲王”号也很高兴。

我们在8月16日（周六）晨抵达冰岛，停泊在赫瓦尔斯湾，从那里换乘驱逐舰至雷克雅未克。在抵达港口时，我受到一大群人的热烈欢迎。在我们逗留期间，只要有人认出了我们，就会向我们表示友好的欢迎，到我们在下午离开时，热情洋溢的场面达到最高潮，欢呼声和鼓掌声不绝于耳。人们告诉我，这样的欢呼和鼓掌声在雷克雅未克的大街上是很少听到的。

我到冰岛议会大厦进行了短时间的访问，向摄政者和冰岛内阁成员表示敬意，随后参加联合检阅英美军队的仪式。一长列三人一排的队伍走过，当时《美国海军进行曲》的曲调深深印入我的记忆中，以致长时间在我的脑际萦绕。我抽空去视察我们正在建造的飞机场，参观那些奇异的温泉和利用温泉而设置的温室。我立刻想到，这些温泉也可以用来为雷克雅未克取暖，并且试图甚至在战时就推行这个计划。我高兴地获悉，这个计划已经实现了。我同站在我旁边的总统的儿子一起接受了军队的敬礼，这次检阅又一次为英美的团结一致提供了一个鲜明的例证。

在回到赫瓦尔斯湾后，我视察了“拉米伊”号，并对港湾中停泊的英美舰船的船员代表讲话。这些舰只中也包括驱逐舰“赫克拉”号和“丘吉尔”号。

经过这次长时间、令人非常疲倦的跋涉后，我们在一片暮色中向斯卡帕湾驶去。一路平安无事，于8月18日早抵达英国。第二天，我就回到了伦敦。

第15章
对苏联人的援助

已过去两个月了，德军对苏联前线进行了多次猛烈攻击，但战况已经有了新的变化。尽管苏联损失惨重，却仍坚持抵抗。他们的士兵拼死作战，他们的军队从中获得了宝贵的经验与技术。游击队出现了，在德军背后不断地袭击交通线。被德军占据的苏联铁路系统，实际上并不能满足后勤的需要。公路在繁重的运输过程中日益损坏，而雨后的行动又往往离不开公路。许多运输车辆出现了损坏的迹象。再过三个月就要进入严寒的冬天了，莫斯科会在这段时间内被攻陷吗？即使莫斯科被攻陷了，战争难道就到此为止了吗？

决定命运的问题就在于此。

虽然希特勒还在为基辅之战的胜利而洋洋得意，德军将领们可能已经意识到，他们最初的疑虑并不是没有原因的。苏联前线已成为了决定胜负的关键，而德军的行动已被拖延了。中路集团军群还没有完成“歼灭白俄罗斯地区敌军”的任务。

在深秋时，苏联前线最大的危机已迫在眉睫，苏联便迫切地向我们提出了要求。

在艾登先生的陪同下，苏联大使麦斯基先生和我进行了一个半小时的谈话。他以激烈的措辞强调，苏联是怎样在过去十一周内单独抵御德国的猛烈进攻。苏联军队正经受着前所未有的攻击。他说自己不是在耸人听闻，这可能成为历史的转折点。是的，如果苏联战败，我们怎能打胜这场战争呢？麦斯基先生着重指出苏联前线危机的严重性，言词沉痛，博得了我的同情。但是，我马上从他的呼吁中听出了暗含着的威胁意味，于是我被触怒了。

我告诉这位相识多年的大使："请记住，仅仅在四个月以前，就在这个岛国上，我们还不知道你们会不会加入德国那边来与我们为敌。的确，我们曾认为你们很可能会那样做。即使在那时，我们也确信我们会赢得最后的胜利。我们从来没有想过要依靠你们的站队而生存下去。无论发生了什么，无论你们做了什么，都没有权利来责备我们。"

在我慷慨陈词的时候，大使大声劝道："丘吉尔阁下，请您冷静一下吧！"但很明显，他随后的语调改变了。

当讨论转入往来电报所涉及的问题时，大使请求我们立即在法国或比利时与荷兰的海岸登陆。我当即阐明了无法采取这一行动的军事理由，并强调即使这样做了也无法解救苏联。我说，我曾同专家花了五个小时的时间研究提高横贯波斯铁路运输量的方法。我提到比弗布鲁克和哈里曼的莫斯科之行。我还提到，我们决意要给予苏联我们所能节省和运出的一切供应物资。

最后，我和艾登先生都告诉他，站在英国的立场上，我们要对芬兰表明，如果芬兰军队向苏联进军，越过1918年的边界线，我们就要对芬兰宣战。麦斯基先生当然不能放弃立即开辟第二战场的要求，而继续争辩是无益的。

9月15日，我又收到斯大林发来的一封电报。

我曾在上次电报中说明苏联政府的观点，即为了我们的共同事业，开辟第二战场是改善局势的最根本方法。而你在来电中再次强调目前不可能开辟第二战场，作为回答，我只能重申，没有第二战场，只会对我们共同的敌人更有利。

我毫不怀疑，英国政府愿意苏联获得胜利，并正在寻找达到这一目的的途径和方法。据他们所设想的那样，如果目前不可能在西欧开辟第二战场，是否还能够找到其他方法给予苏联以积极的军事援助？

在我看来，英国无需冒任何风险派遣25～30个师在阿尔汉格尔斯克[1]登陆，

[1] 位于今天俄罗斯北德维纳河河口附近，是二战期间盟国物资进入苏联的重要口岸。

或者取道伊朗运往苏联南部地区。

这样，英苏两国的军队就可以在苏联的国土上建立军事合作。在上次大战时，类似的情况曾在法国出现。这个办法对我们来说，会起到很大的帮助，也会是对希特勒侵略行为的一个沉重打击。

“俄罗斯虽大，背后就是莫斯科”，二战时期苏联最有名的宣传照之一（佚名拍摄）

10月2日，我从罗斯福总统那里获悉了美国生产坦克和飞机的计划。从1942年7月到1943年1月为止，美国每月会将1,200辆坦克分配给英苏两国，并在以后6个月内提高至每月2,000辆。美国通知其派往莫斯科的代表团，可以答应从7月1日起每月供给苏联400辆坦克，并在同我们的代表讨论后，增加这一日期之后的供给数目。美国应当能够履行这项增加坦克供应的义务，因为当时它的坦克生产量增加了一倍，每月生产的坦克将达到2500辆以上。

总统又告诉我，他已经答应，美国从1942年7月1日到1943年7月1日为止，向苏联前线提供超出商定数目的飞机，共计3,600架。结果，美国和苏联在莫斯科达成了一项友好协议。有关方面签订了一项议定书，列举了1941年10月到1942年6月期间英国和美国能够向苏联供应的物资。这使我们由于极度缺乏军火而受到妨碍的军事计划被打乱了。一切都落在我们身上，我们不但要拿出我们自己的产品，还必须放弃本来美国运交我们的最重要的军火。

我的妻子深深地感到，德国军队潮水一般越过苏联的草原，而我们却不能给予苏联任何军事援助，几个月以来，全国人民越来越焦虑不安。我告诉她说，开辟第二战场是完全不可能的，因此，在一段长时期内我们能做的，只是大量运送各种供应物资。我和艾登先生鼓励她用自愿捐助的办法试着募集医药援助基金。后来，这件事由英国红十字会和圣约翰医院举办，而我的妻子应这个联合组织的邀请带头呼吁"援助苏联"。10月底，她在他们的帮助下发出第一次呼吁书。

人们立即作出了慷慨的响应。在其后的四年中，她热心而负责地投入这项工作中，募集了将近800万镑。虽然很多富人慷慨解囊，但资金大部分来源于广大群众从每周工资中节省下来的捐款。就这样，尽管北极运输船队遭受严重的损失，医药和外科器材、各种慰劳品和特制设备仍在红十字会和圣约翰医院的强大组织下，川流不息地通过多冰而危险的海洋，运到英勇的苏联人民手中。

第16章
日本与珍珠港

日本曾在1936年同德国缔结反共公约，这原来是由日本陆军省同代表国社党的里宾特洛甫背着双方当时的外交部长谈判的。这还不是同盟，但是它提供了同盟的基础。

1939年春季，以平沼男爵为首相的那个内阁里的陆相企图同德国缔结一个完全的军事同盟条约。由于海相米内大将的反对，他没有成功。在1939年8月间，日本不但从事于在1937年7月间开始的对中国的战争，而且也卷入了新成立的满洲国和外蒙古之间的边界问题的地方性的和苏联的敌对行动。沿着这个战火未熄的前线和它的后方，双方布置着大军。当德国在欧洲战事爆发的前夕，未经同它的反共伙伴日本协商或给予通知即同苏联签订互不侵犯条约时，日本人是有理由感觉受到了薄待的。他们同苏联的争论落到后面去了，而对德国则非常愤慨。英国对中国的支持与同情，使我们同昔日的盟国疏远起来，在欧洲战事的最初几个月内，我们同日本的关系已经不是友好的了。但是对德国的热情，在日本是很少有或简直是没有的。

平沼内阁由于德苏条约而“失掉面子”，因而不得不辞职。继任内阁由阿部大将任首相，阿部大将虽然是陆军出身（退役的），却算得是一位温和派人物，他于1940年1月为米内海军大将所接替，米内大将在任平沼内阁的海相时曾经反对同德国缔结同盟。在阿部和米内的政府，日本的政策是对欧洲中立，结合着日本本身继续进行对中国的战争。

但是不久，极度的动乱震撼了全世界。在希特勒的突击下，法国、比利时和荷兰沦陷了，英国在1940年秋季有被侵入和毁灭的可能，于是想念已久的一些灿烂计划由梦想变成了现实。从在远东拥有大片属地的法国、荷兰和很可能还有英国的崩溃中，日本是不是将一无所获呢？它的历史性的时机是不是已经来到呢？深沉的热情在陆军和民族主义的政界人士中激动起来了。他们要求日本立即开始南进，夺取法属印度支那、马来西亚和垂涎已久的荷属东印度。为了要强迫执行这个政策，陆相畑大将退出了内阁，因而迫使米内海军大将辞去首相职务。

清醒和慎重分子在日本从来不乏其人，他们要维持控制就受到了沉重的压力。元老推荐近卫公爵接替米内，近卫是一个少壮的贵族，同宫廷有密切关系，但是同陆军的领袖们也友好。他在职期间是从1940年7月起到1941年10月止。

他是一位非常受人尊敬和极其灵活的政治家，他的方法就是给陆军以一些象征性的满足，而不曾准许它把国家拖入一场大规模战争。在1940年夏季，近卫公爵设法约束陆军不对英国和荷兰的属地进行任何袭击。在另一方面，他却同意为了要在印度支那北部获得空军基地而对维希法国施加压力，并在9月间同德国和意大利缔结了三国同盟条约。这项条约规定日本在美国为了英国的利益而加入欧洲战争时，有站在轴心国的一边参战的义务。

在这个时期其他一些重大事件已更加明显。到1940年11月底，不列颠战役的结果以及希特勒从入侵英国的大话退回去，这在日本都被认作是头等重要的事情。英国对停泊在塔兰托的意大利舰队进行了成功的空袭，使几艘现代的第一级战列舰失去战斗力达数月之久一事，使日本海军深深地感觉到新式空军的威力和它能够做到的事情，特别是在用于突袭的时候。日本转而相信英国并没有完蛋，它无疑将继续战斗下去，并且的确正在变得更强了。在那里普遍感觉到，日本签订三国条约是一个错误。那里始终隐约出现了一种恐惧——害怕英帝国和美国联合行动，将两支海上最强大的海军联合起来，它们的资源一旦开发，将是不可计量和无以匹敌的。看来这种危险越来越近了。

1941年春季，近卫得到他的内阁的同意和美国开始谈判，以期解决两国间悬而未决的问题。值得注意的是，陆相东条大将这次支持近卫的政策而反对外相松冈，因而松冈的认为同美国的这种谈判违反日德同盟的一些声明被驳回了。

1941年7月间经济制裁的断然实行，使日本政局的内部危机达到爆发的关头。保守派分子震惊了，温和派的领袖们吓慌了。这已经牵涉到日本陆军在制定日本政策方面作为一个构成因素而在国内享有的威望问题。在此以前，海军曾经发挥它的约束力。但是美国、英国和荷兰所实行的禁运，断绝了海军的而且实则为日本的全部战争力量所依靠的一切石油供应。日本海军立即不得不专靠它的石油储备来维持，因而在太平洋战争爆发时已经在18个月的供应量中消耗了4个月的供应量。显然，这是一种束缚，在他们面前的选择就是对日本来说或者与美国达成协议，或者走向战争。

美国的要求限定日本，不但需他们在印度支那的新侵略方面撤退，而且也需从他们已经花费巨大，一直在那里进行了这么久的战争的中国本土撤退。这是一个合乎正义的但是严格的要求。在这种情况下，如果在外交上不能获得一种可以接受的协议的话，海军在战争政策上就与陆军联合一致。海军这时已经把它的航空队发展到具有高度进攻能力的这个事实，加强了他们采取这种行动方针的意志。

在日本统治人物的圈子里所进行的紧张辩论，一直延长到夏秋两季。我们现在知悉，不惜同美国一战的这个最主要问题，是紧接着禁运以后在7月31日讨论的。所有的日本领袖人物都清楚地看出，进行选择的时间是短促的。德国可能在日本实现它的任何野心以前就在欧洲获胜。日美政府间的谈判在继续进行。日本政界里的保守派人士和宫廷，则希望获得使他们能够控制国内主战派的一些条款。美国国务院和我一样，相信日本可能最终在美国压倒一切的力量面前退缩。

10月间，近卫公爵卸下了他的重担。他曾经要求同罗斯福在檀香山举行一次亲自会谈，他希望携同他的陆军和海军首长参加，以使他们在可能解决的事项方面受到约束。但是他的提议被总统拒绝了，于是陆军方面的舆论对这个明智的政治家的批评增加了。他的地位由东条大将所接替，东条大将同时任首相、陆相和内务相。按照现代习惯在战后被战胜国处以绞刑的这个东条大将在受审时说，他亲自接管内务省是因为“他面对着显示内部将有混乱的一种可怕趋势，如果决定和平而不是战争的话”。他奉天皇的命令，恢复同美国的外交谈判，但是同他的政府成员有一种默契，即在内阁的建议遭到拒绝时，日本将走向战争。在1941年11月间，当东条和幕僚长以战事或将难免告知天皇时，天皇表示希望仍可作进一步努力以避免这次战祸，但对东条说：“若事态果如你所说的，则除进行战争准备外，别无他法。”

我于11月初收到蒋介石将军关于日本人将在中国继续有所行动的一项措辞激昂的警告。他认为日本人已下决心从印度支那进攻，夺取昆明而切断滇缅公路。他呼吁英国从马来西亚空运援助。他在结束时说：

“乍看起来，你或许会以为正当贵国在欧洲与中东如此英勇作战之际，此事将使贵国卷入对日战争。余之所见不同。余不信当中国坚持抗战之时，日本尚自觉有进攻能力，惟一旦无此顾虑，彼当于其认为适当时机进攻贵国……中国业已达到抗战之最严重关头。目前能否保卫至新加坡与缅甸之陆上通路，首先须视英美是否愿意合作以保卫云南为断。倘若日本人在此处突破战线，则吾人与贵国之联系将被切断，而贵国同美国与荷属东印度在空军与海军方面进行协调之全部机构将以新方式并从新方向受到严重威胁。余愿尽一切力量以表示余之信念，即畀予中国以余所述之援助实属明智与有远见之举。能使日本溃败并保证现时抵抗侵略之国家获胜，舍此别无他途。切盼见复。”

除了把这项警告转给总统外，我没有更多作为。

总统于11月9日答复说，虽然低估这种威胁的严重性会铸成大错，他却怀疑日本所作的由陆路向昆明进攻的准备会不会证明日本即将推进。他将竭力根据《租借法案》来援助中国，并在中国成立美国志愿空军。他觉得照日本的情形，任何“新的拘于形式的口头警告或劝诫”至少会具有产生出相反效果的均等机会。“整个问题将由我们加以持续和认真的注意、研究和努力”。

我以重复说明这项谨慎回答的要点的方法来竭力安慰那位大元帅。我们除了继续实行我们在远东的海军计划，并让美国去试行以外交方法尽可能长久地使日本在太平洋上保持平静以外，别无方法可循。

11月25日，总统发给我一封电报，说明谈判的情况。日本政府曾经提议在同中国谋取全面解决或全面恢复太平洋地区的和平以前，自印度支那南部撤退，而在全面恢复太平洋地区的和平之时，日本将准备从印度支那完全撤退作为回报，美国应以石油供给日本，避免干涉日本在中国恢复和平的努力，协助日本获得荷属东印度的产品，并把日美两国间的商务关系置于正常基础之上。双方应同意在东北亚和南太平洋地区不作任何“武装进展”。

接着，美国打算提出一个反建议，一般地接受了日本照会中的条件而简要地提出专门条件，附于日本自印度支那南部撤退的条款之后，而并不提及中国局势。美国准备接受把原来的冻结命令加以修正的一项有限的经济协定。例如石油只可以按月供平民的需要而运出。美国的这项建议的有效时期将为三个月，并基于这样的一种谅解，即在此期间将讨论包括整个太平洋区域在内的全面解决办法。

当我读到昔日称为、而现在仍然称为“暂定条约”的这项草拟的复文时，我认为它是不适当的。荷兰和澳大利亚政府，尤其是蒋介石都有这个意见，蒋介石曾以一项激烈的抗议送达华盛顿。但是我深深地觉察到当我们就单靠美国去决定行动的一个问题对他们的政策加以评论时，我们所必需遵守的那些限制。我了解到随着“英国人正力图把我们拉入战争”的这种想法而来的危险。因此，我就不去触动这个问题，就是说，把这个问题听凭总统去处理，于是我只提到中国方面而发给他下列电报：

前海军人员致罗斯福总统：

今晚收到你关于日本的电报，也收到了哈利法克斯勋爵关于讨论情形和你对日本的反建议的详细报告……当然，处理这事，全在于你，而且我们的确不需要再多打一场战争。只有一点使我们不安。蒋介石怎样呢？他不是正处于难以维持的境地吗？我们所焦虑的就是中国。如果他们崩溃，我们的共同危险将会大大增加。我们确信美国对于中国事业的关心将支配你们的行动。我们觉得日本人对他们自己是最没有信心的。

1941年11月26日

就在11月26日那天，赫尔先生在国务院接见了日本的特使们。他甚至连总统于11月23日电告我的那个暂定条约都没有对他们提到。相反，他交给他们这个“十点照会”。其中两点如下：

日本政府将从中国和印度支那撤退所有的陆军、海军、空军和警察部队；

美国政府和日本政府将不在军事、政治和经济上支持除首都临时设在重庆的中国国民政府以外的在中国的任何政府或政权。

特使们都“目瞪口呆”，极其狼狈地退出去了。这可能是真诚的。他们之所以被遴选，大都是由于他们以谋求和平和温和人士而著名，因而可以哄骗美国不加防备，直到一切都决定下来和一切都准备好了为止。他们不大知道他们的政府的全部心意。他们做梦也想不到赫尔先生在这方面所知道的事要比他们多。美国人从1940年底起就已经破获了日本的重要的密码，而一直在译出大量的他们的军事和外交电报。

在秘密的美国人圈子里说到这些电报时称作“魔术”。美国人把“魔术”对我们复述一遍，但是在我们收到以前，有不可避免的延迟——有时是两三天。因此，我们在任何特定的时刻并不知道总统或赫尔先生所知道的全部事情。我对此并无怨言。

在那同一个下午，总统以下列电报发给驻菲律宾的高级专员：

准备工作正日益明显……以便在最近作出某种性质的侵略行动，虽然直到目前还没有清楚的迹象表明这次行动的实力，或者它将指向滇缅公路、马来半岛、荷属东印度，还是菲律宾群岛。向泰国推进，似乎是最可能的。我认为下一次日本的侵略有引起美日之间爆发敌对行动的可能。

当我们的大使哈利法克斯勋爵在11月29日访问美国国务院时，赫尔先生对他说，来自日本的危险“就悬在我们头上了”。“我们同日本的关系中的外交方面现在实际上已经结束。问题将由陆军和海军的官员们去处理，我已经同他们谈过……日本可能在出乎我们意料的时机突然行动……我认为，日本人认识到他们现在全面地重新开始的无限制征服的方针可能是孤注一掷，因而需要最大的勇气并做最大的冒险。

他又说：“当丘吉尔收到蒋关于暂定条约的强烈抗议时，如果他给蒋一封强硬电报使之振作起来，以日本人和美国人正在显示出来的那样的热情去战斗，那就会更好一些。他没有这样做，而是把这项抗议转交给我们，而从他那方面并不反对……。”

我不知道日本的计划已定，也不知道总统的决心已经达到什么程度。

11月30日，午后不久（美国时间），赫尔先生访问总统，总统的桌上放着我在昨夜发出的同日电报。他们认为我关于对日本提出一个联合警告的建议不会有任何好处。这也不会使我们感到惊奇，这时在他们的面前已经有了一封截获的电报，这封自东京发至柏林、日期也是11月30日电报，告诉日本驻柏林大使向希特勒和里宾特洛甫作如下的通知：

非常秘密地对他们说，存在着通过某一场军事冲突而使盎格鲁撒克逊国家和日本之间的战争突然爆发的极度危险，并附带说明这个战争爆发的时间可能比任何人梦想到的来得更快。

我于12月2日收到这类电报的译文。这不需要英国采取任何特别行动。我们只需等待而已。日本的航空母舰舰队事实上已经在11月25日载着即将袭击珍珠港的全部海军航空队起航了。当然，这支舰队是仍然受东京的约束命令和支配的。

12月1日在东京举行的一次御前会议，作出了对美国开战的决定。按照东条在受审时的作证，天皇未发一言。在随后的一周中，太平洋上如死一般地沉寂。可能用外交方式来解决的那些方法都一一试过了。这时，还没有任何军事侵略行动发生过。我最深的忧虑就是日本人会向我们或荷兰人进攻和宪法上的困难会阻止美国参战。

美国领袖人物了解到这可能意味着日本将征服许多广大地区，如再结合着德国侵苏的胜利和以后英国的被侵入，那将使美国单独地面对着洋洋得意的侵略者们的势不可挡的联合力量。那么，不但那些处于危险中的伟大道德事业将要被抛弃，就是美国和至今才对他们的危险有了一些觉醒的美国人民的生命也可能遭到毁灭。总统和他所信任的朋友们长久以来就认识到在反抗希特勒和希特勒所主张的一切事情的战争中美国守中立的严重危险性，并且由于国会的掣肘而辗转不安。这个国会的众议院就在几个月以前只以一票的微弱优势通过了必须恢复的强迫兵役制，如果不恢复这个制度，他们的陆军就已经在世界动乱当中几乎瓦解了。罗斯福、赫尔、史汀生、诺克斯、马歇尔将军、斯塔克海军上将和作为他们大家的联系人物的哈里·霍普金斯，都是同心同德的。后代的美国人和各地区的自由人民将因他们的先见而感谢上帝。

日本对美国的袭击，使美国的问题和任务大大地简单化了。美国对于这次袭击的实际形式，甚至它的规模，与对于整个美国国家为了它本身的安全而将空前团结在一项正义的事业中这个事实比起来看得非常之不重要，我们怎么会对此感到惊奇呢？据他们看来，如我所见一样，日本去袭击美国，并和它开战，这无异于自杀。再者，关于敌人全部的和最近的目的，他们比我们在英国知道得更早。我们想起克伦威尔在注视着苏格兰军队从邓巴的高岗上往下进扑时怎样地大声呼道：“上帝已经把他们交到我们手里来了。”

我们也一定不可以容许利用外交来往的详细叙述来把日本描绘成一个受害的无辜者，说它不过是要借着欧洲战争的机会来求得适度的扩张或分润，而这时遇到美国向它提出了不能期望它的被狂热地鼓动起来的、而且有了充分准备的人民接受的一些建议。多年以来，日本一直以它的恶意侵略和征服在折磨着中国。此时，由于它强占印度支那而在事实上以及由于签订三国协定而在形式上都已经同轴心国家共一命运了。让它去做它敢于做的事而承担一切后果吧。

日本竟会同英美开战，并且可能终将同苏联开战，因而自取灭亡，这曾经似乎是不可能的。日本宣战是和理性不相容的。我确信由于这样的一次冒进，它将遭到毁灭达一个世代之久，而这已经被证明是真实的。但是各国的政府与人民并不总是作出合乎理性的决定的。有时，他们作出疯狂的决定，或者一派人掌了权而强迫所有别的人服从他们，并帮助他们去做愚蠢的事。我曾经毫不迟疑地一再叙述到我不认为日本将做出疯狂行动的信念。不管我们怎样诚恳地力图设身处地为别人着想，我们都不能察看到为理性所无法解释的人类思维和幻想的过程。然而，疯狂是一种灾害，它在战争时使人去谋求突袭的便宜。

那是1941年12月7日周日晚间。首相别墅中只有怀南特和艾夫里尔·哈里曼同我在一起用膳。我在9时的新闻节目开始后不久，就拧开我的无线电小收音机。有许多项关于苏联前线和在利比亚的英国前线战事的消息，在这以后有几句话说到日本人在夏威夷袭击美国船只，以及在荷属东印度也袭击了英国船只。接着有一项声明，说在新闻节目以后将有某某先生作评论，然后将开始听众问题解答节目，或诸如此类的话。我个人并没有感到任何直接的印象，但是艾夫里尔说这件日本人袭击美国人的事情是有点重要性的，因而我们不顾疲劳和休息都坐着不睡。

1941年12月8日，美国国会以只有一票反对通过了对日宣战决议，罗斯福当即签署了宣战书（佚名拍摄）

这时，听到消息的膳司索耶斯走进房间说："十分确实。我们在外面亲自听到这个消息。日本人已经袭击了美国人。"大家沉默。在11月11日伦敦市长官邸的午餐会上，我曾经说过，如果日本人进攻美国，英国将接着"在一小时内"宣战。我从桌旁立起，走过客厅到办公室，这个办公室是经常在工作的。我要求接通总统的电话。那位大使随我出来，他猜想我将采取某种不可挽回的行动，就说，“你不认为最好先证实一下吗？”

两三分钟后，罗斯福先生的电话接通了。“总统先生，这件关于日本的事是怎么一回事？”“十分确实。”他回答说，“他们已经在珍珠港向我们进攻。现在，我们大家是风雨同舟了。”

我让怀南特去听电话，他们对讲了几句，这位大使最初说“好，”“好”——然后显然更严肃了，叫了一声“啊”。

我再继续说“这肯定使事情简单化了。愿上帝保佑你”，或大意如此的一些话。然后我们回到客厅里，试图把我们的思想整顿一下，以适应这已经发生了的世界头等大事，此事具有如此骇人听闻的性质，甚至使那些接近中枢的人物也吃惊得目瞪口呆。我的两位美国朋友以令人钦佩的刚毅精神忍受这次震惊。我们还不知道美国海军已经受到什么严重的损失。他们不曾悲叹他们的国家已经处在战争中。事实上，人们几乎可以认为他们是从一种长期的痛苦中得到了解救。

我打电话给外交部，要他们毫不耽延地准备办理对日宣战事宜（在这方面是有一些手续的），以便及时赶上国会开会，并且一定要召集并通知战时内阁的全体成员，以及我正确地认为已经获得消息的三军参谋长和陆海空军各大臣。

我把这事做好以后，我的思想就立刻转到一向萦萦于怀的事情，马上发报给德瓦莱拉先生[1]……我也想到在奋斗中的中国，因而致电蒋介石说：

英帝国和美国已经受到日本的攻击。我们一向是朋友，而现在，我们面对着一个共同的敌人。

1941年12月8日

没有一个美国人会认为我是不对的，如果我宣布说，有了美国在我们这一边，这对我来说是最高兴的事。我不能预言事件的发展如何。我并不擅自以为已

[1] 爱尔兰自由邦的行政首领。

经精确地衡量过日本的武力，但是现在，就在这个时刻，我知道美国已经完全和拼命到底地投入了这场战争。因此，我们终于赢得了胜利！

是的，经过敦刻尔克，经过法国的崩溃，经过在奥兰的那次可怕的插曲，经过入侵的威胁，当时，除了空军和海军以外，我们是一个几乎没有武装的国家；经过那潜艇战的生死搏斗——险些输掉的第一次大西洋战役；经过17个月的孤单奋战和19个月在可怕的苦难中由我负荷的艰巨。我们已经战胜了。英格兰将生存下去，不列颠将生存下去，联邦和英帝国将生存下去。

战争会持续多久，或者它会怎样收场，没有人能够预言，而且在这时我也不关心这样的问题。在我们悠久的岛国历史中，不管我们受到怎样的创伤和毁坏，我们将再次以安全和胜利的姿态出现。我们不会被消灭。我们的历史不会结束。我们在孤立无援时，甚至都不会死亡。希特勒的命运已经决定了。墨索里尼的命运已经决定了。至于日本人，他们将要粉身碎骨。其余的一切只不过是把占压倒优势的力量予以恰当的运用罢了。

据我所见，英帝国、苏联，现在又加上美国，他们戮力同心，生死与共，具有两倍或者甚至三倍于他们的敌人的力量。无疑地，这将要经过一个漫长的时期。我预料东方将会遭到可怕的损失，但这一切只不过是一种暂时的局面。我们团结起来，就可以战胜世界上的其他一切人。我们前面还有许多灾难和无法估量的损失与艰苦，但是对于结局已不再有什么疑虑了。

愚蠢的人不在少数，而且不仅敌国才有，他们可能低估美国的力量。有些人说，美国是软弱的，有些人说，他们永远是不团结的。他们将在远处闲逛。他们将永远不会与人揪成一团。他们永远经不起流血牺牲。他们的民主政治和定期选举制度，将使他们的战争努力瘫痪。他们在敌友的眼中，都将不过是地平线上的一个模糊的斑点。现在，我们应当可以看出这个人数众多，但是遥远的、富足而健谈的民族的弱点来了。可是我曾经研究过战到最后一寸土地的美国南北战争。

美国人的热血曾经在我的血管中流动。我想起爱德华·格雷[1]在30多年前对我讲过的一句话——美国好像“一只巨大的锅炉。一经在它下面生起火来，就能够产生无穷的力量”。当我去睡觉的时候，心中充满了并且洋溢着感情与感想，所以睡了一个得到拯救而心怀感激的人所睡的觉。

我们在一段时期内没有听到关于在珍珠港发生的事情的详细情况，但是现在，其经过已经有了详尽的记录。

直到1941年年初为止，日本对美国的海军作战计划是，当美国人可以预料到的那样打开一条通路以横渡太平洋来解救他们在这个前哨据点的守军的时候，由他们的主力舰队在菲律宾附近的海面上作战。突袭珍珠港的念头是日本海军总司令山本大将想到的。在任何方式的宣战以前，这种奸险袭击的准备是极其秘密地进行的。

到了11月22日，由六艘航空母舰组成的一支袭击舰队，连同由战列舰和巡洋舰组成的支援舰队，就在日本本部以北、千岛群岛中的一个人迹罕至的碇泊地点集中了。袭击日期已经定为12月7日（周日），于是在11月26日（东半球日期），这支舰队就在南云海军大将指挥下起航。保持在夏威夷以北很远的地方，在这北纬区域的大雾暴风下，南云驶近了他的目标而没有被发觉。

在那不祥的一天，日出以前，进攻是从珍珠港以北约275英里的位置上发起的。有360架飞机参加，包括在战斗机掩护下的各式轰炸机。上午7时55分，第一颗炸弹落下。港内有美国海军舰艇94艘。在这些舰艇当中，太平洋舰队的8艘战列舰是主要目标。幸而航空母舰连同强大的巡洋舰队，因在别处有任务，不在港内。

这次袭击的经过经常被叙述得有声有色。这里说明突出的事实，并记下日本飞行员的残酷的效能就足够了。到上午8时25分，第一批鱼雷和俯冲轰炸机已完成了袭击。到上午10时，战斗已经结束，敌人撤走了。在他们的后面留下了被

[1] 爱德华·格雷（1862—1933年），英国资产阶级政治家，曾任英国外交大臣和英国驻美大使。

炸得七零八落而笼罩在一片火与烟之中的一支舰队和美国的复仇心。战列舰“亚利桑那”号已经炸毁，“俄克拉荷马”号已经倾覆，“西弗吉尼亚”号和“加利福亚”号已经在停泊地点沉没，并且除了在干船坞的“宾夕法尼亚”号以外，其他的每一艘战列舰都受到重伤。有2,000多美国人丧失性命，将近2,000人受伤。太平洋上的优势已经转入日本人手中，在战略上的世界力量对比暂时起了根本的变化。

美国珍珠港海军基地遭到轰炸时的情景（佚名拍摄）

我们的美国同盟国还有着另外一系列的不幸事件。

在麦克阿瑟将军担任司令的菲律宾群岛方面，曾经在11月20日收到指出在外交关系方面将有严重变化的一项警告。

指挥着实力有限的美国亚洲舰队的哈特海军上将曾经和邻近的英荷海军进行磋商，并按照他的作战计划，开始把他的舰只向南散开，以图在荷属海面上联合他的未来的盟友集结为一支袭击舰队。他可以调度的舰只除12艘旧式驱逐舰和各式辅助舰只外，只有重巡洋舰1艘和轻巡洋舰2艘。他的实力差不多完全在于他的潜艇，共有28艘。

12月8日凌晨3时，哈特海军上将截获了一个说到袭击珍珠港这项惊人消息的电报。他没有等待华盛顿方面证实，就立即警告一切有关方面，说明敌对行动已经开始。黎明时，日本的俯冲轰炸机来袭了，在以后几天内，空袭始终在越来越大的规模上继续进行着。

12月10日，在喀维特的海军基地完全被焚毁。同日，日本人在吕宋岛北部首次登陆。灾难在迅速地增加。美国的大部分战机在战斗中或在地面上被击毁，到12月20日，美国空军的残余部分已经撤退到澳大利亚的达尔文港。哈特海军上将的船舰已经在几天以前开始向南散开，只留下潜艇来同敌人在海上较量。12月21日，日本入侵部队的主力在林加延湾登陆，直接威胁马尼拉。此后，事态的发展一如已经在马来西亚进行着的那样，但据守时间则较长。

这样，日本长期以来蓄谋的计划在一片胜利的火焰中爆发了，然而这不是终局。

希特勒和他的僚属都吃了一惊。约德尔在受审时说到希特勒怎样“为了传达这个消息给凯特尔元帅和我本人而在深夜来到我的地图室。此事完全出乎他的意料之外”。然而他在12月8日早晨就命令德国海军对不论在什么地方发现到的美国船只施行袭击。这是德国正式对美国宣战的三天以前的事。

第17章
《联合国公约》签字

罗斯福总统向我提出的第一个主要计划就是起草一项将由所有对德国、意大利或日本作战的国家签字的庄严宣言。

总统和我重复应用我们制定《大西洋宪章》的方法，各自把宣言稿准备好，再把它们合在一起。在原则、感情，以及确实的文字上，我们是完全一致的。在英国国内，战时内阁对于计划成立的大同盟的规模感到既惊奇又震动。当时曾有很多迅速的电讯来往，并且关于哪些政府和当局将在宣言上签字，以及对于先后次序也出现了一些困难。我们欣然把首位给予美国。战时内阁非常正确地不愿把印度作为一个独立的主权国家包括在内。赫尔先生反对插入“当局”字样，我用这个名词的意思是要包括“自由法国”运动的组织在内，而这个组织在那时是不得美国国务院欢心的。

这是我第一次会见科德尔·赫尔先生，我同他进行了几次会谈。据我看来，他当时的观点并不完全接近总统。在许多大事件当中，有一个小事件似乎支配着他的思想，这点使我惊异。在我离开英国以前，戴高乐将军曾经通知我们，他想去解放由维希总督罗贝尔海军上将据守的圣皮埃尔岛和密克隆岛。“自由法国”的海军舰队是完全有能力去做这件事的，并且英国外交部也看不出有反对的理由。但美国国务院却想让一支加拿大远征军去占领。因此，我们要求戴高乐停手，然而，他却命令他的海军上将米塞利埃攻取了这些岛屿。“自由法国”的水兵们受到人民的热烈接待，仅在一次公民投票中就有90%的多数反对维希当局。

这事对赫尔先生没有产生什么影响。他认为国务院的政策已经遭到触犯，并在圣诞节发表一个声明："据我们初步的消息表明，所谓自由法国的船只在圣皮埃尔岛和密克隆岛采取的行动是一种专断的行动，它违反一切有关方面的协议，并且未经美国政府事前知晓或任何意义上同意。"他意欲把"自由法国"逐出他们从维希政府手中解放出来的这两个岛屿，但美国舆论却强烈地持另一种看法。在这一重大时刻，他们为看到这两个岛已经获得解放感到很高兴。因为设在这些岛上有一个正在向全世界散布维希的谎言和毒素的并很可能发出秘密信号给追猎美国船只的德国潜艇的可恶的电台，从此以后将沉寂无声了。"所谓自由法国"一词几乎引起了普遍的愤慨。

赫尔先生的真正才能我是知道的，我对他怀有最大的敬意，但我认为他把至多不过是一个部门的问题推到远远超出了它的范围的地方去了。在我们日常谈话中，我看出总统对于这全盘事情是不满意的。总之，有很多其他的烦恼缠绕着我们，或者即将落到我们的头上来。我在外交部的强烈敦促下，支持了戴高乐将军和"所谓"自由法国。关于这件事，美国和法国的书籍曾经有许多篇章的叙述，但是我们的主要讨论并没有因为这一事件而受到丝毫影响。

我是在心情激动的情况下去履行对美国国会演说邀约的。对于我所确信的英语民族战无不胜的联盟来说，这个场合很重要。我从来没有对一个外国议会演说过。但就我个人而言，因为我母亲那面的男性世系上溯五代是一位在乔治·华盛顿的军队里服役的尉官，所以就有可能感到有血统上的权利对我们的共同事业中的这个伟大共和国的代表们发表演说。事情居然有这样的发展，这的确很奇特。

我花费圣诞日的大部分时光来准备我的演说。12月26日，当我在参众两院领袖陪同下从白宫向国会议事厅出发时，总统祝我幸运。那些广阔的大道边沿似乎有大批群众，为了安全而采取的预防措施（这在美国是远超出英国习惯做法的）却把他们隔开很远，有两三辆满载着武装便衣警察的汽车聚集在我们周围护卫。我下车后，出于一种强烈的兄弟情感，我想走到欢呼的群众面前去，但人们不允许我这样做。议事厅里的情景是动人而非同寻常的，我从一排扩音器看出去所见的那个半圆形大厅已经挤满人了。

我必须承认我觉得十分自在，比有时在英国下院还感到更加自信。人们以最大的善意和注意力来听取我所说的话。

在我的演说中，人们正好在我所期望的地方发出笑声和鼓掌声。声响最大的反应是在我说起日本暴行喝问“他们把我们当作怎样的一类人看待”的时候。在这个庄严的集会中，我不断地意识到美国这个国家的能力和意志力。谁还怀疑一切将会好起来呢?

我结束演说时这样说：

“参议院和众议院的议员们，请容许我再费片刻时间从目前的纷争和动乱转而谈到未来的更广泛的基础。我们正在这里共同抵御一群要毁灭我们的强大敌人，我们正在这里共同保卫自由人所珍视的一切。仅仅一个世纪之中，世界大战的灾难已经有两次降临到我们头上。在我们一生之中，命运之神的长臂已有两次伸过大洋来把美国拉入战争的最前线。如果我们在上次战争以后就团结在一起，如果我们为了本身安全而采取了共同措施，这次祸患的再次发生是我们决不会遭遇到的。

“难道我们对自己，对我们的子女，对遭受苦难的人类，不负有确保这些灾难不致第三次吞没我们的义务吗？恶性疫病可以在旧世界爆发而把破坏性的灾害带到新世界来，一旦开始蔓延，新世界就无法逃避，这已经得到证明了。我们为职责和谨慎所驱使，必须：

“第一，经常地和警觉地把憎恨和复仇的病源中心地区加以检查与及时处理。

“第二，成立一种适当组织，以确保这种疫病可以在它开始发生的最早时期，在它还没有蔓延和猖獗于全球的时候，就受到控制。

“五六年前，美国和英国可以不流一滴血而很容易地坚持要德国履行在世界大战后它所签订的条约中关于裁军的条款，并有机会去保证德国获得我们在《大西洋宪章》中所宣布过的不应不让任何国家（无论战胜国或战败国）享有的那些原料。那个时机已经过去了，一去不复返了。再把我们联合在一起需要大力槌击，或者，如果你们容许我用别的语言，我就说，这人一定是心灵受到蒙蔽，如果他看不出在这个世界上有某种伟大的目标和计划正在完成，而我们将荣幸地成为它的忠诚服务者。我们并未得到能窥测未来奥秘的天赋，但我仍然要声明我的坚定和不可侵犯的希望与信念，即在未来岁月中英美两国人民为了本身的安全和共同的利益，将要庄严、正直与和平地并肩前进。”

后来，那些领袖随我一同出来并走近围绕着议事厅的群众，使我能够对他们致以亲切的问候。然后，秘密警察和他们的汽车又在我们的左右护卫行驶，把我送回白宫。总统听了我的演说，他告诉我，我讲得很好。

当我回到白宫时，在《联合国公约》上签字的一切手续都准备好了。华盛顿、伦敦和莫斯科之间有过许多电报来往，但这时，一切问题都解决了。总统曾经以最大的热诚努力说服由于时局转变而再次得势的苏联大使李维诺夫接受“宗教自由”一语。因此，他被特地邀请到总统室里和我们共进午餐。他在本国有过艰苦的经验，不得不小心从事。后来，总统单独和他长谈，涉及他的灵魂问题和地狱之火的危险问题。罗斯福先生有几次对我们谈起他对这位苏联人说的话，给我们以深刻的印象。

的确，我有一次对罗斯福先生作出许诺——如果他在下次竞选总统时失败，我当推荐他担任坎特伯雷大主教。但我并没有就这点向内阁或国王作任何正式推荐，由于他在1944年的竞选中获胜，这个问题就没有发生。李维诺夫显然在恐惧和战栗中就“宗教自由”问题向斯大林报告，斯大林却把它当作一种理所当然的事接受了。

战时内阁也提出了他们关于“社会保障”的论点，我是第一次《失业保险法》的起草人，所以真诚地同意了。经过在一周中大量的电报来往于世界各地之后，在大同盟的所有国家之间达成了协议。

“联合国”的名称是由总统提出，用来代替“协约国”这个名称。我认为这是一个重大的改进。我指出拜伦的《蔡尔德·哈罗德游记》一诗中的几行给我的朋友看：

这里，联合国拔出刀来的所在，

我们的同胞们那天在战斗！

这是许多将永垂不朽的事——

而且一切都将永垂不朽。

1月1日早晨，坐在轮椅上的总统被推到我这里来。我从浴室出来，同意了宣言草稿。单凭宣言本身并不能赢得各次战役的胜利，但它说明了我们是怎样的人以及我们作战的目的。随后，在那天，罗斯福、我、李维诺夫和代表中国的宋子文在总统的书房里签署了这个庄严的文件。汇集其余20个国家的签字的任务留给国务院去办了。这里得将宣言的最后用文本记录下来。

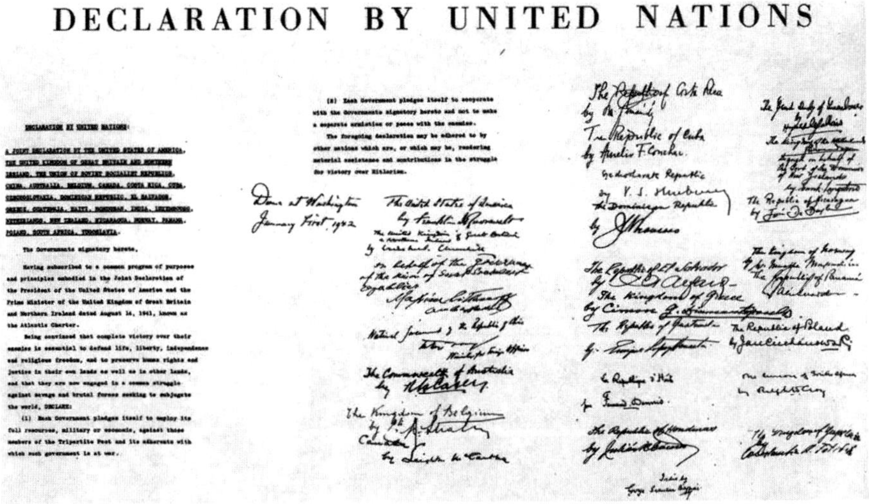
DECLARATION BY UNITED NATIONS

DECLARATION BY UNITED NATIONS:

A JOINT DECLARATION BY THE UNITED STATES OF AMERICA, THE UNITED KINGDOM OF GREAT BRITAIN AND NORTHERN IRELAND, THE UNION OF SOVIET SOCIALIST REPUBLICS, CHINA, AUSTRALIA, BELGIUM, CANADA, COSTA RICA, CUBA, CZECHOSLOVAKIA, DOMINICAN REPUBLIC, EL SALVADOR, GREECE, GUATEMALA, HAITI, HONDURAS, INDIA, LUXEMBOURG, NETHERLANDS, NEW ZEALAND, NICARAGUA, NORWAY, PANAMA, POLAND, SOUTH AFRICA, YUGOSLAVIA.

The Governments signatory hereto,

Having subscribed to a common program of purposes and principles embodied in the Joint Declaration of the President of the United States of America and the Prime Minister of the United Kingdom of Great Britain and Northern Ireland dated August 14, 1941, known as the Atlantic Charter.

Being convinced that complete victory over their enemies is essential to defend life, liberty, independence and religious freedom, and to preserve human rights and justice in their own lands as well as in other lands, and that they are now engaged in a common struggle against savage and brutal forces seeking to subjugate the world, DECLARE:

(1) Each Government pledges itself to employ its full resources, military or economic, against those members of the Tripartite Pact and its adherents with which such government is at war.

(2) Each Government pledges itself to cooperate with the Governments signatory hereto and not to make a separate armistice or peace with the enemies.

The foregoing declaration may be adhered to by other nations which are, or which may be, rendering material assistance and contributions in the struggle for victory over Hitlerism.

Done at Washington January First, 1942

《联合国宣言》影印文件，各国领导人签名清晰可见

美利坚合众国、大不列颠及北爱尔兰联合王国、苏维埃社会主义共和国联盟、中国、澳大利亚、比利时、加拿大、哥斯达黎加、古巴、捷克斯洛伐克、多米尼加共和国、萨尔瓦多、希腊、危地马拉、海地、洪都拉斯、印度、卢森堡、荷兰、新西兰、尼加拉瓜、挪威、巴拿马、波兰、南非和南斯拉夫联合宣言。

本宣言签字国政府，对于1941年8月14日美利坚合众国总统和大不列颠与北爱尔兰联合王国首相的称为《大西洋宪章》的联合宣言中所包括的关于目的和原则的共同纲领，已经表示同意。

我们深信为了保卫生命、自由、独立与宗教自由，为了保全本土和其他地区内的人权与正义，取得对敌国的完全胜利是十分重要的，我们深信现在正从事于一场反对企图征服世界的野蛮和残暴势力的共同的斗争，特此宣告：

一、每个国家的政府保证使用它的军事的或经济的全部资源，来反对同它处于战争状态下的三国公约成员国及其附从国家。

二、每个国家的政府保证同本宣言各签字国政府合作，并不与敌国单独停战或媾和。

凡在战胜希特勒主义的斗争中，正在或可能作出物质上协助和贡献的其他国家，都可以参加以上宣言。

第18章 北非、东南亚和大西洋上的挫折

军事上的灾难再度摧毁了1942年英国在沙漠地区的整个战役。在这悲惨的1月份中，究竟发生了些什么事情，值得我老老实实地叙述一番。

1月9日，奥金莱克将军打电报到华盛顿给我，在叙述他的部署之后，报告情况如下。

关于敌军可能的行动预测如下。

坚守阿盖拉—马腊达战线。意大利第十军团连同布雷西亚、帕维亚两个师，守卫阿盖拉地区，由德军第九十轻快师人员增强之。意大利机动军，连同特兰托、的里雅斯特两个师和德军第九十轻快师人员，驻在马腊达，阻挡我军从南面包围阿盖拉。德军第十五和第二十一装甲师，可能还有阿里埃特装甲师为后备，准备反攻。

当时我在白宫的地图室内办公，不难看出这些语不惊人的电报意味着什么。我在1月11日致奥金莱克将军的电报中说：

“我恐怕此电收到时，敌军七个半师大部分已乘机逃逸，现在还正在沿交通线退却。我也注意到，九艘万吨商船据报告已安抵的黎波里。大家明白，你以为你直走阿卜德这一路线，定能切断隆美尔的意大利步兵部队，但现在看来，他们漏网了。这种种情况将使“杂技家”计划（长驱直入的黎波里）受到怎样的影响呢？我敢断定，你和你的部队已经竭尽人力，但我们必须正视事实，它们会大大影响“体育家”和“超体育家”计划。”

这里必须再度注意到海上战争对于第八集团军的重大影响。K舰队（马耳他舰队）的覆没，随之在12月19日“海王星”号巡洋舰于的黎波里附近水雷区内的丧失，使敌护航舰队能够满载重要的供应物资通过海面，在危急关头去补充隆美尔的军队。

请记住，“体育家”是我们在法属北非援助魏刚将军的计划，如果他乐于接受的话。为此，我们命令一个装甲师和三个野战师整装待命，一接到通知就从英国启程。我们还让一个相当人数的空军分遣队整装待命。魏刚和维希都没有好好答复我们的提议，但我们一直希望隆美尔被打败，以便我们能进驻的黎波里，长驱直入突尼斯，这就会鼓励他们或两者之一改弦更张。“超体育家”是英美干涉法属北非的更远大的计划，我早已觉得罗斯福总统对此极为赞同，我虽在12月16日的文件里提出，把它当作1942年战役中英美在西方主要的两栖作战。因此，敌人在阿杰达比亚的坚决抵抗和他们有条不紊地撤到阿盖拉，对于我和我一切的想法来说，要比在沙漠地区仅仅阻碍我们向西进展，有着更为重大的意义。事实上，我和总统讨论的全部计划中，这是一个不利之处。然而从奥金莱克将军以后拍来的电报看来，好像诸事顺利，决定性的行动已迫在眉睫了。

从1月12日到1月21日，隆美尔的部队在阿盖拉阵地上不见动静，而从地中海到南边名叫“利比亚沙海”的地方保持着长约50英里的缺口。这条战线上的盐田、沙丘和小峭壁都有利于防守，敌人小心翼翼，用了地雷和铁丝网来加强它们。奥金莱克将军觉得在2月中旬以前，还不能袭击这个阵地。

在此期间，他派了警卫旅的两个主力营和第一装甲师的支援部队同隆美尔的军队相周旋。在此背后，差不多90英里之外的安特拉特驻扎着梅塞维将军指挥的英国第一装甲师的剩余部队。这些部队，连同驻在班加西及其以东地区的第四英印师组成了第十三军，由戈德温–奥斯汀将军指挥。这一军分散得很广，由于后勤上的困难，造成了前线薄弱、援军遥远的局面。至于用地雷或别的障碍物来保卫英军前线，并没有作出相应安排。按照计划，如果隆美尔展开反攻，我们的前锋部队准备撤退。然而奥金莱克将军不信隆美尔有进攻的能力，他以为自己颇有富裕时间来加强兵力和做好供应。

不幸的是，奥金莱克将军低估了敌人重整旗鼓的力量。马耳他岛上的英国空军，在空军少将劳埃德果敢坚决的领导下，曾向意大利港口和船舰展开秋季攻势，促成了陆战的胜利。但1941年12月里，它遭到西西里岛上德国空军中队集中力量的袭击，被搞垮了。我们最近在海上的失利，大大削弱了海军上将坎宁安率领的舰队，以致在一个时期内，这个舰队不能有效地阻挠通到的黎波里的航线。现在供应品已可自由地送到隆美尔手里。1月21日，隆美尔派三个纵队，每队约1000名有坦克支援的摩托化步兵，发动了威力侦察。这些纵队迅速地突破了我方部队接合部的缺口，这些部队没有坦克的掩护。戈德温–奥斯汀将军命令撤退，先退到阿杰达比亚，然后拦住敌军从安特拉特到姆苏斯的去路。

这里我觉得十分清楚，奥金莱克将军一直不了解沙漠地区已经发生了什么。他没有一个电报说明第二装甲师，其实是第十三军的遭遇如何。我希望，他现在既然在里奇将军的司令部，就能够查明真相。当时，我也一无所知……他对于这次发生的灾难，只是埋怨我军坦克质量的低劣，却没有作出任何解释，而更不好的消息又传来了。

事实再度证明，隆美尔是沙漠战术的能手，比我们的指挥官高明，他重占了昔兰尼加的大部分。这次一退几乎300英里，打破了我们的希望，使我们放弃了班加西。丧失了奥金莱克将军为盼望已久的2月中旬的进攻而收集的一切储备。隆美尔一定感到惊奇：怎么开始进犯时用的小小三个纵队，在他所能纠集的军队支援下发动进攻，竟能获得压倒的胜利。里奇将军重新整编了残缺不全的第十三军和其他从加柴拉和托卜鲁克一带调来的部队。在这里追击部队和被追击的部队都喘不过气来，互相对峙，一直到5月底，那时隆美尔才能够重新发动攻击。

形势的反复无常和军事上的严重灾难，根本原因是这样的：敌军实际上能在地中海自由航行，借以增援和补给他们的装甲部队，他们还能从苏联战线上调回大部分空军。但现场上的战术变化却从来不曾有过什么说明。决定性的一天是1月25日，那天敌军突破战线，直达姆苏斯。从此之后，情况的混乱和计划的一变再变，使隆美尔得到了主动的机会。警卫旅不明白为什么不许他们作一次抵抗，而撤退的命令却下了又下，非服从不可，第四英印师也没有得到发挥作用的机会。

最近才从敌军的文件中透露出来，敌军的坦克原来比我军优越。他们的非洲军团有120辆坦克参战，意军有80辆或更多一些，以对付我军第一装甲师的150辆。然而，为什么没有好好利用这一师，还是没有说明。奥金莱克来电报告说："该师新从联合王国到达，没有在沙漠上作战的经验。"这个电报又提出总评说："不但我军全部坦克敌不过德军坦克，而且我军的巡逻坦克作战时机械性能也比较低劣。装备既差，我军的机械性能又不可靠，何况同德军相比，防坦克武器大为稀缺，因而情况更加严重。"

1942年，在北非的英国士兵（佚名拍摄）

这一切论调须要仔细分析一番。第一装甲师是我军所拥有的最好的一支部队。该军士兵大部分都受过两年以上的训练，同我们的正规军比起来，效率也达到了一样高的水平。他们是在1941年11月在埃及登陆的。他们离开英国以前，我们曾经根据一切最近的情报和经验，尽了一切力量，使他们的车辆能适合沙漠的条件。在开罗的工厂里又经过了例行的检查，然后这一师通过沙漠开往安特拉特去，于1月6日到达。为了保护履带，坦克车通过全部沙漠地区时装在特殊的运输车上，到了安特拉特，完整无损。可是，这精锐的第一师部队还没有投入战斗，就损失了100多辆坦克。在仓促撤退时，已经运到的大批大批的汽油，全部被抛弃了，有许多坦克因燃料告罄，被遗弃在后面。

警卫旅奉命撤退时，还发现了大批汽油，因敌军逼近，不得不把它们毁掉。然而，他们看见不少被抛弃在沙漠里的坦克，就尽力运来了不少汽油，自己驾驶了这些坦克。单单科尔斯特里姆的一个连就集合了6辆，把它们驶到了安全地带，其他部队收集得更多。事实上，有些连队把获得的几辆坦克，按照德军那样，同摩托化步兵配合起来，这样，他们实际上就比当初出动时更加强大。

建立像装甲师那样的单位，还有专家和受过训练的士兵，要付出多少代价和劳动力，绕过好望角把它运到，要作出多少的努力，派它去打仗又要做好多少的准备——当我们想起这种种，而又看到如此处理不当所造成的后果，真是痛心极了。德军虽然离开的黎波里的基地400多英里，还能得逞，而我们却失败，相形之下，就更使人难堪了。英国国民在查究这些事情的时候，切勿受人迷惑，以为我军坦克在技术上的拙劣是造成这次损失巨大、影响深远的败绩的唯一原因。好多年已经过去了，有许多证人已去世了。也许我们始终不会有一个称职的法院，能对英国史上最惨的溃败和规模最大的投降作出正式的判断。

珀西瓦尔将军保卫新加坡岛的部署……第三军（军长希思上将）主力已由于1月29日到达的英国第十八师（师长贝克威思—史密斯少将）以及已经吸收第九师的残余部队的第十一英印师（师长基少将）组成。这一军负责的地区是沿着岛的北岸向长堤伸展，但长堤不在其内。从长堤开始的一线由第八澳大利亚师（师长戈登·贝内特少将）负责，第四十四印度旅归他指挥。这一旅几天以前才开到，同第四十五旅一样，是由青年和受过部分训练的军队组成。南岸由要塞部队保卫，有两个马来西亚步兵旅和义勇队，全部归西蒙斯少将指挥。

守卫海岸的重炮中能向北面轰击的，弹药有限，要对付敌军正在集结的密林丛生的地区，是没有什么大用的。只有一个战斗机中队留在岛上，也只有一个飞机场尚可使用。由于伤亡和消耗，最后集中的守备军已由陆军部估计的10.6万人减少到8.5万人的光景，其中还包括基地和后勤部门以及各种非战斗部队。这个总数之内约有7万人是武装的。

野战防御的准备和障碍物的布置，虽然投入了不少的本地人力，却同出现的迫切要求不相称。即将受到攻击的前线并没有永久性的防御工事。军队的士气，经过长途的撤退和岛上的激战已经大大地降低了。

受到威胁的北岸和西岸，有宽度从800–2,000码不等的柔佛海峡作为屏障。几条江河河口上榜树丛生的沼泽，也有相当的掩护作用。30英里长的战线需要防守，敌军在对岸丛林中有什么行动，是完全看不到的。岛的内地也大都被繁茂的草木和种植园隐蔽起来，人们看不到远处。武吉智马村四周的地带设有军需品大仓库和三个供应用水的水库，极为重要。在这后面就是新加坡市，当时市内住着不同种族的居民约100万人，还有一批难民。

我们在国内不再抱着长期保卫新加坡的幻想。唯一的问题是要打多久。三军参谋长早在1月21日就注意到破坏工作，曾电示珀西瓦尔将军，“万一情况极度恶化”，在新加坡千万不能疏忽。他们说：“你应该保证，任何可能对敌军有用之物，决不可在全面焦土政策中有所遗漏。”

他们也谈到破坏军火。1月31日，我对这个文件作了批语道：“显然，要用弹药向敌人射击。撤出是决不容许的，即使万不得已要撤退，总要这样坚持两三天……向敌人开火，把弹药花光，这是在要塞即将陷落时早已规定的、当然的做法。应该有充分时间作好安排。如果要塞能保卫得好，到了最后我们只会感到军火的缺乏，不会有大堆弹药遗留下来。”

2月8日早晨，巡逻队报告，敌军正在岛西北种植园上集结，我方各阵地受到猛烈的炮击。当晚10时45分，第二十二澳大利亚步兵旅在克兰寺河西边，遭到日军第五师和第十八师的攻击。袭击的高潮是利用装甲的登陆舰艇，越过柔佛海峡来的。原来他们经过长期的周密计划，早把这些舰艇从陆路上运到下水的地点了。战斗非常激烈，许多船只被击沉了。但是，澳军在地面上是稀少的，敌军的部队在许多地点登陆。等到这一旅重整旗鼓的时候，敌军已经占领了阿马肯村，那儿是附近地区许多条大道和小路的交叉点。第二天早晨8时，他们进犯登嘉飞机场。

2月13日，将3,000名指定的人员从海道撤至爪哇的预定计划开始执行。奉命撤离的包括军政要人、技术人员、多余的参谋人员、护士以及其他对于进行战争有特殊价值的人员。同行的还有在要塞上指挥空军、海军的空军少将普尔福德和海军少将斯普纳。这是他们最后一次海上旅行。一支给进犯苏门答腊军队护航的日本海军部队袭击了他们。这一天和第二天从新加坡起航的各式小船约80艘，几乎全被敌军击沉或掳获。

一直到战后，我们才知道普尔福德和斯普纳的下落。2月15日他们坐的船遭受敌军驱逐舰的攻击，被逐到一个小岛的滩上。他们和同船的大约45人，上了岸，没有受到阻碍。其中有一个年轻的新西兰军官，随即坐了一只本地小船启程，经过了许多风险，于2月27日平安地到达了巴达维亚。

那时，爪哇本身也很混乱，但是依然作了安排，派一架飞机去拯救那些幸存的人们。不幸这番努力是失败了。在小岛上，这批遭难的而现在又染上疟疾的人们，苟延残喘，希望愈来愈少，只是没有受到敌人的惊扰。3月底前，普尔福德等14人死了，斯普纳等4人到4月里也死了。

5月14日，幸存的高级军官、空军中校阿特金斯认识到末日快要到来。他同另外7个人驾驶了一只本地船到苏门答腊，向日军投降，日军于是差人到小岛上，把残存的几个人带走，他们后来在新加坡俘虏营里受尽折磨。

我们是以轻松的心情和高涨的情绪来欢迎美国参战的。从此以后，将有一位拥有无穷资源的伙伴与我们共同挑起重担了。我们可以预期，在海战中，敌人的潜艇势将迅速就范。尽管在我们的盟国未能投入全部力量以前，损失仍然不能避免，但有了美国的帮助，我们在大西洋的生命线就会有保障。这样一来，我们就可以在欧洲和在中东展开反希特勒的战争了。不过，远东暂时还会呈现出黯淡的局面。

但是，1942年将会发生许多惊心动魄的事情，而在大西洋上，这一年也是整个战争中最艰苦的一年。到1941年年底，敌军潜艇舰队已经增加到250艘左右，据德国海军上将邓尼茨报告，其中约100艘可以作战，而且每月还要增加15艘。

一名船员正在向一艘从美国驶向英国跨过大西洋的盟军船队的船只发出信号（罗伯特·卡帕拍摄）

起初，我们的联防力量虽然比我们在单独作战时强大得多，但由于我们遭受攻击的目标更多了，对付敌人新的攻击，我们的力量还是不够的。有六七个月的时间，敌军潜艇在美洲海面横行无阻，简直要把我们拖到了无限期延长战争的灾难中去。如果我们被迫中断我们在大西洋上的航运，或者对之暂时加以严格的限制，我们的联合作战计划也要全部停顿下来。

1941年12月12日，在一次有德国元首参加的会议上，决定向美洲沿海发动潜艇战。但是，由于许多德国潜艇和最干练的指挥官都调到了地中海，而且，由于邓尼茨奉希特勒的命令不得不在挪威和北极的洋面上保持一支强大的队伍，他们只派遣了6艘740吨型较大的潜艇。

这些潜艇在12月18日到12月30日间离开比斯开湾港口，奉命深入纽芬兰和纽约间沿海航线北端，靠近回国运输船队汇集的一些港口。它们的骚扰立刻得逞。到1942年1月底，31艘船只，合计约20万吨，在美国和加拿大海岸一带被击沉了。不久以后，攻势朝南推进，越过汉普顿海峡和哈特勒斯角，直下佛罗里达海岸。

在海上这条大道上，有的是美国和盟国的无防御设备的船只。宝贵的油船队也沿着这条航路络绎不绝地往返于委内瑞拉和墨西哥湾之间。这条交通线如果受到阻碍，我们的整个战时经济和全部作战计划就会受到影响。

在加勒比海上的大批目标中，德国潜艇专挑油船作为抗袭的对象。中立国家的各种船只也同盟国船只一道遭到袭击。这种屠杀的范围每周都在扩大。2月间，德国潜艇在大西洋造成的船只损失增至71艘，计38.4万吨，除两艘以外，全部在美洲地区被击沉。我们从开战以来所蒙受的损失，要算这次最严重了。不过，这种情况很快就要克服了。

2月10日，我们主动向美国海军提供了24艘设备最完善的反潜艇拖网船，10艘驱潜快艇，并带着训练有素的船员。它们受到了我们盟国的欢迎。第一批于3月间到达纽约。尽管少得很，但是，我们是抽出了最大的力量的。

到了4月1日，美国海军终于能够实行沿海局部护航制度。在开始时，这顶多不过能使几队有护航的船只白天在保卫森严的停泊地之间，行驶120英里的航程，而在夜间，所有的船只都得停航。无论哪一天，往来于佛罗里达和纽约间的船只，总有120艘以上需要保护，因此而引起的延误又变成了另一种灾难。直到5月14日，才有一支充分组织起来的护航运输船队，从汉普顿海峡驶往基韦斯特。自此以后，这个制度很快便向北发展到纽约和哈利法克斯。

到5月底，从基韦斯特沿东海岸向北伸展的连锁终于形成了。形势马上缓和下来，尽管敌人的潜艇在设法避免被击毁，但我方船只的损失毕竟减少了。

第19章
转租失败：中途岛、阿拉曼和斯大林格勒

太平洋上，现在发生了轰动整个战局的事件。到1942年3月底，日本极其圆满地完成了第一阶段作战计划，参与计划的人员也为之目瞪口呆。日本变成了香港、暹罗、马来西亚以及广大的荷属东印度群岛的主人。日军在缅甸正向腹地深入。在菲律宾群岛，美国依旧在科里几多尔苦战，但是并没有解围的希望。

日本人欢喜若狂。他们认为西方国家无意战斗到底，这种信念更加巩固了他们对领导人的信心，以及对军事胜利的自豪感。现在日军已站在战前计划中慎重选定的进军边界上了。在这个广大的区域之内，包含着无尽的资源与财富，他们能够用来巩固这些被征服的地方，并且发展他们新近赢得的力量。在他们长远的计划中，规定这个阶段为一个喘息的时机，用以抵抗美国的反击，或者进行组织进一步的攻势。

不过，由于胜利的兴奋，日本领导人物认为天赋给他们的命运已经实现了，他们不能辜负它。这些想法的产生，不仅是由于人们被胜利冲昏头脑而自然产生的诱惑，也是由于认真的军事推理。彻底巩固新获得的外围地区，还是为这些地区的防卫起见而大举向纵深前进，究竟哪一种较好，对他们说来，似乎是应该从战略上权衡得失的问题。

东京方面在反复思考之后，采取了野心更大的计划，决定向外扩大占领，其中包括阿留申群岛西部、中途岛、萨摩亚、斐济、新喀里多尼亚以及新几内亚南部的莫尔斯比港。这项扩张威胁到美国的主要基地珍珠港，如果保持下去，也将会切断美国与澳大利亚的直接交通线，并且使日本得到合适的基地从事未来的进攻。

日本最高指挥部在制订与执行计划方面，表现了极端的巧妙与勇敢。不过，他们是在从没有按照正确的比例来估计世界力量的基础上行事的。他们从来不理解美国潜在的力量。

在这个阶段，他们仍然认为希特勒会在欧洲获胜。他们情绪激昂，要无限制地征服亚洲，领导亚洲前进，创建功勋。这样，他们就陷进了一场赌局：即使获得了胜利，也只能使他们的优势延长一年；如果失败的话，会在同样长的时间内遭到毁灭。实际的结果是，他们以相当强大而已牢牢掌握住的利益换取了一片广大而松散的无力控制的领土，而且在这些外围地带失利的时候，他们才感到在内线与主要地区建立一个紧密的防线已经没有力量了。

向珊瑚海进军仅仅是日本更加野心勃勃政策的开始阶段。甚至当这个开始阶段正在进行的时候，日本海军总司令山本就准备攻占中途岛及其机场，在中太平洋与美国势力一较长短，从这个岛屿可以威胁或者征服东面1,000英里的珍珠港。

在同时，由一支牵制部队前往占领阿留申群岛西部优越的据点。经过仔细安排行动时间，山本希望首先把美国舰队引到北面去应付对阿留申群岛的威胁。因此，让他能无阻地把主力投入中途岛的战斗，到美国能够对这个岛屿进行大举干预时，他就希望占领中途岛，并且准备迎击强大的反击。

中途岛对美国极为重要，它是珍珠港的前哨，由于这些动向，将会引起一场不可避免的大会战。山本自信能够迫使对方参与一次决定性的战斗，而且，由于他有压倒的优势，尤其是在高速战列舰方面，他就极有机会歼灭敌人。这就是告诉他的部下南云海军大将的概括计划。不过，全部计划的关键在于尼米兹海军上将能否进入圈套，而且，也在于他本身会不会遭到突然袭击。

然而，美国指挥官却是积极而机警的。他的情报部门使他消息非常灵通，甚至连预计的进行袭击的日期都知道。尽管进攻中途岛的计划可能是用来掩饰攻击阿留申群岛的，从而使它可能转向美洲大陆前进。不过中途岛总是比任何地方更有可能遭到更大的危险，因此，朝这个方面展开他的力量，他是从来没有犹豫过的。

他的主要忧虑是，他的航空母舰怎么也比不上南云的四艘战斗经验丰富的航空母舰，它们从珍珠港至锡兰一直取得杰出的战功。南云舰队中另外两艘已转向珊瑚海，并且有一艘受伤。在另一方面，尼米兹损失了“莱克辛顿”号，“约克顿”号失去了战斗力，“萨拉托加”号修复之后还没有重新加入他的舰队，“黄蜂”号救助马耳他岛，仍然还在地中海附近。只有“企业”号与“大黄蜂”号从南太平洋兼程回驶，“约克顿”号如果能够及时修复，也可以参加即将来临的战斗。尼米兹海军上将没有比在旧金山更近的战列舰，而且它们的速度太慢，不能与航空母舰配合；山本却拥有十一艘战列舰，其中有三艘是世界上最强最快的。美国虽处于劣势，但是，尼米兹能够得到从中途岛起飞的强有力的空中支援。

停泊在珍珠港等待修理的“约克顿”号航空母舰（佚名拍摄）

在5月最末的一周中，日本海军的主力开始离开它们的基地。首先出发的是阿留申的牵制舰队，预定于6月3日攻击荷兰港，并且引诱美国舰队向那个方向驶去。在此之后，登陆部队即前往夺取该群岛西端的阿图岛、基斯卡岛与阿达克岛。南云率领四艘航空母舰于次日向中途岛攻击，6月5日登陆部队即将到达该岛并占领它，他们预料不会遭到顽强的抵抗。山本的作战舰队到时将停在后方西面，在空中侦察范围之外，待机迎击预料中的美国反击。

这次事件是仅次于珍珠港的高潮。航空母舰“企业”号与“大黄蜂”号在5月26日自南方抵达。“约克顿”号也在次日出现，原来预计修理需要三个月时间，但是，为了适应危急的需要而决定在48小时内将它修复，以适应作战，并且重新调配了一个新的航空大队。在5月30日它再次航行，去参加斯普鲁恩斯海军上将的舰队。斯普鲁恩斯是在两天以前率领两艘航空母舰先行离开的。弗莱彻海军上将仍然负责混合舰队的战术指挥。在中途岛的机场上停满了轰炸机，防卫该岛的地面部队也处于高度的“戒备”状态。早些得到敌人接近的消息是必不可少的，因此，在5月30日美军开始了连续的空中侦察。美国潜艇在中途岛西面和北面进行监视。四天的时间在忧虑不安中度过。

6月3日上午9时，一架“卡塔利娜”式水上飞机在中途岛西面700多英里处巡逻时，发现敌方舰只21艘。轰炸与鱼雷攻击随即展开，但未成功，只有一枚鱼雷命中了一艘油船，不过战役从此开始了，并且所有关于敌人企图的疑团全部消除了。

弗莱彻海军上将根据情报，有理由相信敌方航空母舰将由西北方向迫近中途岛，第一次发现敌人的报告并未使他立刻出发，他正确地估计到所发现的敌船只是一批运输舰只。6月4日黎明，他率领下的航空母舰驶至中途岛北面200英里处的预定位置，假如南云在此处出现，立即可以猛扑他的侧翼。

6月4日拂晓，天气良好，5时34分，一架中途岛起飞的巡逻机终于发出了久已等待着的信号：报告发现了迫近的日本航空母舰。报告不断传来。许多飞机正向中途岛前进，并且，发现支援航空母舰的大批战列舰。早晨6时30分，日本发动了强有力的攻势。这次袭击遭到顽强的抵抗，大约有1/3的来犯者永远没有回去。

尽管空袭造成了许多损失与伤亡，但是机场依然能够使用，还有时间向南云的舰队发动一次反击。他的压倒优势的战斗机遭到严重的打击。但是，这次寄托着极大期望的英勇的攻击，其结果令人失望。他们的猛攻所引起的紊乱似乎模糊了日本指挥官的判断。他的飞行员告诉他再一次向中途岛攻击是必要的。他的航空母舰保留有一批足够数目的飞机，以便迎击随时可能出现的美国航空母舰，不过，他的侦察能力不强，而且，一开始就没有什么收获，所以，他认为美国飞机不一定会来。现在他决定把为迎击美机而保持的队形散开，以便为再犯中途岛而进行重新装备。无论如何，这样就必须清理飞行甲板，以便使第一批攻击的飞机降落。这个决定使他招致致命的危险。尽管南云后来得悉一支美国舰队，包括一艘航空母舰在内在东面出现，但是已经太迟了。他的飞行甲板上塞满了正在加油添弹的不能用的轰炸机。他肯定要遭到美国攻击的灾难。

弗莱彻与斯普鲁恩斯海军上将，根据他们早期冷静的判断，已经做好了参与这场紧要关头战斗的布置。他们在早上截获了源源而来的消息。早上7时，“企业”号与“大黄蜂”号除去自卫必需的飞机以外，出动了所有的飞机发动一次攻击。“约克顿”号上的飞机曾执行早晨的侦察任务，由于它们的起落而耽误时间，但是它的攻击机群也在9时稍过之后升空。这个时候，另外两艘航空母舰起飞的第一批机群已经接近目标。敌人周围一带，天空多云，俯冲轰炸机群起初没有找到目标。“大黄蜂”号的机群，不知敌人已转向他去，一直没有发现敌人，因此错过了战斗。由于这些事故，首次攻击乃由三艘航空母舰的鱼雷轰炸机群单独进行。虽然它们极其英勇地接近目标，但是，面临着猛烈的抵抗，未能成功。

参加攻击的41架鱼雷轰炸机仅有6架返航。他们的献身带来了报酬。当全部日本人的注意力与全部可以使用的战斗机向他们集中的时候，“企业”号与“约克顿”号上的37架俯冲轰炸机飞临上空。它们的炸弹几乎毫无阻拦地投进南云的旗舰“赤城”号与它的姐妹舰“加贺”号；大约同时，“约克顿”号上的另外一批17架向“苍龙”号展开攻击。在数分钟之内，这三艘航空母舰的甲板都变成了杀戮场，乱堆着正在燃烧与爆炸的飞机。舰身下舱发生大火，不久，这三艘航空母舰注定了要遭灭亡的命运。南云海军大将只得把他的司令旗移到一艘巡洋舰上，坐视他统率的良好舰队3/4付之一炬。

中午以后美国飞机才返航降落。他们损失60余架飞机，但是，获得的战果极其巨大。敌人的航空母舰只有“飞龙”号一艘还存在，它立刻决意为了太阳旗的荣誉发动一次猛烈攻击。正当返航的美国飞行员们在“约克顿”号上谈论着他们的故事时，传来了敌机来袭的消息。据报敌机约40余架猛扑而来，尽管敌机遭到战斗机与炮火的重大打击，“约克顿”号还是被三枚炸弹击中。虽然造成严重损害，但是燃烧已被扑灭，这艘航空母舰还能坚持航行，直至两小时之后“飞龙”号再度来袭，使用了鱼雷进行攻击，产生了致命的结局。

中途岛战役中，受日机攻击后浓烟滚滚的“约克顿”号航空母舰（威廉·罗伊拍摄）

该舰在海上漂浮两天之后，被一艘日本潜艇击沉。

“约克顿”号在它还在漂浮时就已开始报复行动。下午2时45分“飞龙”号即被发现。在一小时之内从“企业”号上起飞了24架俯冲轰炸机比翼向它飞来。

下午5时，攻击开始，数分钟内它已经烧成一团，直到次日清晨才沉没。南云的四艘航空母舰最后一艘也被击沉了，随之俱去的是它的全部训练精良的航空人员。这些损失永远不能补救。这次战役在6月4日结束。这次战役被正确地当作太平洋上战争的转折点。

我所等待的那个字终于传来了。1942年10月23日，中东地区英军总司令亚历山大将军致首相及帝国总参谋长："齐普（丘吉尔曾电告亚历山大将军，一旦开始进攻，便用"齐普"一词通知他）！"我立即电告总统。

前海军人员致罗斯福总统：

埃及战役于伦敦时间今晚8时开始。陆军全部兵力将投入此次战役。我将随时向你报告战况。在埃及打一次胜仗对我们的主要事业将极为有利。你在托卜鲁克那个黑暗的早晨给我的那些"谢尔曼"式坦克和自动推进炮，均将在这次战役中大显身手。

1942年10月23日

当时共有30个装甲师和相当于7个步兵师的兵力可供蒙哥马利将军随时调遣。集中这么大的兵力，必须采取若干欺骗敌人的巧妙措施和预防办法。特别重要的是，决不能让敌机俯瞰到我方的准备工作。这一切都极成功地做到了，因此这次进攻完全出乎敌人意料之外。

10月23日夜晚，皓月当空，近千门大炮对敌人的炮兵阵地开火，一直轰击了20多分钟，然后又轰击敌人的步兵阵地。在这种集中炮火的掩护下，再加上空中轰炸的支援，第三十军（军长利斯将军）和第十三军（军长霍罗克斯将军）发动了进攻。第三十军所进攻的敌军防线系由四十师的兵力防守，该军全体部队力图在敌人的防御工事中打开两条通路。在该军后面紧跟着第十军（军长拉姆斯登将军）的两个装甲师，以便扩大战果。

他们冒着猛烈的炮火奋力挺进，到拂晓时已深深楔入敌人战线。工兵部队已经把先头部队后面的地雷扫除了。但我军仍未突破敌人布雷阵地的纵深地带，我军装甲部队也并无很快即可突破敌人阵线的希望。更往南一点，第一南非师奋战前进，以便保护突出部的南翼；第四印度师由鲁威塞特山脊发起进攻；与此同时，第十三军所属第七装甲师和第四十四步兵师也突破了他们面前的敌军防线。这样，这支部队就完成了它的任务：当主要战斗在北面展开之际，诱使敌军在这一部分战线的后方将两个装甲师保持三天之久。

截至此时为止，我军一直未能在敌军很深的布雷地带和防线上突破任何缺口。10月25日凌晨，蒙哥马利和他的高级将领举行会议，在这次会议上，他命令装甲部队按照他原来的指令，在拂晓前再度向前猛攻。在这一天里，经过激烈的战斗以后，的确获得了一些进展；但是那块通称为腰子岭的有特点的地方却成为我军和敌军第十五装甲师和阿里雅特装甲师激战的焦点，他们接连不断地猛烈反扑。第十三军在它的战线上没有继续推进，为的是保存第七装甲师的实力，以便在高潮时使用。

在敌军司令部里曾经发生过严重的混乱。隆美尔在9月底回德国治病去了，接替他的是施登姆将军。战役开始后还不到24小时，施登姆便死于心脏病猝发。隆美尔应希特勒的要求，出了医院，在10月25日傍晚重新担任指挥官。

10月26日那天，在这个目前已深深楔入敌人防线的突出部分的整个战线上敌我双方继续激战，这一次仍然是以腰子岭打得最厉害。在前两天一直销声匿迹的敌方空军，此刻也毫不示弱地向我们的空中优势挑战了。空战多次，结果多半是我方占上风。第十三军的奋战，虽然推迟了敌军的行动，但并未能阻止德军将其装甲部队调到他们现在已经知道是他们防线的要害地区去，但是，这一调动受到我方空军的痛击。

此时，在莫斯黑德将军指挥下的第九澳大利亚师发动了一次新攻势，大有所获。该师由突出地带向北朝海边方向攻击。蒙哥马利抓紧时机，扩大这次出色的胜利。他命令新西兰师停止西进，并命令澳大利亚部队继续向北挺进。这一行动威胁了在北翼的德国步兵师一部分人员的退路。这时，他感到我军在密布地雷和强大的防坦克炮阵地中趑趄不前，锐势已有所衰退。于是，他重新集结部队和后备力量，以便为再度猛攻做好准备。

在10月27日和10月28日两天里，为了争夺腰子岭，我军和德国第十五装甲师和第二十一装甲师进行了整整两天的激烈战斗。这两个师是新近由南部地区调来的，他们反复向腰子岭的进攻，均被击退。

就在10月26日与10月28日这两天中，三艘极重要的敌方油船被我空军击沉。这样，长期以来一直在进行中的空中作战得到了最大的报酬，空中作战就是陆上作战不可分割的一部分。

北非战场上的蒙哥马利（佚名拍摄）

蒙哥马利这时已订好计划，作好部署，准备进行具有决定意义的突破（“增压”作战计划）。他把第二新西兰师和英国第一装甲师从前线撤下来，后者在腰子岭击退德军装甲部队的战斗中获得赫赫战果以后，特别需要进行整顿。英国第七装甲师和第五十一师以及第四十四师的一个旅合并，编为新的后备部队。此次突破将由第二新西兰师，英国第一百五十一和一百五十二步兵旅及第九装甲师打头阵。

澳大利亚健儿在经过一系列苦战后，长驱直入，战果辉煌，这使整个战局对我十分有利。11月2日凌晨1时，“增压”开始。在300门大炮的掩护下，第二新西兰师下属的几个英国旅突破了敌人的防区，英国第九装甲旅一马当先，直捣敌人阵地。但是他们发现，沿着通往拉曼的道路上，有一条配备了强大的防坦克武器的新防线阻挡了他们的去路。经过长时期的战斗后，该旅损失惨重，但却为后续部队打通了一条走廊，英国第一装甲师便通过这条走廊向前挺进。接着就发生了这次战役中最新的一次坦克会战。敌军以所有残存的坦克猛攻我军突出部两翼，均被击退。这是一场决战。但到次日，即11月3日，当空军报告敌军已开始撤退时，在通往拉曼道路上的敌军掩护撤退的后卫部队，却依然缠着我军装甲部队的主力，使之无法前进。希特勒下令不准再后退一步，但是这个问题的决定权已不在德国人手中了。现在仅需在敌人的防线上再打开一个缺口，大功即告完成。

11月4日清晨，第五印度旅在特勒阿格及尔以南5英里的地方发动了一次迅雷不及掩耳的猛攻，十分成功。我军至此已大获全胜，我装甲部队终于打通了横越广漠无垠的沙漠追击敌军的道路。

阿拉曼战役与以前在沙漠所发生的历次战斗均有不同。

因为战线狭窄、工事极为巩固，并且有重兵固守，没有侧翼可以包抄。只有较强的并且敢于采取攻势的一方才能突破。谈到这些情况，不禁使我们想起第一次世界大战期间在西线所进行的那些战斗。我们在埃及又看到1917年底曾在康布雷出现过、后来又在1918年的许多战役中出现过的实力较量，就是说，攻击者握有短近而优良的交通线，尽力集中使用炮兵，用猛烈炮火组成火网，然后用大批坦克蜂拥向前推进。

蒙哥马利将军和他的上司亚历山大都是经验丰富、研究有素并且肯动脑子的人，所以深谙此道。蒙哥马利是一位伟大的炮兵专家。他相信大炮可以杀人，正如萧伯纳说拿破仑也相信这一点一样。我们经常可以看见他力图使三四百门大炮在统一的指挥下参加战斗，而不是用分散的炮兵中队来进行小规模的炮轰。在过去，这种小规模的炮轰总是与坦克在宽广的沙漠地带的袭击一起进行的。自然，无论就哪一方面而论，阿拉曼战役的规模都远不及在法国和佛兰德所进行的那些战役。在阿拉曼，我们在12天中损失1.35万人，而在松姆地区我们头一天就损失了近6万人。就另一方面而言，自第一次大战以来，防御火力已大为增强，而且在那次大战中，人们一直认为，不仅在炮火上，而且在士兵的人数上，必须是2∶1或3∶1的比例，才能突破一条工事巩固的防线。

在阿拉曼我们并没有这样的优势。敌军的阵线不仅包括连绵不断的前沿据点和机枪阵地，而且这样的防御体系遍布整个纵深区域。此外，在这样的一个阵地前面，还有大片布雷区，形成强有力的屏障，其所布的地雷质量之高数量之大，都是空前的。因此从上述种种情况看来，阿拉曼战役将永远成为英国战史上光辉的一页。

它将永垂青史，还有一个原因。它实际上标志着“命运的关键”。我们可以说，“在阿拉曼战役以前我们是战无不败；在阿拉曼战役以后，我们是战无不胜”。

最近发生的极为重要的事件，已经改变了并且正在改变着迄今为止一直为大西洋两岸的人们思路根据的论据。苏联人在1942年的战事中，并没有一败涂地或一蹶不振。与此正相反，一败涂地的倒是希特勒，死伤惨重的倒是德国军队。据冯·托马将军说，在苏联前线的180个德国师中，有许多师的人数还不到一个旅。在东线的匈牙利、罗马尼亚和意大利的军队，军心显然已经涣散。芬兰军队除了少数的山地部队以外，已经停止作战了。

目前正在斯大林格勒和他国前线中央部分进行中的几场大战，胜负尚未见分晓。苏联的攻势很可能对德国的实力产生深刻的影响。倘若目前在斯大林格勒阵前被围的德国第六集团军被歼灭的话，苏军的南方攻势可能攻抵它的目的地顿河岸边的罗斯托夫。

在这种情况下，留在北高加索的已经遭受苏军猛攻的三个德国集团军的地位不但岌岌可危，甚至可能全军覆灭，这样一来，其后果也是无法估计的。苏军在中央部分所采取的攻势，和他们在整个战线上许多地点所发动的反攻，可能使德军阵线缩至冬季阵地。冬季将使原已筋疲力尽的德军备尝艰苦，虽然他们目前拥有较好的铁路系统。

在1942年年底以前，也许我们至少能有把握地得出这样一个结论：在1943年，德方不可能把大量部队由东战场调到西战场。这将是一桩具有头等重要意义的新事实。

我们现在必须要回述在斯大林格勒周围展开的那场惊天动地的事件。前面已经讲过了，11月间会战的结果是，保卢斯所率领的德国第六集团军为苏军的钳形攻势所包围，成为瓮中之鳖。曼施泰因在12月间由西南力图突破苏军的封锁线，解救被围的驻军，但终告失败。他于突入俄军防线深达40英里后，便被挡住了，这时他距斯大林格勒尚有50英里。苏军由北方发动的一次新攻势威胁了他的侧翼，迫使他从整个德军南线，包括高加索在内，全面后撤，一直退回到顿河上的罗斯托夫的后面。

斯大林格勒战役辨识度最高的象征之一，著名的“儿童环舞”喷泉（佚名拍摄）

保卢斯现在已经陷于绝境。德国人曾力图由空中为他提供给养，但是能越过封锁线的飞机寥寥无几，并且损失惨重。

大气奇寒，粮弹两缺，再加上发生了斑疹伤寒，他的士兵的痛苦是可想而知的。他于1943年1月8日拒绝了令他投降的最后通牒，次日，苏军由西方发动猛攻，战役的最后阶段遂告开始。

德军进行了顽强的抵抗，因此苏军猛攻了好几天才仅推进了5英里。但最后德军终于不支，到1月17日俄军距斯大林格勒城已不到10英里。保卢斯将所有能作战的人都投入了战斗，但是徒劳无益。1月22日，苏军再度猛攻，直将德军逼到他们枉费心机、妄想占领的这座城市的近郊。在该处，一度是一支不可一世的大军的残部被压制在一条只有4英里长、8英里宽的长方形地带里。他们冒着猛烈的炮火和轰炸，为了保卫自己而进行了激烈的巷战，但是他们已处于绝境，随着苏军的逼近，这些筋疲力尽的部队便开始大批地投降。

保卢斯和他的幕僚在1月31日被俘，到2月2日，沃罗诺夫元帅宣告一切抵抗均告终止，共俘德军9万名。他们便是21个德国师和一个罗马尼亚师所余的残部。希特勒费了九牛二虎之力，妄图以武力征服苏联，妄图消灭共产主义，在德军遭到毁灭性的打击以后，这一切也就都成为泡影了。

1940年春天以前，还断断续续地听到有关这些俘虏生存的消息。从1940年4月以后，沉默笼罩了这三个俘虏营。在十三四个月当中，居住在这里的人一点消息也没有，他们肯定是在苏联管辖之下，但是他们那里从未发出任何书信和消息，没有出现逃俘，也没有听到片言只字的报道。

当希特勒在1941年6月20日对苏联突然袭击时，苏联和波兰的关系顿时起了变化。他们成了盟国。以前在苏联监狱中，一直在鞭打等严酷条件下监禁着的安德斯将军以及其他波兰将军，现在都沐浴更衣，得到释放，受到欢迎，并在苏联当时组织起来以抵抗德国入侵者的波兰军队中，担任高级指挥官。这些波兰人早就为那三个集中营里面的大批军官的命运担忧，现在便要求将他们释放，以便参加这支新的波兰军队，这批人对这支军队来说将是无价之宝。从苏联其他地区曾征集了大约400名军官，但是没有一个人是来自目前处在德国掌握下的三个集中营。

波兰人一再询问，但是他们的新战友却无言以对。波兰的领袖们，已能接近许多苏联权威人士，一起并肩工作，在组织自己的军队中也得到了他们的帮助；这些波兰人在许多场合下，都察觉到苏联官员的窘态，但是从未听到有关那三个集中营的14500名居住者的消息，也从未看到生还者露面。这自然要引起波兰和苏联政府之间的怀疑和摩擦。

战争在继续着。德国人仍然占领着这几个集中营所在的地方。几乎又是一年时间过去了。1943年4月初，西科尔斯基到唐宁街十号来进午餐。他对我说，他有证据说明苏联政府谋害了他们手中近1.5万名波兰军官及其他俘虏，他们被埋葬在主要以卡廷为中心的树林中的一个大冢中。他有大量证据。我说：“如果他们已经死去，你无论如何也不能起死回生。”他说，他不能不让他的人民说话，他们已向报界发表他们的全部消息了。在伦敦的波兰内阁并未向英国政府透露他们的意图，但在4月17日发表了一项公报声称，他们已同瑞士的国际红十字会接洽，要它派一个代表团到卡廷去进行现场调查。4月20日，波兰驻苏联大使奉本国政府命令，向苏联人征询他们对德国人的说法有何意见。

4月13日，德国无线电台公开指责苏联政府，说它谋害了三个集中营里的14500名波兰人，并主张在现场举行一次有关这些人命运的国际调查。波兰政府对此计划很感兴趣，这一点我们是不能置疑的，但是国际红十字会从日内瓦宣称，除非接到苏联政府相应的要求，否则不能为了德国人的臆断而举行任何调查。德国人于是进行了自己的调查，一个由德国控制下的各国所抽调的专家所组织的委员会拟出了一份详细的报告，声称在万人冢里发现了一万具以上的尸体，而且从他们身上找到的书面证据以及冢上所种植树木的年轮说明，处刑是远在1940年春季进行的，当时这一地区正处在苏联控制下。

最后在1943年9月，卡廷地区又被苏联人占领。在收复斯摩棱斯克后，任命了一个完全由苏联人组成的委员会，去调查卡廷波兰人的命运。他们在1944年1

月发表的报告声称，当时由于德国人进军迅速，来不及撤退这三个集中营，于是这些波兰俘虏便落入德国人之手，后来遭到他们屠杀。

要人相信这种说法，就等于承认这样的事实：自从1940年春季便没有记录记载的近15000万名波兰军官和士兵，是在1941年7月落入德国人之手，并被他们消灭的，并且，没有一个人逃出来向苏联当局，或向在苏联的波兰领事或向波兰的地下运动报告。当我们回忆起德国人进军时造成极大混乱，因而集中营的警卫人员必定会在入侵者临近的时候逃走，而且后来在苏波合作阶段又进行了一系列接触，那么，要相信这种说法似乎得看信仰什么了。

第20章 墨索里尼的垮台

墨索里尼在意大利统治多年，一直实行着极端的独裁统治，最后给这个国家带来了战争的灾难。因此，无论是王室、议会、法西斯党还是总参谋部，都不应成为其推卸责任的对象，应当承担主要责任的只有墨索里尼一个人。

在意大利国内，某种战败的情绪一度弥漫于那些消息灵通者中间。他们认为，曾经以独裁手段将国家推向错误和失败的那个人，应当受到谴责。在1943年最初的几个月里，这些情绪逐渐扩散成为某种信念，并越传越广。虽然独裁者仍在权力的巅峰独坐，而军事上的失败以及意大利人在苏联、突尼斯和西西里岛遭到杀戮等事实已经表明，即将揭开的是直接进攻意大利本土的序幕。墨索里尼在政界人物和军事将领中间进行了一些人事变更，但这只不过是枉费心机。

2月间，安布罗西奥将军继卡瓦勒罗之后出任意大利的总参谋长。安布罗西奥和宫廷大臣阿奎罗纳公爵，都是国王的私人顾问，深得王室的信任。几个月来，他们一直希望推翻法西斯党的领袖，结束法西斯政权。然而，墨索里尼仍旧待在欧洲的政治舞台上，仿佛自己是其中的一个主要角色。当新任的军事首脑提议立即将意大利师团撤出巴尔干半岛时，他感到受到了侮辱。在他看来，这些部队是对德国保持在欧洲优势的补充力量。他没有认识到，由于国外的失败和国内的民心涣散，他已不再拥有希特勒同盟者的地位。

当曾经的荣耀已不再成为现实时，他依然对权势恋恋不舍，抱有个人影响犹存的种种幻想。因此，他拒绝了安布罗西奥的要求。但是，由于长期以来的个人权威以及极端行动，意大利人骨子里有种根深蒂固的畏惧，因此，所有联合起来的社会力量都在犹豫，到底应该如何将他驱逐下台，谁又愿意冒险去“把铃铛挂到猫脖子上”呢？春天已经过去，意大利将面对海陆空三方都拥有强大优势的敌人进攻，这个日子也越来越近了。

7月间，高潮出现了。从2月以来沉默寡言、谨小慎微的立宪国王，一直同巴多格利奥元帅保持着联系。后者虽然由于1940年希腊的惨败而被罢免，但终究是一个值得托付并执掌国政的人物。明确的计划被制订了出来，7月26日将逮捕墨索里尼。安布罗西奥将军同意物色执行计划的人，并为完成这一行动制造便利。

这一计划，无意间获得了一些法西斯老战士的帮助。这些企图复兴法西斯党的人，准备召开自1939年以来一直没有举行的法西斯的最高组织——法西斯大委员会，以此向自己的领袖提出最后通牒。7月13日，他们拜会了墨索里尼，劝诱他在7月24日召开大委员会的正式会议。

上述两个运动，看似互不相干且彼此独立，但它们在时间上几乎完全吻合，则具有重大的意义。

7月17日，盟军飞机在罗马和意大利的其他城市上空，散发了一个文告传单。

这是美利坚合众国总统和英国首相给意大利人民的文告。

当前，美国和英国的联合武装部队正在艾森豪威尔将军

法西斯的兴起，连原本天真烂漫的孩子也让人感到陌生和心寒（佚名拍摄）

和亚历山大将军的指挥下，要把战争深深地推进你们的国土。这是墨索里尼及其法西斯政权迫使你们接受的可耻领导所带来的直接后果。墨索里尼引导你们成为一个残杀并摧毁各国人民自由的野蛮国家的仆从，参与了这场战争。墨索里尼把你们投入了他认为希特勒已经稳操胜券的战争。

尽管意大利容易遭受来自空中和海上的袭击，你们的法西斯领袖仍然把你们的子弟、你们的舰只、你们的空军派往遥远的战场，帮助德国去实现它想要征服英国、苏联和全世界的图谋。这种与纳粹德国的阴谋勾结，同意大利在自由与文化方面的悠久传统，也就是，同英美两国人民与之有着极其深厚的渊源关系的那些传统，是极不相称的。你们的士兵，不是为了意大利的利益，而是为了纳粹德国而战。他们进行了英勇的战斗，却在苏联前线以及从阿拉曼到邦角的非洲各个战场上，被德国人出卖和遗弃了。

今天，无论在哪个战场上，德国企图征服世界的野心，都已经被粉碎了。意大利的天空处于美国和英国庞大的空中力量的控制下。意大利的海岸受到盟军集中在地中海的前所未有的强大海军力量的威胁。现在，你们所对抗的力量誓死要摧毁纳粹德国的势力，这种势力曾经被无情地用来使一切拒绝承认德国人是统治种族的人们，遭到了奴役、毁灭和死亡。

面对盟军武装不可抵拒的威力，实行体面的投降，是意大利谋取生存的唯一希望。如果继续容忍为纳粹党邪恶势力服务的法西斯政权，你们势必要承受你们自己选择所带来的痛苦后果。我们并不乐于攻入意大利的领土，使意大利人民经受战争毁灭的悲剧。但是，我们将坚决摧毁那些虚伪的领袖和他们那种令意大利沦落到如此处境的主义。

你们抵抗盟国的联合部队的每一分钟——你们流的每一滴血——只能达到这样一个目的：给法西斯与纳粹领袖更多一点时间，让他们逃脱自己罪行所造成的不可避免的后果。你们的一切利益，你们的一切传统，都被德国和你们自己虚伪而又腐化的领袖们背弃了。只有推翻上述二者以后，重新建立一个意大利，才能在欧洲国家的大家庭中受人尊敬。

现在，由你们意大利人民考虑你们自己的自尊，你们自己的利益，以及你们自己要求恢复国家的尊严、安全与和平的愿望的时刻，已经来到了。现在这个时刻要求你们决定：意大利人究竟是要为墨索里尼和希特勒卖命，还是为意大利和文明求生。

罗斯福

丘吉尔

两天以后，墨索里尼在安布罗西奥将军的陪同下，乘飞机前往里米尼[1]附近的费尔特雷，并与希特勒在当地的一个别墅进行了会面。

德国元首喋喋不休地发表着自己的见解，指出必须作出最大的努力。他说，准备用来袭击英国的秘密武器，预期到冬天就可以使用了。必须保卫意大利，“这样，西西里岛对于敌人，就可能像斯大林格勒对于我们那样”。不过，德国由于在苏联前线遭受的压力，无法向意大利提供其所要求的增援和装备，意大利人必须自己提供人力和组织。

安布罗西奥敦促他的首相对希特勒坦诚相告，意大利已无法继续参加这场战争了。这种表示究竟会带来什么结果，尚未可知。而墨索里尼那副有气无力的样子，终于让安布罗西奥和其他在场的意大利将领下定决心，决不能再指望他做领袖了。

7月25日，周日。除了巡视了罗马几个遭到轰炸的地区，墨索里尼上午都待在他的办公室里。他请求觐见国王。下午5时，国王接见了他。“我认为国王会撤回1940年6月10日授予我指挥武装部队的权力，而在不久之前，我已经考虑过放弃这一指挥权。因此，在迈进别墅的那一刻，我心里没有一丝不祥的预感，现在回想起来，真可以说是毫无怀疑。”在到达国王寓所时，墨索里尼发现到处都新增了军事警察，而身穿大元帅制服的国王则站在门口。

他们两人走进了客厅。国王说：“我亲爱的领袖，大事不妙了。意大利已经

[1] 意大利北部城市。

走上了分崩离析的道路。军队的士气一落千丈。士兵们不愿意再打下去了……法西斯大委员会的表决太可怕了——赞成格兰迪的动议的竟有19票，而在这些投票人中，有4个人竟是天使报喜勋章的获得者……此刻的意大利，你是大家最痛恨的人。你能够依靠的，最多不过一个朋友。现在你只剩下了一个朋友，而这个朋友就是我。这就是我为什么要告诉你，对于你的个人安全，用不着担忧，我保证给你保护。我在考虑，你的职位现在由巴多格利奥元帅来担任……”

墨索里尼答道：“你正在作出一个极严重的决定。目前的危机将使人民认为，那个宣战的人一旦解职，和平就在望了。这给军队士气的打击将是严重的。这个危机将被看作丘吉尔与斯大林一伙的胜利，尤其是斯大林的胜利。我体会到人民的怨恨。昨天晚上，在法西斯大委员会上，我很容易地看到这一点。一个人统治了这么久的时间，并且使人遭受了这么多的牺牲，那就不能不激起愤恨。不管怎么说，我祝愿控制目前局势的人幸运。”

意大利国王维托里奥·埃马努埃莱三世戎装照（佚名拍摄）

国王陪送墨索里尼到门口。墨索里尼写道：“他的脸色苍白，显得比平时更加矮小，几乎像是一个侏儒。他和我握手告别后就进去了。我走下几级台阶，向我的汽车走去。突然，一个国家警察上尉拦住了我，他说‘国王陛下派我负责保护你的人身安全’，我继续向我的汽车走去，这时那个上尉指着停在附近的一辆救护车对我说，‘不，我们必须乘那辆车’。我和我的秘书一同上了救护车。除了那个上尉，还有一个中尉、三个国家警察和两个便衣警察，他们也一同上车，坐在车门口，拿着机关枪。车门关上以后，救护车便风驰电掣般地驶去。我仍然认为，所有这种做法，都像国王所说的，是为了保护我的人身安全。”

那天下午，稍晚时候，国王命令巴多格利奥组织一个包括军事首脑和文官的新内阁，当天晚上，巴多格利奥元帅向全世界广播了这个消息。两天以后，巴多格利奥元帅命令将这个法西斯领袖拘禁在蓬察岛上。

墨索里尼在7月26日以后被拘留在蓬察岛，随后又转到离撒丁岛海岸不远的拉马达勒纳岛。巴多格利奥担心德国人进行一次奇袭，因此曾在8月底，把他以前的首长迁到意大利中部阿布鲁齐高山上的一个小型休养地。因为从罗马逃出时，十分慌张，巴多格利奥没有给看守这位垮台的独裁者的便衣警察和宪兵以明确的指示。9月12日，周日的早晨，由滑翔机运载的90名德国伞兵，在墨索里尼被拘禁的旅馆附近降落。当时没有发生任何伤亡事件，墨索里尼就被一架德国轻型飞机运到慕尼黑去，同希特勒举行另一次会议。

墨索里尼既然被救了出来，德国人便能够在北部成立一个与巴多格利奥政府对抗的政权。一个虚设的法西斯政权设在加尔达湖滨，墨索里尼就在这里上演了一幕“百日丑剧”。罗马北面的地区处在德国军事占领的蹂躏下，一个无人效忠的挂名政府设在罗马，现在那里听任德国军队自由出入。意大利国王和巴多格利奥在盟国委员会的监视下，在布林迪西成立了一个残存政府，他们拥有的有效权力，不能越出市行政大楼的范围。由于我们的军队正从半岛的趾形地区向前推进，盟国的军政府接管了统治解放地区的任务。

意大利现在将要经历它的历史上最悲惨的时期，并成为战争中几次最激烈的战斗的战场。

第21章
我与罗斯福、蒋介石的开罗会议

11月21日清晨，“声威”号抵达亚历山大港，我随即乘飞机赶到位于埃及金字塔附近的沙漠机场。凯西先生将自己那座舒适的别墅提供给我使用。

我们住所周围有一片辽阔的卡塞林森林，森林中星罗棋布地点缀着各国富豪在开罗的豪华住宅和花园。蒋介石及其夫人早已在半英里以外的地方住下了。罗斯福总统将入住美国柯克大使的宽敞别墅，那里距离通往开罗的道路大约三英里。第二天早晨，他乘“圣牛”号飞机从奥兰到达时，我到沙漠机场去迎接他，并同车前往他的别墅。

很快，随从的参谋们都聚集到了一起。会议的总部和英美三军参谋长们的集合地点，都在金字塔对面的米纳大旅馆，离我的住所只有半英里远。整个地区布满了军队和高射炮，在所有的通道上布置了最严密的警戒线。各级人员也都立即开始工作，处理需要决定和调整的各项事宜。

果不其然，我们担心由于蒋介石的到来将会引起的问题发生了。关于中国的那些冗长、复杂和琐碎的情况，严重打乱了英美参谋长的会谈。而且，就像下文将要叙述的，由于对印度—中国战场过于重视，罗斯福总统同蒋介石举行了好几次长时间的秘密会谈。我们曾劝说蒋介石夫妇去参观金字塔，并消遣一下，等我们从德黑兰回来再说，但这个希望没有实现。结果，中国事务在开罗会议上不是最后，而是最先得到了讨论。

无论我怎样争辩，罗斯福总统还是答应中国人，在未来的几个月内，在孟加拉湾进行一次大规模的两栖作战行动。这个计划不管是同我的土耳其计划或爱琴海计划相比，都会更多地占用“霸王”作战计划所需的登陆艇，而目前这些舰艇数量不足，已经使作战行动受到了严重的影响。此外，在孟加拉湾的作战计划也一定会严重妨碍我们正在意大利进行的大规模战役。

11月29日，我书面通知三军参谋长：“首相希望将下列事实记录在案，即他明确拒绝蒋介石关于要我们在缅甸进行陆地战役的同时，负责发动一次两栖作战的请求。”但是，直到我们从德黑兰回到开罗以后，我才终于说服罗斯福总统收回他的诺言。即便如此，仍然出现了许多错综复杂的问题。这些情况下文很快将要谈到。

我当然乘这个机会到蒋介石住的别墅去访问他，他和他的妻子舒适地住在那里。

这是我第一次和蒋介石会晤。

11月23日，周二，在罗斯福总统的别墅举行了开罗会议（密码代号“六分仪”）的第一次全体会议。这次会议的目的是要对蒋介石和中国代表团正式扼要地说明，联合参谋长委员会在魁北克会议上所拟定的东南亚作战计划草案。

蒙巴顿海军上将及其僚属已从印度乘飞机到来。他首先叙述了已接到而且要在1944年东南亚战场执行的军事计划。然后，我就海军的一般情况作了补充。由于意大利舰队的投降，以及其他对海军有利的事态发展，不久就可以在印度洋建立一支英国舰队。这支舰队最后将拥有不下于5艘现代化的主力舰、4艘重型装甲巡洋舰和12艘辅助运输舰。

蒋介石插话说，他认为缅甸战役的胜利，不仅依靠我们驻在印度洋的海军部队力量，还要依靠海军的行动与陆地作战的同时配合。我指出陆地战役和孟加拉湾的舰队行动没有必然的联系。我们的主要舰队基地能够在距离陆军作战的战场2,000–3,000英里以外，发挥在制海权方面的影响。因此，这些战役和西西里岛战役不能相提并论，因为在西西里岛战役中，英国舰队能够在密切地支援陆军的情况下作战。

这次会议的时间很短，最终商定由蒋介石和联合参谋长委员会进一步讨论有关的细节。第二天，罗斯福总统召开了联合参谋长委员会的第二次会议，讨论欧洲和地中海的作战计划，中国代表团没有参加。我们在前往德黑兰以前，要考虑这两个战场的关系并互相交换意见。罗斯福总统首先发言，他谈到了我们现在地中海所能采取行动的可能性，包括土耳其参战问题，将对“霸王”作战计划产生什么影响。

1944年英帕尔战场上一角，日军尸体、装备散落一地（佚名拍摄）

我在发言时说，“霸王”作战计划仍然是当务之急，但是，这个战役不应当粗暴地否定了任何地中海的其他活动，例如，在使用登陆艇方面，应该有一些灵活性。亚历山大将军曾经要求登陆艇前去参加“霸王”战役的日期，应当从12月中旬延迟到1月中旬。英国和加拿大已经发出了命令，要求额外建造80艘坦克登陆艇。我们要设法做得甚至比这更好。我们也许会发现美英两国参谋人员所争执的问题，只不过影响到两国人力、物力的1/10（太平洋的力量未计在内）。毫无疑问，我们必须留出一定程度的伸缩余地。我仍然希望消除这样的想法，即认为我们削弱了和冷淡了“霸王”，或企图退出这个战役。相反，我们是准备全力以赴的。

总体来说，我认为我所主张的方针包括：在1月份占领罗马，2月份占领罗得岛；恢复对南斯拉夫的物资供应，解决关于司令部的安排问题，并且根据我们和土耳其交涉的结果来打通爱琴海；在上述地中海的政策的范围内，加速进行“霸王”作战计划的一切准备工作。

这张闻名于世的中国士兵肖像，成为1938年《生活》杂志的封面人物，让美国及世界了解了中国抗战的决心（罗伯特·卡帕拍摄）

这就是我在德黑兰会议前夕所持立场的一个忠实的纪录。

11月25日，刚好赶上感恩节到来，这是美国人生活中的一件大事。按说，每一名美军士兵那天都要吃火鸡，而他们大多数人在1943年确实也吃到了。供给开罗美国参谋人员的大批火鸡，是由罗斯福总统乘坐的军舰运来的。罗斯福先生邀请我到他的别墅参加晚餐。他说：“让我们来举行一次家宴。”因此，萨拉也受到邀请。此外，还有罗斯福总统非常喜欢的“汤米”（汤普森海军中校）。罗斯福总统的客人包括他的私人亲信、儿子埃利奥特、女婿伯蒂格少校，以及哈里·霍普金斯和他的儿子罗伯特。

我们愉快而又安静地吃了一顿丰盛的晚餐。两只大火鸡按照隆重的仪式送了进来。罗斯福总统高高地坐在椅子上，用非常高明的技巧，毫不疲倦地给大家切鸡肉。我们共有20多人，因此，切鸡肉需要很长的时间。那些先分到的人都已吃完了，而罗斯福总统还没有机会替自己切上一份。我看到他把一盘盘堆得满满的鸡肉分给大家，担心他自己会一点也吃不到。但是，他计算得非常精确，到最后两副鸡骨架撤去时，我看见他开始吃自己的那一份，这才放了心。哈里看见我着急的样子，便说："我们还有很多备用的火鸡呢。"

席间，大家致词表现出了热诚而亲切的友情。那两个小时，我们把一切忧虑都抛在一边。我从没有看过罗斯福总统那么高兴。

晚餐以后，大家便到曾经举行过好多次会议的大厅去。跳舞音乐——用留声机唱片播送的——开始响起来了。萨拉是唯一在场的女人，她已被人抢先请走了，因此我和沃森"老爹"（罗斯福的亲信、旧友和副官）跳舞，他的领导坐在沙发上看着我们，感到非常高兴。

这个欢乐的夜晚，以及罗斯福总统切火鸡的景象，是我在开罗停留期间所有愉快经历中最突出的印象。

一切难题终于都得到了解决……于是，我们就在11月27日黎明乘飞机离开开罗，向那个经过长期研究才确定的会议地点飞去。沿途天气非常晴朗，我们从不同的航线，在不同的时间安全抵达了目的地。

第22章

我与罗斯福、斯大林的德黑兰会议

我不能称赞有关方面所作的在我飞抵德黑兰以后的种种接待安排。英国公使乘车来迎接我，我们从机场一同驶往公使馆。当我们接近德黑兰城区时，在长达至少3英里的路程中，沿途每隔50码，就有一名波斯骑兵站岗。这是明确地向歹徒宣布，某个重要人物即将到达，而且将经过哪条路线。骑马的卫兵是在指示路线，却不能提供任何保卫措施……然而，沿途却没有发生什么意外。我向人群微笑，他们也都向我报以微笑。最后，我们到达了英国公使馆，使馆周围有英印部队的严密警戒线。

英国公使馆及其花园，几乎就同苏联大使馆毗连……不久，两国的军队会合起来，于是，我们这里便成了一个隔离的地区，并且采取了战时的一切警戒措施。美国公使馆由美国的军队守卫，和我们相距约一英里多远。这就是说，在会议期间，罗斯福总统或斯大林和我本人每天都必须来往穿过狭窄的德黑兰街道两三次。这时，在我们之前24小时已经到达这里的莫洛托夫，提供了这样一个情况，说苏联的秘密情报人员发现了一个有人阴谋杀害“三巨头”（当时人们这样称呼我们）中一两个人物的阴谋。因此，他对于我们中间的一两个人不断地来往通过街道，感到非常不安。他说：“如果发生了任何这类的事件，那就会造成极其不幸的影响。”这一点是不能否认的。

莫洛托夫邀请罗斯福总统立即迁进苏联大使馆，该馆比英美两国使馆大两三倍，场地广阔，现在周围有苏联的军队和警察。我对莫洛托夫的邀请给予热烈的支持。我们说服罗斯福先生接受这个好主意。第二天下午，他带着全体僚属，包括他的游艇上的几名出色的菲律宾厨师，一同搬进苏联大使馆。

那里已为他准备了宽敞、舒适的住所。这样，我们都住在一个圈子里，可以讨论世界大战的问题而不会受到任何打扰。我很舒适地住在英国公使馆里，只要步行二百码，就可以到达富丽堂皇的苏联大使馆，这里暂时称得上是世界的中心。我的身体还是很不舒服，感冒和喉痛都非常厉害，以致一度不能说话，但是，莫兰勋爵用药水喷进我的嗓子，并且不断地医治，终于使我能够说出不得不说的话——不得不说的话可不少呢。

关于我在这次会议上所采取的方针（这个方针得到英国三军参谋长的充分同意），有着许多错误的说法。在美国，有一种传说，说我曾极力阻挠准备横渡英吉利海峡展开攻势的“霸王”作战计划，同时又说我妄图引诱盟国对巴尔干半岛进行某种大规模的入侵，或者在地中海东部发动一次大规模的战役，这样实际上等于砍掉“霸王”作战计划。这些荒谬的说法，多半已经在以上的各章中进行了揭露和驳斥，但是，在这里说明一下我实际上在追求什么，而且在很大程度上获得了什么，也许还是值得的。

目前正在仔细准备中的“霸王”作战计划，将于1944年5–6月，最迟在7月初发动。参加这个战役的部队和输送这些部队的船舶仍然享有最优先的待遇。其次，英美在意大利作战的军队必须给予补充与给养，以便它们能够占领罗马，并进而占领这个都城北面的飞机场，从这些机场可以空袭德国的南部。在获得这些进展后，在意大利战场，就不越过比萨—里米尼线——也就是说，我们不准备把我们的战线扩大到意大利半岛更宽广的地带。如果敌人对这些战役进行抵抗，那就会吸引和牵制很大数量的德国军队，会给意大利军队以“立功赎罪”的机会，而且可以使战火在敌人的前线不断地燃烧。

这时，我并不反对在法国南部里维埃拉一带进行登陆，以马赛和土伦为目标，然后英美军队沿罗纳河谷向北推进，以策应渡过英吉利海峡的主攻。但是我却宁愿采取另一种方案，即利用伊斯的利亚半岛和卢布尔雅那山峡，从意大利北部展开右翼进攻，指向维也纳。

1943年，美国在西西里特洛伊那（罗伯特·卡帕拍摄）

当罗斯福总统提出这一方案时，我很高兴，并像下面所说的那样，我企图使他着手进行这个计划。如果德国军队进行抵抗，我们就可以将他们的许多师团从苏联或英吉利海峡前线吸引过来。如果我们没有遭到他们的抵抗，我们就可以用极小的代价解放大片重要的地区。我知道我们一定会遭到抵抗，这样，就会给“霸王”作战计划以决定性的支援。

我的第三个要求是，只要不影响能够用于横渡海峡进攻的实力，我们就不应该忽视地中海东部战场及其可能带来的一切重大收获。在所有这些问题方面，我坚持自己在两个月前向艾森豪威尔将军提出的比例——即把我们的兵力的4/5用于意大利，1/10用于科西嘉和亚得里亚海，另外1/10用于地中海东部。我一直没有改变这种主张——一年以来，我没有退让过一步。

英国、苏联、美国三方一致同意前面两个战役，这就需要使用我们现有实力的9/10。而我必须极力要求的，只是在地中海东部有效地利用我们1/10的实力。只有傻子才会这样争辩说："把兵力全部集中用于具有决定意义的战役，而放弃只应看作白白分散兵力的其他一切机会，这岂不是好得多么？"但是，这种说法忽视了一些主导一切的事实。西半球现有的一切船舶，为了准备"霸王"战役和维持我们的意大利前线，连最后一个吨位也都安排了任务。即使还能发掘更多的船舶，也无法利用，因为登陆计划已把有关的港口和营地最大限度地填满了。至于地中海东部战场，它不需要任何可以用于其他地区的人力物力。为了保卫埃及而集结的空军，如果在更向前推进的前哨地带起飞，也一样能够有效地或更有效地执行任务。所有的军队（外地还有两三个师）都已经到达这个战场，除当地的船只外，也没有其他船只可以把他们运往较大的战场。如果积极地、大力地利用这些部队，那就会给敌人以严重的损伤，否则他们就只会是个瞧热闹的人。

1943年，听到爆炸声的意大利人（罗伯特·卡帕拍摄）

如果我们攻下了罗得岛，我们的空军就可以控制爱琴海，同时我们也能从海路与土耳其建立直接的联系。再一个办法是，如果能说服土耳其参战，或者尽量利用它的中立地位，而把我们为它修建的机场借给我们使用，我们也同样能够控制爱琴海；那样也就没有必要去夺取罗得岛了。两个方案都是切实可行的。

当然，我们所争取的目标是土耳其。如果我们能够得到土耳其，我们不需要从主要的、具有决定意义的战役中调用一兵一卒、一艘舰只或一架飞机，就可以用潜艇和轻型海军部队来控制黑海，大力援助苏联，并且通过一条比北冰洋或波斯湾航路所需的代价更小、航程更短、运输更加频繁的航线，将物资运给苏联的军队。

这是我每次向罗斯福总统和斯大林大力提出的三个主题，而且毫不踌躇地、毫不后悔地反复说明我的理由。我本来能够说服斯大林，但是罗斯福总统由于受到他的军事顾问的偏见的严重影响，在这场争论中摇摆不定，结果把这些次要的但颇有希望的机会，全部束之高阁了。我们的美国朋友们对于他们顽固的态度还自得其乐，他们认为，“我们总算没让丘吉尔把我们牵扯到巴尔干半岛去。”其实我心中从来未曾有过这样的想法。

我认为，我们没有利用那些在其他方面无法使用的部队，把土耳其拉入战争，并控制爱琴海，是在军事方针上犯了一个错误。对于这个错误，不是用没有采取上述方案也同样获得了胜利所辩解得了的。

罗斯福总统迁入苏联大使馆的新居不久，斯大林就去拜访他，双方进行了友好的谈话。根据霍普金斯的传记，罗斯福总统告诉斯大林，他已同蒋介石讲定要在缅甸积极展开军事活动。斯大林对于中国军队的作战能力评价很低。罗斯福总统“提到了他喜欢谈论的题目之一，教育远东殖民地的人民，要他们学习自治的艺术”。

他提醒斯大林，不要向丘吉尔提起印度的问题。斯大林也认为，这无疑是一个容易伤感情的问题。罗斯福说，印度的改革，应该从底层开始。斯大林回答说，从底层开始的改革，就意味着革命。那天早晨，我很坦然地待在床上，一面治疗我的感冒，一面处理从伦敦发来的许多电报。

第一次全体会议于11月28日（周日）下午4时，在苏联大使馆举行。我们事先协商，由罗斯福总统主持第一次会议，罗斯福也同意这样做。会议开始，他首先致词，讲话非常得体。根据我们的记录，他说：苏联人、英国人和美国人第一次作为同一个家庭的成员相聚一堂，我们所抱的唯一目标是赢得战争的胜利。事前并未为这次会议拟定任何固定的议程，任何人都可以毫无拘束地讨论他想讨论的任何问题，同时也可以不讨论他不愿讨论的问题。在友好的基础上，每人都可以畅所欲言，但内容却一概不予发表。

我在开场白中，也强调了这次会议的重要意义。我说，这次会议也许像征着人类有史以来整个世界力量空前的大聚会。缩短战争，也许已掌握在我们手中；稳操胜券，差不多肯定已掌握在我们手中；人类的幸福及命运，无疑地已完全掌握在我们手中。

斯大林说，他很重视我们提到三大国的友谊。三大国确实获得了一个重大的机会，他希望大家都很好地利用这个机会。

罗斯福总统接着便开始了这次讨论，首先从美国的角度，简单地叙述了战争的形势。他先谈到对美国有特殊重大意义的太平洋战场，因为驻在那里的美国部队，在澳大利亚、新西兰和中国的配合下担负着主要责任。美国把它大部分的海军和100万士兵的绝大部分，都集结在太平洋战场。这个战场范围广阔，一艘供应船只，每年只能往返三次，从这一事实，就可以看出这点。美国采用的是一个消耗敌人实力的政策，到目前为止，这个政策是成功的。毫无疑问，日本的船只，不论是军舰或商船，都大量地被击沉，以致新建的船只来不及补充。

罗斯福先生接着说明了重新收复缅甸北部的计划。英美军队将同中国军队合作，由海军上将路易斯·蒙巴顿勋爵指挥。他谈到我们也讨论了从曼谷对日本的交通线进行两栖作战的计划。虽然我们已经作出了最大的努力，把为完成我们主要目标所必需的部队保持在最低限度上，但是所需兵力仍很可观。这些计划的目的在于使中国能继续积极参加战争，打通滇缅公路，同时建立阵地，以便我们在德国崩溃以后，能够从这些阵地出发，以最快的速度打败日本。我们希望能在中国获得基地，以便明年袭击东京。

德黑兰会议中的三巨头（佚名拍摄）

罗斯福总统然后谈到欧洲的形势。英美两国曾举行过多次的会议，也制定了很多的计划。一年半以前，就曾决定横渡英吉利海峡进行远征，但由于运输和其他困难，还不可能决定进行战役的确定日期。必须在英国集结足够的兵力，不仅用于实际登陆，而且也要用于向内地推进。英吉利海峡是非常讨厌的一部分水域，要在1944年5月1日以前发动远征是不可能的。1944年5月1日是在魁北克会议上确定的日期。

他解释说，在历次登陆中，登陆艇总是一个限制因素。如果我们决定在地中海进行大规模的远征，我们就必须完全放弃横渡英吉利海峡的战役。如果决定在地中海只进行规模较小的战役，那也要使上述战役耽误一两个月，甚至三个月。因此，他和我都想在这次军事会议上听取斯大林元帅和伏罗希洛夫元帅的意见，看我们采取什么行动对苏联最有帮助。许多计划都曾经提出来讨论过——增加我们在意大利、巴尔干半岛、爱琴海、土耳其等地的进攻力量。这次会议的重要任务就是决定采取哪一个方案。主要的目标就是要使英美军队能够尽量减轻苏联军队的负担。

接着，斯大林发言，他欢迎美国在太平洋上的胜利，但是说目前苏联还不能参加对日战争，因为苏联的军队几乎全部都要用来对付德国。苏联在远东的军队，若用于防御还算够用，但是要发动攻势，那就至少需要超过现在三倍的兵力。他们到太平洋战场上来同友军会师，必须要在德国崩溃的时候，到那时大家将会并肩作战。

至于欧洲的局势，斯大林说，他要先简单地说明一下苏联进行战争的经验。他们在7月间发动的攻势，德国人事先已经预料到了；但是苏联人在集结了充分的部队和装备以后，就发现发动进攻还是比较容易的。他坦率地承认，他们事先并未料到7月、8月和9月所获得的胜利。德国军队要比人们想象的软弱些。

然后，他详尽地说明了苏联前线最近的形势。在某些战区，战斗已经缓慢下来；在其他一些战区，战斗已经完全停顿了；而在乌克兰以及基辅的西面和南面的战区，在最近三周内，主动权已经转到德国人手中了。德国人重新占领了日托米尔，也许还会重新占领科罗斯油田。他们的目标是要重新占领基辅。但是总的说来，主动权仍然掌握在苏联军队的手中。

他说，他要答复英美军队如何能够最有效地帮助苏联的问题。苏联政府一向认为，意大利战役对于盟国的事业有重大价值，因为它打通了地中海。但是要进攻德国，意大利却不是一个很适当的出发点。阿尔卑斯山脉横亘在两国之间。因此，为了进攻德国而把大量军队集中在意大利，是不会有任何收获的。土耳其是一个比意大利更适于进入德国的地方；但是它离德国的心脏地区又太远了。他相信法国北部或西北部是最适于英美军队进攻的地方，当然，德国军队在那里是会拼命抵抗的。

我说，我们很早就同美国商定，我们将从英吉利海峡攻入法国北部或西北部。我们大部分的准备工作和资源都集中于这个作战计划。

我还说明，我们没有打算攻入意大利靴形本土的较宽地带，更不会越过阿尔卑斯山脉去攻入德国境内。我们总的计划是首先夺取罗马，占领它北面的飞机场，从而使我们能够轰炸德国南部，然后，我们就能够在比萨—里米尼线附近建立一条战线。在那以后，就应当考虑开辟第三战场的可能性，以便配合，而不是替代横渡英吉利海峡的战役。一个可能性是进入法国南部，另一个可能性就是像罗斯福总统所建议的，从亚得里亚海的顶端，朝东北向多瑙河进军。

在未来六个月这一段时间中，我们又应该做些什么呢？关于支援铁托的问题，我们要说的理由很多。他牵制了德国的许多师团，对于盟国的事业所作的贡献，要比米海洛维奇手下的“采特尼克斯”大得多。我们用物资和游击活动来支援他，显然会获得巨大的利益。巴尔干战场是我们能够使敌人的力量拉得最远的地区之一。这就使我们面对一个最大的问题，这个问题在军事人员研究以后，必须作出决定，即如何促使土耳其参战，打通我们经过爱琴海前往达达尼尔海峡，然后到达黑海的交通线。

只要土耳其参战，我们能用上它的空军基地，那么，我们使用较少的兵力（大约两三个师）和已经驻在这个战场的空军，就能够占领爱琴海中的岛屿。如果我们能够到达黑海的港口，运输船队就可以不断往返。目前我们在北方的航线上，只能保持四个运输船队，因为护航舰只必须用于“霸王”作战计划；但是一旦打通了达达尼尔海峡，目前已在地中海的运输船只，就可以川流不息地把供应物资运往苏联的黑海港口。

在正式会议之间，穿插着罗斯福、斯大林和我在午餐和晚宴上进行的谈话，这些谈话甚至可以认为是更重要的。在这种场合下，大家兴致勃勃，无话不谈，什么事情都听得进去。11月28日晚上，罗斯福总统设宴招待，我们共有10–11人参加，其中包括译员。谈话不久就变得全面而认真起来。

第一天晚上的聚餐后，当我们在室内漫步的时候，我把斯大林请到一张沙发旁边，提议我们谈谈战争胜利以后将会发生的情况。他表示同意，我们便坐了下来。艾登也来参加了。斯大林元帅说："我们首先考虑一下将来可能发生的最坏的情况吧。"他认为德国很可能从这次战争中恢复过来，并且在相当短的时间内再发动一次新战争。他担心德国国家主义会死灰复燃。

凡尔赛会议以后，和平好像已经有了保障，但是德国很快地就卷土重来了。因此，我们必须建立一个强有力的机构以防止德国发动新战争。他深信德国是会东山再起的。我问他："时间要多久呢？"他答道："在15-20年以内。"我说一定要使世界至少有50年的安全。如果这种安全只能维持15-20年，那么，我们就对不起我们的士兵了。

斯大林认为我们应当考虑限制德国的制造能力。德国人是一个能干的民族，非常勤劳而又富于智谋，他们会很快地复原。我答复说，我们必须采取某些控制措施。我要禁止他们的一切民用和军用的航空事业，不准设置总参谋部制度。斯大林问道："你是否还要禁止钟表工厂和家具工厂，以免他们制造炮弹零件呢？德国人曾经制造玩具步枪，教练过几十万人学会射击。"

我说："凡事都不会一劳永逸的。世界在不断地前进。我们已经获得了一些经验。我们的任务是要使得世界至少能有50年的安全，办法是：解除德国的武装，禁止重新武装，监督德国工厂，禁止一切航空事业，进行有深远意义的领土方面的变更。这一切又使我们回到这个问题，就是，英国、美国和苏联是否能够为了他们之间的相互利益而维持密切的友谊，并且对德国进行监督。只要我们看到了危险，就不要害怕发布命令。"

"上次大战以后曾经有过管制，"斯大林说，"但结果却失败了。"

"当时我们缺乏经验，"我答复说，"上次的战争还不是今天这样范围的民族战争，而苏联也没有参加和会。这次的情形就不同了。"我总觉得应该孤立并削弱普鲁士；把巴伐利亚、奥地利和匈牙利组成一个广泛的、和平的而非侵略性的联邦。

我认为对待普鲁士应该比对待德国其他部分更为严厉，这样就会影响后者不敢再同前者一道孤注一掷。但不要忘记，这都是战时的心情。

“你说的都很好，不过还不够。”斯大林作了这种评论。

斯大林又问起怎样对待德国的问题。

我答复说，我不反对德国的劳动者，而只是反对它的领袖们和具有危险性的同盟。他说在德国各师部队中也有许多奉命作战的劳动者。他问那些来自劳动阶级（记录是这样的，但是他也许是指“共产党”）的德国战俘，为什么替希特勒作战。他们回答说他们是执行命令。他便把这些战俘都枪毙了。

斯大林设晚宴招待我们。参加的人数是严格限制的——斯大林和莫洛托夫、罗斯福总统、霍普金斯、哈里曼、克拉克·克尔、我和艾登以及我们的译员。在大会的辛劳之后，大家兴高采烈，一再干杯。

不久，埃利奥特·罗斯福在门口出现了，他是乘飞机来和他父亲相聚的。有人招呼他进来。于是，他在桌旁就座了。他甚至在我们的谈话中也多嘴多舌，以后还大肆渲染他所听到的一切，引起了极其严重的误解。据霍普金斯说，斯大林同我开了不少的玩笑，我丝毫都不介意，直到斯大林元帅以温和的语调谈起要对德国人进行惩罚这样一个严肃的、甚至是可怕的问题为止。他说一定要消灭德国的总参谋部。希特勒的强大陆军的全部实力都是依靠5万左右的军官和技术人员。如果在战争结束时，把这些人都抓来枪毙，德国的军事实力就会根除。我听了这话，就觉得应该这样回答：“英国议会和公众永远也不会容忍集体枪杀。即使在战时的狂热下他们允许这样做，但是当这样的暴行初次发生以后，他们就会激烈地反对那些负责人。苏联人不应当在这个问题上想入非非。”

但是，斯大林也许只是出于戏谑，还在继续谈论这个问题。他说：“一定要枪毙5万人。”我听了非常生气。我说：“我宁可此时此地让人把我押到花园里去枪毙掉，也不愿让这样的可耻的行为玷污我和我的国家的荣誉。”

这时，罗斯福总统插嘴了。他提出一项调解的办法，说应该枪毙的，不是5万人，而是4.9万人。毫无疑问，他希望使整个问题让大家一笑了之。艾登也向我作出种种姿势和暗示，要我相信这都不过是笑话。可是，埃利奥特·罗斯福这时却从餐桌那头的座位上站起来讲话，说他如何诚挚地同意斯大林元帅的意见，如何确信美国军队会支持这种意见。

我受到这种打搅，就起身离开餐桌，走到隔壁那间灯光幽暗的房间里去。我刚到那里，就有人从后面用手拍我的肩膀，原来是斯大林，他的旁边站着莫洛托夫，两人都笑嘻嘻的，恳切地说明他们只是开玩笑，根本就没想到什么严重问题。斯大林的风度是很有魅力的，如果他想拿出这种风度的话，但我从来没有见过他表现出像当时那样吸引人的仪态。虽然在当时和现在，我都不完全相信这是开玩笑，而背后没有隐藏着什么认真的意图。我同意回到原来的房间去。当晚的其余时间，我们相处得很愉快。

11月30日对我来说，是一个非常忙碌而值得纪念的日子。这天是我的69岁生日，全部时间几乎完全用于处理我一直关注的某些最重要的事务。罗斯福总统同斯大林元帅保持私人接触，而且是住在苏联大使馆中；尽管总统和我以往过从很密，同时我们的重要问题又交织在一起，然而自从我们离开开罗以来，他一直避免单独和我会见——这些情况使我想到要设法对斯大林作一次直接的私人访问。我认为，苏联的领袖对于英国的态度并没有获得真实的印象。在他的思想中，已经形成了这样的错误观念，简单一句话，就是："丘吉尔和英国参谋人员有意要尽量地停止执行'霸王'作战计划，因为他们想以进攻巴尔干半岛代替这个计划"。我的责任就是要消除这种双重的误解。

执行"霸王"作战计划的确切日期，决定于数量较少的登陆艇的调集。这些登陆艇对于在巴尔干半岛进行任何战役，都是不需要的。罗斯福总统曾经要我们承担进行一次孟加拉湾的战役。如果取消这次战役，那么我所需要的登陆艇便可以够用，也就是说，我拥有的两栖登陆的能力，足以使得两个师的兵力在敌人的抗击下，能在意大利或法国南部的海岸一齐登陆，并且还能按照预定计划在5月进行"霸王"战役。

我已经向罗斯福总统表示同意把日期定在5月，而罗斯福总统也已放弃了5月1日那个特定的日期，这样我就获得了所需要的时间。如果我能说服罗斯福总统暂不履行他对蒋介石的诺言，并且放弃在德黑兰会上从未提到的孟加拉湾计划，那么，地中海战役以及按期进行“霸王”战役所需要的登陆艇就都够用了。

结果，这些重要的登陆都是在6月6日开始，但这个日期是在后来很晚才决定的，其根据不是我的需要，而是月光和天气的情况。正如我以后要讲到的，当我们回到开罗的时候，我顺利地说服了罗斯福总统，使他放弃了孟加拉湾计划。因此，我认为已经办妥了在我看来是必需处理的问题。

斯大林说，他必须预先指出，红军指望的是我们进攻法国北部的胜利。如果在1944年5月间不进行战争，红军就会以为这一年中根本就不会再进行什么战争了。天气将会变坏，而运输方面将发生困难。如果战争不能进行，那么他不愿使红军失望。失望只能使情绪低落。如果在1944年欧洲的战局不能大大地改观，苏联人就很难维持下去。他们对于战争已经很厌倦了。他担心红军会产生一种孤军作战的情绪。他要弄清“霸王”战役是否会按照许诺的时期进行，原因就在这里。不然的话，他就要采取措施去防止红军产生不良的情绪。这是极其重要的问题。

我说，只要敌人调往法国的部队不超过美国和英国集结在那里的军队，“霸王”战役当然是会进行的。如果德国人有三四十个师在法国，我认为我们准备渡过海峡的部队就不能坚持下去。我并不害怕登陆，但是担心到了30天、40天或50天将会发生什么情况。不过，假如红军能拖住敌人，我们在意大利又将敌人牵制住，再加上土耳其可能参战，在这种情况下，我想我们是能够取得胜利的。

斯大林说，进行“霸王”战役的最初步骤，对于红军会产生良好的影响。如果他知道这次战役将在5月或6月进行的话，他现在就能够着手作打击德国人的准备了。春天是最好的时机。3月和4月是战事稀疏的时候，在这段期间，他可以集中军队和物资，到5月和6月便能够进行袭击。德国将无力向法国增兵。德国师团仍在不断地调往东方。德国人对于他们的东方战线很担心，因为在这方面没有必须渡过的海峡，也没有必须通过的法国。德国人害怕红军前进。而红军如果看到盟国给以协助，就会向前推进。他问“霸王”战役将在什么时间开始。

我说，在我没有获得罗斯福总统同意以前，不能透露进行“霸王”战役的日期，但在午餐时，将会给他答复。我想他对此会感到满意的。

片刻以后，斯大林元帅和我分别前往罗斯福总统寓所，出席他邀请我们参加的“只有三人”的午宴，此外尚有我们的译员。罗斯福这时告诉斯大林，我们两人都同意在5月进行“霸王”战役。斯大林元帅对我们两人的这种庄严而直接的诺言，显然感到非常欣慰。谈话转到比较轻松的问题，对于这些谈话唯一记录下来的内容，就是有关苏联的海洋出口问题。

我一向认为，像俄罗斯帝国这样一个幅员广阔的大陆国家，拥有将近两亿人口，竟然在严冬的几个月中不能有效地与一望无际的海洋沟通，这是一件错误的事，而且会引起严重的纠葛。

当斯大林元帅提出苏联不冻港这个问题的时候，我说没有什么困难。他也问及达达尼尔海峡和修改塞夫勒条约的问题。我说，我想促使土耳其参战，而现在提起这问题是不合时宜的。斯大林回答说，将来会有适当的时机来提出这个问题的。我说，我希望苏联海军和船队能在海洋上航行，并且对苏联船舶的来访表示欢迎。

罗斯福总统说，波罗的海应当对各国商船开放。港口应有自由区，基尔运河应当交付托管，而达达尼尔海峡应当对世界贸易开放。斯大林问道，这点是否也适用于苏联的贸易，我们向他保证可以适用。

在这以前，我们都是在苏联大使馆中开会或聚餐，但我要求第三次宴会由我做东，在英国公使馆举行。这是无需争论的问题。按照字母次序，英国和我本人的名字都列在前面，按照年龄，我又比罗斯福或斯大林年长四五岁。我们是三国政府中成立最久的一个政府，比其余两国要早几个世纪。我还可以说，我们参战的时间最长，但是我并没有提到这点。最后一点，11月30日是我的生日。这些理由，特别是最后一点理由，是毫无争论余地的。

我们的公使主持宴会的各项准备工作，招待将近40位客人，其中不仅有军政领导人，还有他们的某些高级官员。苏联内务人民委员会的政治警察，坚持要在斯大林到达以前对英国公使馆进行彻底的搜查，对每扇门和每个坐垫都不放过；

大约有50个苏联武装警察，在他们自己的将军指挥下守在所有的门窗附近。美国的保安人员也到处都是，然而，一切都进行得非常顺利。斯大林在卫队严密保护下来到公使馆，显得兴高采烈，坐着轮椅来的罗斯福总统，对我们笑逐颜开，表示愉快和亲切。

这是我一生中值得纪念的时刻。在我的右边，坐着美国总统，在我的左边坐着苏联的主人。我们联合在一起，控制了全世界绝大部分的海军和3/4的空军，能够指挥将近2,000万军队，而这些军队正在进行着人类历史上仅见的一次最可怕的战争。1940年夏天，我们是孤军作战，除了海军和空军以外，在抵抗德国和意大利那种攻无不克和势不可挡的威力时，简直是赤手空拳，因为它们几乎控制了整个欧洲及其资源。自从那时以来，我们在通往胜利的道路上已经走了一段漫长的旅程，这使我不能不感到欣慰。罗斯福先生把一个美丽的波斯瓷瓶当作寿礼赠送给我。虽然这个瓶子在我归国途中被打得粉碎，但后来却精巧地修好了，成为我的一件珍藏。

我们在德黑兰举行的长时间的艰巨的会谈就要结束了。关于军事方面的结论，大体上决定了战争的未来进程。横渡英吉利海峡的进攻定于5月举行，当然这还要以潮汐和月光的情况来确定。苏联将以重新发动大规模攻势来支援这次进攻。关于派遣盟国驻在意大利的一部分军队去袭击法国南部海岸的提议，我从一开始便很赞同。这个计划没有经过详细的研究，但是由于美国人和苏联人都表示赞同，这就使我们比较容易地获得为保证意大利战役取得胜利以及攻陷罗马所必需的登陆艇，而如果没有这些登陆艇，上述战役是会失败的。

我对罗斯福总统的另一个提议当然更感兴趣，这就是从意大利经过伊斯的利亚半岛和里雅斯特向右推进，最终的目的是要通过卢布尔雅那山峡到达维也纳。所有这一切都是五六个月以后的事。只要我们在意大利的军队有活动能力，不致由于将他们数量不多但是必不可少的登陆艇弄走而变得瘫痪，那么随着战争的总的形势发展，还是有充分的时间作出最后的选择的。许多两栖作战或半两栖作战的计划，都有实现的可能。我希望放弃在孟加拉湾的从海上展开攻势的计划，这一点后来被证明是正确的。

我很高兴地看到，好几个可供选择的重要方案仍然保留着。我们将重新作出巨大的努力来促使土耳其参战，而在土耳其参战以后，爱琴海将发生种种变化，而这些变化又会引起黑海的形势发展。在这一点上，我们的希望后来却落空了。当我们在充满友谊和为当前的目标而团结的气氛中分别时，纵观整个军事形势，我个人是非常满意的。

政治形势则比较模糊，难以料定。很明显，政局要以尚待进行的巨大战役的结局为转移，而在那以后，又要以每个盟国在获得胜利时的情绪为转移。如果西方民主国家在德黑兰会议上，对苏联人在获得胜利和消除了它的一切危险后所持的态度有所疑惧，并根据这种疑惧来制订他们的计划，那是不正确的。斯大林答应在推翻希特勒和打垮他的军队后立即参加对日战争，这是具有极其重要意义的事情。未来的希望在于最迅速地结束战争，并建立一个旨在防止另一次战争的世界机构，这些是以三大国的联合力量作为基础，而这三大国的领袖们已经在会议桌旁频频握手，以示友谊了。

我们为芬兰减轻了赔款的负担，这个办法大体上至今还在执行。新波兰的东方和西方边界大致上已经划定。东面以寇松线（尚待解释）为界，而西面以奥得河线为界，看来这片地方将为受尽苦难的波兰民族提供一个真正的和永久性的国土。当时，东、西尼斯河（它们汇合为奥得河）的问题尚未发生。1945年7月在波茨坦会议上，在完全不同的情况下，以激烈的方式提出这个问题时，我立即宣布英国只坚持东部的支流。这仍然是我们今天的立场。

关于战胜国如何处理德国这个首要问题，在这次具有重要历史意义的会议上，只能作为“一个重大政治问题给予初步研究”，而且正像斯大林所说的那样，“当然是非常初步的”研究。我们应当记住，我们这时正在同强大的纳粹国家进行着一场可怕的战争。在我们的周围，存在着战争的一切风险，而同盟国之间的战友情谊以及对于共同敌人的复仇情绪，支配了我们的全部思想。

罗斯福总统关于把德国瓜分为五个自治的国家以及把两个具有巨大重要性的

地区交给联合国家托管的这一设想中的计划，对于斯大林元帅来说，当然要比我提出的关于孤立普鲁士和成立一个多瑙河联邦，或成立一个南部德国和一个多瑙河联邦的建议，容易接受得多。这只是我个人的观点，但是，我对自己在德黑兰时我们所处的那种环境下提出这一问题，一点也不后悔。

我们大家都担心一个统一的德国的力量。普鲁士有它自己的伟大历史。我认为我们有可能同它签订一个严肃而体面的和约。同时，也可重新建立一个大致按照奥匈帝国轮廓的、具有现代形式的国家。关于奥匈帝国，人们说得好："如果它不存在的话，也会把它创造出来。"这里将形成一个广大的地区，有了这个地区，要比通过任何其他的解决方法，能更早地实现和平及友谊。这样，就可以组成一个联合的欧洲，从而使所有的战胜国和战败国为它们饱经忧患的千百万人民的生活和自由奠定一个稳固的基础。

我不认为我对于这一广大的领域的想法没有什么连贯性，但是，在事实的领域中，我们已经遇到了重大的和灾难性的变化。波兰的疆界已经名存实亡，而波兰在苏联的紧紧控制下正惶惶不可终日。德国确实被分割了，但只是令人厌恶地被分成各个军事占领区。关于这个悲剧，我们只能说，这是不能持久的。

第23章
诺曼底登陆、解放巴黎以及德国火箭

为了史上最大规模的两栖作战，我们进行了长年累月的准备和计划，终于1944年6月6日——进攻发起日告成。

登陆前夕，庞大的舰队和护航船只乘敌人不觉，沿着已扫过雷的英吉利海峡水道由怀特岛驶达诺曼底海岸。英国空军的重型轰炸机袭击了敌人构筑在混凝土掩体内的海防大炮，投下了炸弹5200吨。美国空军于破晓时紧接着以中型轰炸机和战斗轰炸机飞临战场，轰炸岸上的其他防御工事。

在6月6日的24小时内，盟国空军出动了14600架次。我们的空中优势如此之大，以致敌人白天出动对付我方进攻滩头阵地的飞机只有100架次左右。三个空降师从午夜开始降落，英国第六空降师在卡昂城东北降落，夺取处于该城与海之间的那条河流上面的桥头堡。同时两个美国空降师在卡朗坦北面降落，协助海上登陆部队对海滩进攻，并堵截敌人后备军进入科汤坦半岛。虽然这些空降师在一些地点比较原计划散布得更广了一些，但各项目标都达到了。

拂晓时分，大小船只开始陆续进入预定阵地，准备进攻，当时的场面俨然是一个检阅式。敌人的直接抵抗仅限于一些鱼雷艇的攻击，只击沉了一艘挪威驱逐舰。甚至当我们的海军开始炮击时，从敌方海防炮台发出的反击也是盲目而无效的。

毫无疑问，我们已经完成了一次战术上的奇袭。登陆艇和支援舰艇载着步兵、坦克、自行火炮以及各式各样的武器和清除海滩障碍物的工兵爆破队等，都编组向海滩推进，其中还有两栖坦克，这种坦克是第一次大规模地在战场上出现。由于前一天的天气状况不好，海面仍是波涛汹涌，不少两栖坦克都不幸在中途沉没了。

驱逐舰和登陆艇上安装着的大炮与火箭炮对滩头防御工事连续不断地猛轰。同时，那些离海岸较远的战列舰和巡洋舰压制住了敌方海防炮台的炮火。地面的抵抗很微弱，直到首批登陆艇距离海岸只有一英里远的时候，敌人机枪和迫击炮的火力才猛烈起来。岸边汹涌的浪潮以及半露出水面的障碍物和水雷给登陆艇造成了很大的危险，许多登陆艇在卸下所载的士兵后就损毁了，但部队必须继续前进。

最早一批步兵刚一登岸，就向他们的目标猛冲，除一处外，各方面都取得很大的进展。在贝叶西北的“奥马哈”海滩，美国第五军遭遇到激烈的抵抗。由于不幸的巧合，这一防区最近才由一个满员的德国师接防戒备。盟军激战终日，一直没有能够取得任何立足点。直到6月7日，我们在损失了几千兵力之后，才能向内地挺进。虽然我们没能达成原定计划，特别是卡昂城仍牢固地掌握在敌人手中，但在头两天的突击中获得的进展，令所有人都感到很满意。

1944年6月，在反攻日第一批登陆的美军士兵，摄影师的手颤抖着按下快门，导致有一些失焦（罗伯特·卡帕拍摄）

一批来自比斯开湾各港的德国潜艇冒着危险，露出海面高速行驶，力图阻碍我们这次的进攻。对此我们已作了充分的准备。英吉利海峡的西岸入口处有大批飞机保卫着，构成了我们的第一道防线。海军舰队则在它们后面掩护登陆。

这些德国潜艇受到了我们防御部队猛烈炮火的轰击，遭到了惨败。在具有决定性的头四天中，六艘潜艇被我空军击沉，六艘受到损伤。它们丝毫没能影响进攻的护航船舰，那些船舰继续朝着目标前进，损失极为轻微。之后，德国的潜艇就比较谨慎了，但并不比过去有更大的成就。

我认为应该把情况告知斯大林……他立即回电，其中包含一项值得欢迎的重要消息，“按照德黑兰会议协议所组织的苏军夏季攻势，将于6月中旬以前，在前线某一重要地段开始”。

斯大林又在6月11日来电说：

“显然，原定计划的这次大规模登陆行动，已经全部成功了。我和我的同事们不能不承认：就其规模，就其宏大的布局，以及杰出地执行计划的情况来讲，战争史上从来也没有过足以和它类比的例子。众所周知，拿破仑当年打算强渡海峡遭到可耻的失败。歇斯底里的希特勒吹了两年牛皮，说要强渡海峡，但是就连作一个企图进行威胁的暗示，也下不了决心。只有我们的盟军才光荣地胜利实现了强渡海峡的庞大计划。历史将把这一业绩当作一项最高成就记载下来。”

当时已经接掌最高指挥权的艾森豪威尔，决心避免为争夺巴黎而战……他决定包围这个首都，迫使驻防军队投降或逃离。8月20日，行动的时刻到了。当时，巴顿已在芒特附近渡过了塞纳河，他的右翼部队也到达了枫丹白露。法国的地下军队起义了，警察也罢工了，警察总局已为爱国分子所占领。法国抵抗运动的一名军官带了一些关系重大的报告，来到巴顿的总部，周三（8月23日）早晨，这些报告就已送到了勒芒，递交艾森豪威尔。

勒克莱尔将军率领的法国第二装甲师隶属于巴顿麾下，于8月1日在诺曼底登陆，并在进攻中发挥了重要的作用。戴高乐于同日抵达，盟军最高统帅向他作了保证，说只要时候到了——就像早已协商的那样——勒克莱尔的部队是会首先开进巴黎的。

当天傍晚，巴黎城内发生巷战的消息，促使艾森豪威尔决定行动，勒克莱尔也奉命进军。布雷德利于晚间7时15分将这些指示交给这位法国司令官，当时，他这个师驻扎在阿尔让当，8月23日发出的这些作战命令开门见山地用了这几个字：“任务一，攻占巴黎……。”

勒克莱尔致戴高乐报告称：“我得到了这样的印象，即……1940年的局面正在倒过来重演着——敌方情况十分纷乱，各部队无不惊慌失措。”这位将军决定大胆行动，与其征服德军的集中力量，毋宁避开它。第一批几个分遣队于8月24日从朗布依埃出发，向巴黎推进，这批队伍是前一天从诺曼底开到朗布依埃的。由比约特上校（1940年5月间阵亡的法国第一集团军群司令官的儿子）领导的主攻从奥尔良出发。

当晚，一支坦克先头部队就到达奥尔良门了，9时22分整，开进市政府前面的广场。这个师的主力队伍准备好在次日开入首都。第二天一早，比约特率领的几个装甲纵队占领了巴黎城对面的塞纳河两岸。到了下午，德国司令官冯·肖利茨设在默里斯大厦的总部就被包围了，肖利茨向一位法国中尉投降后，被押解给了比约特。此时，勒克莱尔也赶到了，并在蒙特巴那斯车站建立指挥部。当天下午，冯·肖利茨又被移至警察总局的所在地。4时左右，肖利茨被解到勒克莱尔面前。这就是从敦刻尔克到乍得湖又回到了老家所走的一条道路的尽头！勒克莱尔以低沉的语调说出了自己的想法，他说“这回可行啦”之后，他用德语向这个手下败将揭示了他自己的身份。经过一段简短、不客气的谈话之后，就签订了驻防军投降书，接着由抵抗运动所属部队和正规部队逐一占领了敌方剩余的那些支撑点。巴黎城到处沉浸在狂欢的示威游行之中，人们向德国战俘啐唾沫，把通敌的奸细拖着游街，而解放队伍则备受款待。

就在这时，戴高乐将军出现在一个推延已久的胜利场面上。他于下午5时抵达圣多米尼克道，并在陆军部地址设立了总部。两小时之后，他在抵抗运动主要领导暨勒克莱尔将军和朱安将军陪同下，以自由法国领导人的身份首次在市政府出现于兴高采烈的群众面前。到处充满着自发的狂热的热情。

盟军进入法国后，民众对那些嫁给德国人的女子进行惩罚（罗伯特·卡帕拍摄）

第二天下午（8月26日），戴高乐举行了正式入城式，徒步从爱丽舍田园大街走到协和广场。之后，他又在一长列汽车的随从下，来到了圣母院。那时，有一些暗藏的通敌奸细从教堂内外两面开枪射击，人群当即走散，片刻慌乱之后，庄严的巴黎解放奉献仪式继续并一直进行到底。到了8月30日，盟军分头从多处地点渡过了塞纳河。

敌人损失极为惨重：士兵40万人，其中一半是俘虏，坦克1,300辆、车辆20,000辆，野战炮1,500门。德军第七集团军以及所有奉调前往支援的几个师全部被我们打得溃不成军。盟军从滩头阵地出击曾经由于天气恶劣和希特勒的错误决定而有所迟延，然而，那次战役一结束，所有的战事就都进行得非常顺利，而且我们到达塞纳河的时间比原计划提前了6天。有人批评说英军在诺曼底战线上行动缓慢，而且以后的几个阶段，美军进展迅速，也似乎说明了他们的成就比我们的大。因此，我有必要再度强调指出：这个战役的全盘计划是以英军战线作为枢纽，而将敌方后备力量引到这方面去，以帮助美军的迂回运动。

英军第二集团军在原定作战计划中，把自己的目标规定为：“保卫美军的侧翼，而由美军部队攻取瑟堡、昂热、南特，以及布列塔尼各港口。”这一目标凭着我军坚忍不拔的精神，经过艰苦的战斗顺利完成了。艾森豪威尔将军完全了解他的英国战友们的工作。他在正式报告中写道：“如果没有英、加军队在争夺卡昂城和法莱兹两地残酷凶猛的战斗中作出重大牺牲，那么，盟军永远不可能在其他地区取得惊人进展。”

6月13日清晨，恰好是进攻发起日后一周，4架无人驾驶的飞机窜过我国海岸。这是德军为要对我方在诺曼底登陆成功作出反应，而于进攻发起日紧急发出命令，以致造成时机未成熟的后果。其中之一飞到内思诺耳·格林，炸死6人，伤9人；其余3架未造成伤亡事故。直到6月15日，再没有其他情况发生，可是，从这天晚间起，德军就认真地开始了他们的“报复”战役。在24小时内，有200个以上的飞弹飞来袭击我们，接着在其后五周之内，又飞来了3,000多个。

1944年，受到V1火箭攻击的伦敦（佚名拍摄）

希特勒把这种被我们后来称为飞弹的武器命名为“V1号”，因为他希望——是有些理由的——这只不过是德国研究工作所能提供的一系列恐怖武器中的第一种。这种飞弹的发动机是一个设计新颖而精巧的喷气机，由于它的发动机发出尖叫声，不久之后，伦敦人就称之为“无线电操纵无人轰炸机”或“喷射推进式炸弹”。它的飞行时速达400英里，高度约3,000英尺，携带炸药重约一吨。弹身凭一个磁性指南针以校正方向，而射程则用一具小型推进器加以控制，弹体在空中飞行，就使推进器转动起来。当推进器转动次数相当于自发射场所至伦敦的距离时，飞弹的操纵装置即告松开，使弹体向地面俯冲。其爆炸所造成的损害尤属严重，因为弹体总是在钻入地面之前即已爆炸。

这种新的袭击方式给伦敦市民造成的困难，甚至远较1940年和1941年间空袭时为甚。人们更是长期感到焦虑不安和紧张。天亮了固然不能解除他们的痛苦，阴云天气也不见得使他们能够安逸些。晚间回家，一个人总不知道他会发现家里发生什么事情。而他的妻子整日在家独守，或同子女们一起，也无法肯定自己的丈夫是否能安返家门。飞弹的这种盲目而不具人格的性质，使得地面上的人感到束手无策。人们几乎无力应付这种局面，根本就看不到自己能够击中的敌人。

第二种威胁又接踵而来了。这就是：在12个月以前，我们就已极其注意的远程火箭，又称V2武器。

火箭是给予人深刻印象的一项技术上的成就。它的推力是由于酒精和液态氧在喷射器内燃烧，而发展出来的，每分钟内消耗酒精达4吨，液态氧约5吨。把这些燃料按需要的程度压入喷射器内，要有一具近1,000马力的特制泵。而泵本身则系凭一具利用过氧化氢所推动的涡轮机来运转的。

火箭的控制，是通过回旋器，或者通过喷射口后面的大型石墨瞄准板上的无线电信号来调整排气的方向，从而起导航的作用。它先直线上升约6英里，然后，自动控制器把它掉转角度，在45°的斜度内，用逐渐增加的速度使之向上飞升。当速度加速至足以达到所需的射程时，进一步的控制是将注入喷射器内的燃料截断，于是弹体即循一高度抛物线向前飞进，可达到的高度约50英里，而在距离发射地点约200英里之处落下。其最高速度每小时约4000英里，所以，整个飞程所需时间是不会超过三四分钟的。

在我军解放海牙这个大部分火箭发射地的前7个月，德军向英国发射火箭约1,300支……有500支击中了伦敦……我们感谢我军在德军准备就绪发射之前，就已经把火箭逐回到其射程极限的地点。我方战斗机和战术轰炸机持续不断地骚扰海牙附近的敌方发射场。我们甚至还准备好，如果德方使用无线电控制火箭，就对他们的无线电控制加以干扰。

这就是希特勒多少个月以来，顽固地寄予厚望的新式武器，以及这些武器为英国当局凭其先见之明、各兵种的技术，以及人民坚忍不拔的精神予以挫败的全部经过。英国人民在这次战争中，再度用自己的行动，给“大伦敦”增添了一层更大的自豪感。

第24章

苏联人的胜利和华沙的殉难

苏联夏季攻势是一篇势如破竹取得节节胜利的故事。在这里我只能作扼要的记述。这次进攻以对芬兰人采取辅助攻势为序幕。

芬兰人在拉多加湖到波罗的海之间加深并加固了原先的曼纳海姆防线，建成难以攻克的防御系统。但这时苏军的素质和装备与1940年在此地作战时已大不相同，因此经过12天剧烈战斗后，就突破防线，于6月21日攻克维堡。当天又开始采取军事行动，扫荡拉多加湖北岸。月底，苏军已将敌军驱回本土，并恢复从列宁格勒通往英国北极运输船队终点站摩尔曼斯克的铁路交通。芬兰军队在德军支持下曾作短暂抵抗，但毕竟抵挡不住，于8月25日请求休战。

6月23日开始，苏军进攻维切布斯克与戈梅利之间的德军防线。在这两个地方以及博布鲁伊斯克、莫吉廖夫等许多城镇和乡村，德军已建立了坚固的阵地，布置了环形防御工事。但在苏军涌入城镇之间的空隙地带时，这些阵地便接连受到包围，并被肃清。苏军一周时间内便突进80英里。接着又抓紧战机，乘胜前进，7月6日攻克明斯克，将溃退的敌军封锁在一条自维尔纳向南伸展直达普里皮亚特沼泽地区的仓促组成的防线上。锐不可当的苏军从那里一鼓而下，将德军迅速一扫而光。7月底，苏军开进科夫诺和格罗德诺，抵达涅曼河。在5周内挺进250英里后，苏军暂时停止行进，在此地休整。德军损失惨重，25个师覆灭，同样数量的部队被围困于库尔兰德。仅7月17日一天，就有5.7万名德军俘虏通过莫斯科——谁也不晓得他们将被押向何方。

在普里皮亚特沼泽地区南面的苏军，也干得毫不逊色，战果辉煌。7月13日，他们在科韦耳与斯坦尼斯拉夫之间的战线上发动一连串的进攻。10天后，德军全线崩溃，苏联人又向西挺进120英里，抵达桑河畔的雅罗斯瓦夫。斯坦尼斯拉夫、伦贝格和普热米什尔在苏军大举进攻中沦为孤城，不久即被攻克。苏联人乘胜前进，于7月30日在散多梅尔以南横渡维斯杜拉河。这时苏军由于需要补给，暂停前进。横渡维斯杜拉河被华沙的波兰抵抗运动看作发动那不幸的华沙起义的信号。

苏联人在这次大战役中所取得的胜利远不止于此。他们的胜利一直扩展到南面的罗马尼亚。直到8月以后，从切尔诺夫策到黑海之间的德军防线还一直封锁着通往罗马尼亚及其普洛耶什蒂油田和巴尔干半岛各国的道路。但由于德军调兵增援其远在北面行将陷落的防线，这条防线被削弱了，并在8月22日苏军发动的猛烈攻击之下迅速崩溃。

苏联人由于有海上登陆部队的支援，迅速打垮敌军，德军损失16个师。8月23日，年轻的米凯尔国王率领心腹在布加勒斯特发动政变，使整个军事形势发生根本的变化。罗马尼亚全体官兵一致追随国王举事。在苏军到达之前的三天之内，德军有的被解除武装，有的越过北面边界撤退。到9月1日，德军已全部撤离布加勒斯特。罗马尼亚军瓦解，罗马尼亚被占领，罗马尼亚政府投降。

保加利亚虽在最后一刻曾企图对德宣战，结果还是被征服了。苏军挥师西进，长驱直入多瑙河流域，越过特兰西瓦尼亚阿尔卑斯山，到达匈牙利边境。与此同时，多瑙河南岸的苏军左翼也陈兵南斯拉夫边境，为大军向西推进做好准备。这次向西推进将在适当时机把他们带到维也纳去。

7月下旬，苏联人的夏季攻势使他们的部队推进到维斯杜拉河。各方面的报告都表明，波兰在即将落入苏联人手中。忠于伦敦政府的波兰地下军领导人必须决定何时举行反对德国人的总暴动，以加速解放他们的祖国，阻止德军在波兰境内特别是在华沙本地进行一系列的死守作战。

流亡伦敦的波兰政府授权波军指挥官博尔·科马罗夫斯基将军与他的文职

顾问在其认为合适的时候宣布总起义。这时候看来时机恰好。7月20日传来了谋刺希特勒的消息，紧跟着又是盟军冲过诺曼底海滩的新闻。7月22日左右，波兰人截获了德国第四装甲集团军的无线电报，下令全线撤退到维斯杜拉河西岸。同一天，苏军渡了河，他们的前哨向华沙方向推进。毫无疑问一场总崩溃行将发生了。

博尔将军决定发动大起义来解放这个城市。他手下大约有40000人马，储备了够打7–10天的粮食与弹药。维斯杜拉河对岸的苏联军队的炮声现在已经可以听见了。苏联空军从刚占领的靠近首都的各机场起飞轰炸华沙的德军，最近的机场只需20分钟即能飞到。同时在波兰东部，一个民族解放委员会已经成立，苏联人宣称解放了的国土必须置于他们的控制之下。苏联的广播电台长时间以来一直敦促波兰人别再那么小心翼翼，要发动一场反对德军的总起义。

7月29日，也即起义开始前三天，莫斯科电台播发了一篇对华沙人民的呼吁，说解放的炮声已在耳边响起，号召他们像1939年那样参加到对德斗争的战斗中去，“华沙，这个未曾屈膝投降、抗战到底的城市，行动时刻到来了”，是决战的时候了。广播指出，德国人设置防守据点进行抵抗的计划会给城市逐步造成破坏。广播在结尾提醒居民们：“不积极奋起自救，一切都将化为乌有……直接地积极地参与华沙逐巷逐舍的战斗等，最终解放的时刻将加速到来，而同胞们的生命会得到拯救。”

7月31日傍晚，华沙地下军司令部得悉苏军坦克已在华沙东面突入德军防线。德国军用无线电台宣布：“今天苏联部队自东南方向华沙发动总攻。”苏军位于不到华沙10英里远的地点。在首都的波兰地下军司令部命令在第二天日下午5时举行总起义。博尔将军这样描绘发生的一切：

“钟敲五下，千万面窗户猛然一闪而开，一阵弹雨从四面八方落在过路的德军头上，射向他们的建筑物与行进的队列。

“一眨眼，留在街头巷尾的老百姓都消失了。从一幢幢房子的门里，我们的弟兄一涌而出，投入战斗。15分钟内全城百万居民都卷入了战斗，各种交通都停了。就在德军前线的紧后方，华沙，作为东南西北四面八方轮车辐集的巨大交通中心来说不再存在了。解放这个城市的战斗在进行中。”

第二天，华沙起义的消息传到伦敦，我们急切地等着更多的消息。苏联电台却保持缄默，苏联空军的活动也停止了。8月4日，德军从还在他们手中遍及市区与郊区的各个支撑点，发动了进攻。在伦敦的波兰流亡政府通知我们空运补给十万火急。起义者面对着匆忙拼凑起来的德军五个师的反击。赫尔曼·戈林师已从意大利开来了，另外还有两个师党卫军随后也很快抵达。

我致电斯大林（1944年8月4日）：

应波兰地下军的紧急请求，如气候允许，我方将立即向华沙西南部空投约60吨的装备与军火。据报，这一带波兰人反对德军的起义正处于激战之中。他们又说也曾吁请苏方支援，因为似乎近在咫尺。波兰人正遭受德军一个半师的进攻。奉告此一情况可能有助于阁下采取行动。

复电迅速而又冷酷。斯大林元帅致首相（1944年8月5日）：“我认为波兰人告知阁下的情报极为浮夸，难以置信……波兰‘国内军’仅由几个小分队组成……我无法设想，这样的小分队怎能攻占华沙。”

波兰总理米科瓦伊奇克自7月30日起即在莫斯科，试图跟苏联政府达成某种协议，因为当时苏联政府已承认波兰共产党民族解放委员会是该国未来的掌权者。这些谈判在华沙起义的头几天一直进行着。米科瓦伊奇克每天收到博尔将军的电报要求军火、反坦克武器以及苏军方面的

在华沙街头巡逻的起义军士兵（斯蒂芬·帕洛克拍摄）

支援。这时苏联人坚持波兰人同意关于战后波兰的边界并成立联合政府。8月9日，他跟斯大林进行了最后一次毫无成果的会谈。

8月14日我从意大利致电艾登："如果华沙的波兰爱国者被抛弃的传言流传开来，将会使苏联人大为恼火，但他们很容易在力所能及的范围内采取行动来避免麻烦。这真是莫名其妙，当地下军起义时，苏军竟然中断对华沙的进攻并后撤一段距离……我想最好由阁下通过莫洛托夫致函斯大林，提及目前来自多方面的暗示，要求苏联人竭尽所能提供援助……。"

8月16日晚上，维辛斯基召见美国驻苏联大使，解释说他希望避免可能产生的误解，宣读了下述令人惊诧的声明："苏联政府当然不反对英国或美国飞机在华沙地区空投军火，因为这是英美两国的事情。但苏联政府断然拒绝美国或英国飞机在华沙地区空投军火后在苏联领土着陆，因为苏联政府不希望直接或间接跟华沙的冒险发生瓜葛。"

8月20日，我和罗斯福总统向斯大林元帅发出由总统起草的联名呼吁："我们正考虑，如果华沙的反纳粹分子被弃置不顾的话，世界舆论会说些什么。我们深信我们三人都应竭力从那里拯救尽可能多的爱国者。我们希望你们向华沙的波兰爱国者空投救急补给品和弹药，或者，你们能否同意帮助我们的飞机来迅速进行空投。我们希望你会赞同。时间是极其重要的。"

这就是我们所得到的答复："……关于罪犯集团旨在夺权而在华沙发动冒险事件的真相，迟早会大白于天下。这些家伙利用华沙居民的诚意驱使许多几乎手无寸铁的居民跟德国的枪炮、坦克与飞机作战。这就导致了现在的局面，日复一日，情况不是有利于波兰人解放华沙，而有利于希特勒匪徒惨无人道地屠杀华沙居民……。"

我曾经指望美国人会支持我们采取断然措施。9月1日我接见了从莫斯科回来的波兰总理米科瓦伊奇克。我不能给予什么安慰。他告诉我打算向卢布林委员会提出一项政治解决的办法，让他们在联合政府中得到14个席位。这些建议在火线上经过在华沙的波兰地下军的代表们辩论，得到一致通过。一年后参加这次讨论的大部分人都在莫斯科的苏联法庭以“叛国罪”受审。

9月4日晚，内阁开会，尽管我有点发烧，我认为议题是如此重要，还是从床上爬起来，来到地下会议室。为了许多起不愉快的事件，我们曾聚集在一起。我记不得过去什么时候，所有的阁员都表示出了这样深沉的愤怒，不管是属于保守党、工党、自由党全都一样。我本来很想说：“我们派出的飞机在华沙空投补给以后将在贵国领土着陆，如果你们不以礼相待，我们即刻起就停止派出所有护航运输队。”但是读到这些话的读者必须明白，每个人都必须把在世界范围进行斗争的千百万人的命运牢记心头，有时为了一个总的目标，就得作可怕的甚至卑躬屈膝的屈服。因此，我并不建议采取这个激烈行动。

当时这种行动可能会有效，因为跟我们打交道的克里姆林宫代表并不受感情的影响而是工于心计。他们不打算让波兰精神重新在华沙发扬光大。他们的打算是寄托在卢布林委员会上。那就是他们唯一关心的波兰。也许只有在苏联人大举挺进的紧要关头，切断护航运输队，他们心里才会有可能像普通老百姓通常要考虑名誉、人道和合乎常情的诚意那样来估量问题。

华沙起义期间，填充沙袋的平民（埃乌盖纽什拍摄）

波兰人饱受6周的苦难之后，9月10日克里姆林宫改变了策略。那天下午，苏军大炮的炮弹开始落在华沙东郊，苏联飞机又出现在城市上空。波兰共产党部队在苏联命令下，打到首都的边缘。

苏联空军从9月14日开始空投补给，但降落伞很少打开，许多装箱的空投物资碰碎了，无法加以利用。第二天，苏军占领了普拉加郊区，但不再前进。他们希望非共产党的波兰人遭受全歼，但又给人们保持着这样一种感觉，认为他们要援救波兰人。同时，德国人逐房逐舍前进，肃清全城波兰人的反抗中心，悲惨的命运落到居民身上，许多人被德国人运走。博尔将军致苏军司令罗科索夫斯基将军的呼吁没有得到答复。到处都是饥荒。

我想得到美国支援的努力导致一项单独的但是规模巨大的行动。9月18日，104架重型轰炸机飞临波兰首都上空空投补给，但为时过晚。

向南斯拉夫游击队提供补给罐头的英国运输机（W·琼斯拍摄）

10月2日晚，米科瓦伊奇克总理告诉我：华沙的波兰军队快要向德军投降了。这个英雄城市最后几次广播之一在伦敦收听到了。

这是地地道道的老实话。我们遭受的待遇比希特勒的仆从国还要坏，比意大利、罗马尼亚、芬兰更坏。公正的上帝，对波兰民族所承受的可怕的不公平作出裁决吧，希望他因此惩治那些犯罪者。

您的英雄们是这样一些士兵，他们用左轮手枪、汽油瓶作为武器跟坦克、飞机、大炮搏斗。您的英雄们是那些妇女，她们在弹雨纷飞的炮火下护理伤员，传送信件，她们在炸得倾塌的地下室做饭，喂养小孩，供应成人。她们安慰垂死者，减轻他们的痛苦。您的英雄们是这些孩童，他们在还在冒烟的废墟间安静地嬉戏。这些就是华沙的人民。

能够鼓舞起这样广泛的英雄行为的民族是不朽的，因为死者可以说已经战胜了，而生者将继续战斗，取得胜利，并再一次证明：只要波兰人活着，波兰就存在下去。

这些话语是令人难忘的。华沙的战斗持续了60多天，最终波兰获得解放。

第25章
1945年10月，莫斯科

随着秋天的来临，东欧的一切都变得更紧张了。自从德黑兰会议以来，我再没见过斯大林，我觉得有必要和他见一面。尽管发生过华沙的悲剧，但在“霸王”行动成功开始后，我感觉和他又有了新的联系。

在巴尔干战场上，苏联军队正穷追猛打，罗马尼亚和保加利亚都已落入他们手中。对于伟大的同盟而言，胜利只不过是时间问题，苏联的野心自然就慢慢滋长了起来。而在过去，我从来没有在英国、罗马尼亚和保加利亚的关系上，认为需要付出任何特殊的牺牲。

波兰和希腊的命运也唤起了我们强烈的感情。为了波兰，我们参加了大战；为了希腊，我们作出过艰苦的努力。两国的流亡政府都在伦敦，只要是他们人民真正希望的，我们就有责任帮他们光复自己的国家。

除了这些关系到整个中欧的重大问题以外，世界性组织的构想也正在我们的脑海中发酵。8月到10月间，华盛顿附近的敦巴顿橡树园里，已经召开了一个冗长的会议。美国、英国、苏联和中国在会上制定了后来著名的世界和平维护方案。

四国一致倡议，让所有爱好和平的国家加入同一个组织，而这个被称为“联合国”的新组织将由一个大会和一个安全理事会组成。大会讨论和研究促进及保持世界和平的方法，并向安全理事会建议具体的实施方案。每个国家都是大会的会员国，各自拥有投票权。不过，大会只能提出建议或通过宣言，并无执行权。安全理事会要调查联合国各成员国之间的各种争端，在无法和平解决时甚至可以采取武力解决争端，这一点与国际联盟截然不同。

根据这一方案，大会可以讨论和建议，只有理事会才能够采取行动。理事会的自由裁决不受“侵略”定义的限制，也不受与使用武力以及实行制裁的时间有关的条例限制。

最后，关于安全理事会的理事国，以及理事国应如何行使其重大权力等问题，经过大量讨论后确定了下来：“三大国”和中国应为常任理事国，法国在适当时候也可参与，大会应另行选出6个国家参加该理事会，一次任期定为两年。剩下的问题与表决权有关。虽然大会赋予每个成员国投票权，却只能用于研究和提出建议，即便如此，这一权力也很少有实质性的意义。

确定安全理事会内部表决办法更是困难重重，讨论中暴露了“三大国”之间存在的不少分歧。克里姆林宫不打算加入这样一个国际组织，他们担心会被一大批小国的多数票所压倒，尽管这些国家无法对战争进程作出影响，可它们肯定会在胜利时要求平等的地位。我确信，我们只有处于联合一致对外的伙伴关系时，才能与苏联达成妥善的解决。希特勒和希特勒主义注定将会灭亡，然而在希特勒之后，又将是什么呢?

10月9日下午，我们飞抵莫斯科，莫洛托夫和许多苏联高级官员以全套礼仪盛情欢迎我们。这一次，我们住在莫斯科市内，备受关照，起居舒适。我住在一幢精心挑选的房子里，房子不大却胜在设备齐全，安东尼住在附近的另一幢。对于独居这一点，我们都感到十分满意。

当天夜里10时，我们在克里姆林宫举行第一次重要会议。只有斯大林、莫洛托夫、艾登和我出席，伯尔斯少校和巴甫洛夫任翻译。大家一致同意，邀请波兰总理米科瓦伊奇克、外交部长罗默先生和格列布斯基先生——一位胡子灰白、颇有魅力和才干的老院士——立即前来莫斯科。为此，我电告米科瓦伊奇克先生，希望他和他的朋友与苏联政府、我们以及卢布林波兰委员会[1]进行讨论。我明确指出，不愿参加会谈等于对我们建议的断然拒绝，这将导致我们不再承担对伦敦波兰政府所负有的责任。

[1] 即波兰民族解放委员会（PKWN），1944年苏联攻入波兰后在卢布林成立。

当时是个商谈问题的好时机，我便提议："让我们来解决巴尔干地区的问题吧。你们的军队在罗马尼亚和保加利亚，而我们在这些地方有各种派遣团体和代理机构，也有自己的利益诉求。我们不要为了细枝末节的小问题而意见相左。对于英国和苏联来说，怎样才能做到让你们在罗马尼亚占90%的优势，我们在希腊有90%的发言权，而两国在南斯拉夫方面平分秋色呢？"

乘着翻译这段话的时间，我在半张纸上写出：

罗马尼亚

苏联……………………………………………90%

其他国家………………………………………10%

希腊

英国……………………………………………90%

（与美国一致）

苏联……………………………………………10%

南斯拉夫…………………………………50%—50%

匈牙利……………………………………50%—50%

保加利亚

苏联……………………………………………75%

其他国家………………………………………25%

我把字条递给斯大林，而他正在听翻译。稍等了一会工夫，他拿起蓝铅笔在纸上钩了钩表示同意，然后把字条递回来。问题就这样解决了，比写下它们来还要快。

当然，我们已经经过了长时间的考虑，当时只不过是对于战时安排的处理而已，双方都打算把其余所有较大的问题留待以后解决。因此，我们希望在战争胜利之后能有一次和平会谈的机会。

双方都沉默了一段时间，而铅笔划过的纸条则放在桌子的正中央。

最后，我说："我们用这种态度处理与千百万人的命运生死攸关的问题，这看起来有些草率，不至于被人说成儿戏吗？咱们把字条烧掉算了。""不，你保存着。”斯大林回答道。我还提起了德国总问题，会上同意由两国的外长以及哈里曼先生继续深入研究。

10月11日晚上，斯大林到英国大使馆参加宴会。这是英国大使首次成功地做出这样的安排。一切戒备都由警察担任。我的一位客人维辛斯基先生在走过阶梯时，看着站在那里的苏联秘密警察说：“很明显，苏联红军又取得了一个胜利，它们占领了英国大使馆。”直到凌晨二三点，我们的讨论都处于一种轻松的氛围之中。我们甚至还讨论了下一届的英国大选，斯大林说他深信保守党将在大选中获胜。在政治舞台上，真是知己不易，知人更难[1]。

10月13日傍晚5时，我们在名为斯皮里多诺夫卡的苏联国家迎宾馆开会，听取米科瓦伊奇克及其同僚的阐述。谈判是为下一步会议作准备的，英美两国代表将与卢布林波兰人会面。我力劝米科瓦伊奇克考虑接受寇松线，事实上就是要他同意居民互换，并和卢布林波兰委员会进行友好商讨，以便成立一个统一的波兰。

我说，一切都会改变，但要是能在战争结束之前实现统一，那就再好不过了，我要求波兰人当天晚上仔细考虑，艾登先生和我将静候他们的意见。对他们来说，与卢布林波兰委员会进行接触，接受寇松线作为初步的协议，以便于提交和平大会讨论，这是最重要的。

当晚10时，我们还会见了所谓的“波兰民族解放委员会”的成员。我们一下就看穿了，卢布林波兰人只不过是苏联人手下的小卒。他们把自己的台词练习得太认真了，以致他们的主子也觉得过分做作。就像领头的贝鲁特先生所说：“我们在这里代表波兰提出要求，利沃夫必须属于苏联。这是波兰人民的意志。”在这些话被译成英语和俄语的时候，我瞧了瞧斯大林，他那富有表情的眼睛一眨一眨，似乎在说“我们苏联教得不赖吧”。另一个卢布林头头奥索布卡-莫拉夫斯基则作了一通冗长的发言，同样令人感到沉闷窒息。艾登先生对这些卢布林波兰人的印象真是坏透了。

[1] 1945年7月，丘吉尔及其所在的保守党在大选中惨败，英国工党获胜组阁。

会议开了整整6个多小时，可效果却并不明显。

日子一天天过去，苏波争端却没有得到太多的改善。波兰人准备承认寇松线“作为苏联与波兰的分界线”。苏联则坚持使用“作为苏联与波兰双方国境线的基础”等字眼。双方各执己见，不肯让步。米科瓦伊奇克宣称他会被自己的人民所抛弃，而斯大林在和我单独进行的两小时又一刻钟的谈话结束时说，在那些与他共事的人当中，只有他和莫洛托夫赞成对米科瓦伊奇克“温和”一点。我确信，他在这个语境里潜藏着来自党和军队两方面的强大压力。

斯大林认为，如果国境线问题无法取得一致，就不好着手组织波兰统一政府。倘若这个问题得到解决，他十分乐意让米科瓦伊奇克来领导新政府。而我认为，在讨论波兰政府与卢布林波兰人合并问题上，一定会碰到同样棘手的困难，卢布林的代表给我们留下了极坏的印象，因此我对斯大林说，他们“只是苏联意志的表达而已”。他们毫无疑问地怀有统治波兰的野心，因而充当了吉斯林[1]一类的角色。既然如此，最好的办法就是让这两个波兰代表团都回到原来的地方去。我深深感到，即便将寇松线强加于波兰引起了责难，我和外交大臣还是有责任为解决苏波争端拟出一些提案。

在其他方面，我们却取得了巨大的成效。在消灭希特勒后攻击日本，苏联政府的决心是显而易见的。这对缩短整个战争有着无可估量的意义。我确信，这对巴尔干半岛各国所作的安排来说，是再好不过了。这些安排再配合相应的军事行动，必能够成功拯救希腊。同时，鉴于铁托的行为，以及苏联和保加利亚部队支援其东翼的情况，我认为协同奉行对南斯拉夫50：50的政策，是我们解决当前遇到困难的最好办法。

毋庸置疑，我们两国在狭小的范围内进行了没有拘束、自由自在和诚心诚意的交谈，这是前所未有的。斯大林几次表示了个人的敬意，我觉得这些的确都是真诚的。可是我更加确信的是，决非他一个人说了算，就像回国时我对同僚们所说的，“骑马者的后面，总有个阴沉而忧虑的人坐着”[2]。

[1] 挪威政治家，在第二次世界大战中与德国合作，其名便成了英文“卖国贼”的同义词。
[2] 出自古罗马诗人霍勒斯的一首诗。

第26章

我与罗斯福、斯大林的雅尔塔会议

1945年1月5日，苏联竟然违背英美两国的愿望，承认卢布林委员会为波兰的临时政府……罗斯福总统深信再度举行“三方”会议的必要，并且曾花了若干时间来讨论这个会议的安排。通常关于会议地点的辩论也跟着发生。总统说：“如果斯大林不能设法和我们在地中海会晤，我准备到克里米亚去，在雅尔塔开会，此地似乎是黑海上最适宜的地点，岸上有最好的登陆设施，而且飞行的条件也最有利……。”

这次会议的第一次全体会议是在2月5日下午4时15分开始的……讨论一开始就谈到德国的前途。

这时斯大林问起关于怎样肢解德国的问题。我们是否需要一个或几个的政府，或者是只要有某种形式的行政机构？如果希特勒无条件投降，我们应当保存他的政府或是拒绝跟它打交道？在德黑兰，罗斯福先生曾经建议把德国分成五个部分，斯大林也表示过同意。而我却反而踌躇不定，只希望把它分为普鲁士和奥地利—巴伐利亚两个部分，而把鲁尔和威斯特伐利亚放在国际共管之下。他说，现在是时候了，应该有一个明确的决定。

我说我们大家都同意德国应当肢解，但是实施的办法过于复杂，不能在五六天之内解决。对于历史方面的、人种研究方面的和经济方面的现实状况都需要作一番十分深入的考察，并且需要由一个专门委员会来做长时间复查，该委员会要对各种建议进行研究，然后提出意见。要考虑的事情是很多的。普鲁士该怎样处置？哪些领土应归波兰和苏联？莱茵河流域和鲁尔及萨尔大工业区应该由谁来管？这些问题是需要深入研究的，英国政府也将慎重考虑两个大盟国的态度。应该立即设立一个机构来研究这些事情，而且在我们作出最后决议之前应该先听取它的报告。

当时我对未来作了一番思索。如果希特勒或希姆莱出来请求无条件投降，十分清楚，我的回答应该是我们不跟任何战犯进行谈判。如果他们是德国人所能推举出来的唯一人选，那么我们只好把战争继续打下去。然而，更大的可能是希特勒和他的同伙被杀掉或失踪，而另外一班子人会出来请求无条件投降。如果这样的事情发生，三大国应当立即进行商讨，决定是否值得与他们打交道。如果值得，那就应该把已经准备好的投降条件摆在他们面前，如果不值得，战争就要继续打下去，而且把全德国置于严格的军事管制之下。

罗斯福先生建议由我们的外长们在24小时之内制定出一个研究这个问题的计划，在一个月之内制定出一个肢解德国的确切计划。事情到此，暂告一段落。

其他问题也予以讨论，但没有得到解决。总统问是否应该让法国人在德国境内有一个占领区。我们都同意应当在英美占领区内划分一部分给他们，并由外长们考虑对这个地区应当如何进行管理。

随后斯大林请麦斯基说明苏联所拟定的关于责成德国赔款和拆除其军火工业的计划。我说上次战争的经验是令人十分失望的，因此我不相信有可能从德国索取像麦斯基建议单独付给苏联的那样大的数目。英国也同样蒙受了重大损失。许多建筑物遭到破坏。我们已经丧失了许多国外投资，并面临着如何大量增加出口以偿付我们所需的粮食进口的问题。我怀疑这些负担能否由德国赔款而得到切实的减轻。其他国家也受到损失，也应当予以考虑。如果德国陷于饥馑，将会发生什么情况呢？难道我们可以存心袖手旁观，见危不救，甚至认为这是罪有应得吗？或者我们应当倡议赈济德国人，而如果要这样做，由谁来付款？斯大林说这些问题总是要发生的，我回答说，你要叫马儿跑，就得让马儿吃草。最后我们同意将苏联的提案交给一个专门委员会去审查，该委员会应在莫斯科秘密开会。

之后，我们对下一天的会议作了安排，同时对即将进行讨论的两个主题也作了考虑，就是有关世界安全的敦巴顿橡树园会议的计划问题和波兰问题。

在这个第一次会议上，罗斯福先生作了重要发言。他说美国将采取一切明智步骤来保持和平，但不能花很大费用来维持一大批驻在离本国3000英里的欧洲的军队。因此美国的占领将以两年为限。可怕的问题在我的脑海中浮现出来了。如果美国人离开欧洲，英国就得单独占领整个西德。这样一个任务是远非我们所能胜任的。

2月6日在我们第二次开会时，我为此而竭力主张法国人帮助挑起这样一个重担。划一个占领区给法国并不等于事情就此了结。德国肯定是要再次复兴的，总有一天美国人是要回老家去的，而法国人不得不跟德国人贴邻而居。一个强大的法国不仅对欧洲是重要的，而且对英国也同样重要。只有法国才能取消在它海峡沿岸的火箭发射场，并且建立起一支军队来遏制德国人。

1944年12月，比利时巴斯托涅南部美国士兵俘获了一名德国士兵（罗伯特·卡帕拍摄）

接着，我们把话题转到关于谋求和平的世界工具方面。总统说在美国舆论是起决定作用的。如有可能同意敦巴顿橡树园提议或与之相似的提议，他的国家似乎更有可能为组织全世界的和平而全力以赴，因为对于这样一个世界组织在美国是能够取得广泛支持的。然而，正如前面有一章所说的，敦巴顿会议结束时并没有对安全理事会十分重要的表决权问题达成完全一致的协议。

1944年12月5日，总统曾向斯大林和我提过新建议。建议内容如下：安理会的每个理事国应有一票。任何一项决议，须在十一个理事国中取得七个理事国的投票赞同方能付之实行。这在程序细节上是够充分的了。至于一切较大事情，如接纳新会员国进组织或开除出组织，制止和解决争端，限制军备和提供武装力量等，均应取得全体常任理事国的一致同意。换句话说，除非“四大国”一致同意，否则安理会是没有实权的。如果美国、苏联、英国或中国不同意，那么就可以拒绝同意和制止安理会采取任何行动。这就是否决权。

罗斯福先生的建议含有另一个精辟独到之处。争端可以采取和平的方法解决。这样的话，也要取得七票，而且常任理事国——就是说，“四大国”——都得同意才行。但是如果安理会的任何一个理事国（包括“四大国”）牵涉在那个争端里面，该理事国只能有讨论权而不能有表决权。这样的计划是斯退丁纽斯先生在2月6日的第二次会议上提出来的。

斯大林说他将对这个建议予以研究，看看能否理解，不过目前还没有完全明白。他说他担心的是，虽然三大国今天是同盟国，谁也不会进行侵略，但是十年或不到十年之后，这三个领导人会隐退，新的一代要起来掌权，他们没有经历过这场战争，因此会忘记我们所经受过的一切。他又说：“我们大家都愿意保持和平至少50年之久。最大的危险就是在我们自己之间发生冲突，因为如果我们保持团结，德国的威胁就不致十分严重。为此我们现在就要考虑如何保持我们将来的团结，如何保证三大国（可能中国和法国也在内）能够维持一条统一的战线。必须制定出一种制度来防止主要大国之间的冲突。”

余下的细节问题很快就解决了。2月8日下午我们再次集会的时候，一致同意支持苏联人请求让两个苏联的加盟共和国加入联合国，并且同意世界组织的第一次大会于4月25日（周三）召开。邀请出席的仅限于3月1日以前对共同敌人宣战的国家，或已经在联合国宣言上签字的国家。我同意斯大林的说法，这样做意味着邀请了某些没有积极参战而一直观望着直到看出谁胜谁负之后才参战的国家，然而，这样做可以使德国大为丧气。

雅尔塔会议的八次全体会议中，至少有七次讨论到波兰……因此，在会议结束时发出的公报包括了关于波兰的联合宣言，其文如下。

我们前来参加克里米亚会议，决心解决在波兰问题上的分歧。我们充分地讨论了这个问题的各方面。我们重申我们的共同愿望是要看到建立起一个强大、自由、独立和民主的波兰。商讨的结果，我们对于一个可以得到三大国承认的全国统一的新波兰临时政府的组成条件，已经意见一致。

我们所达成的协议如下。

由于红军全部解放了波兰，在波兰出现了一种新的形势。

这就要求建立一个比波兰西部最近解放以前可能建立的基础更广大的波兰临时政府。因此现今在波兰行使职权的临时政府，应该在更广大的基础上实行改组，以容纳波兰国内外的民主领袖。这个新政府因此应该称为波兰全国统一临时政府。

莫洛托夫先生、哈里曼先生和克拉克·克尔爵士受命以一个委员会的资格，首先在莫斯科与现今临时政府的成员并与波兰国内外其他波兰民主领袖进行会商，以便根据上述方针改组现政府。这个全国统一的波兰临时政府应当保证：尽速根据普遍选举与无记名投票方式举行自由的和不受限制的选举。在这些选举中，所有民主的和反纳粹的政党都有权参加，并提出其候选人。

当全国统一的波兰临时政府已经依照上述原则正式成立时，目前和波兰现在临时政府保持外交关系的苏联政府以及联合王国政府和美利坚合众国政府，都要和新的波兰全国统一的临时政府建立外交关系，并且互派大使，各政府根据大使的报告，将经常获悉波兰的情形。

三国政府的首脑认为，波兰的东疆应依照寇松线，但应在若干区域作出对波兰有利的5~8英里的逸出。他们承认：波兰必须在北方和西方获得广大的领土上的让予。他们觉得关于这些领土上的让予的范围，当于适当时机征询新波兰的全国统一的临时政府的意见，关于波兰西疆的最后定界，应待和会解决。

1945年2月11日

我们在雅尔塔的正式讨论之中不曾谈到远东。我知道美国人打算向苏联人提出苏联参加太平洋战争的问题，我们在德黑兰曾经谈到这件事。在1944年12月斯大林也曾向在莫斯科的哈里曼先生提出关于苏联在战后对这些地区的一些权利要求的若干详细的建议。美国的军事当局估计在德国投降之后还要18个月才能打败日本。苏联的帮助可以减轻美国的严重伤亡。这时对日本本土的进攻还处于计划的阶段。麦克阿瑟将军在雅尔塔会议的第二天才进入马尼拉。第一颗原子弹的试验性爆炸要再等五个月才实现。如果苏联仍旧保持中立，那么在满洲的大量日本军队就能够投入保卫日本本土的作战。

1945年2月，雅尔塔会议上各怀心思的“三巨头”（佚名拍摄）

罗斯福总统和哈里曼先生带着这个问题在2月8日跟斯大林讨论苏联在远东的领土要求。除了一个苏联的译员之外，唯一在场的是国务院的查尔斯·E·波伦先生，他也现场当翻译。

两天以后又继续会谈，苏联的条件作了一些修改之后被接受了。哈里曼先生1951年在美国参议院作证时曾提到这些为交换的条件。苏联方面则允诺在德国投降后二至三个月内参加对日战争。

当天下午，在跟斯大林的私下谈话中，我问他关于苏联对远东的愿望。他说他们要有一个像旅顺口那样的海军基地。

美国人认为那些港口最好由国际共管。但是苏联人要求他们的利益得到保障。我回答道，我们将欢迎苏联船只出现在太平洋，我们也赞成苏联在日俄战争中的损失得到补偿。第二天，2月11日，他们给我看前一天下午由总统和斯大林草拟的协定，我就代表英国政府在上面签了字。这个文件在苏联政府跟中国国民政府之间的谈判完成之前，一直是保密的，斯大林则肯定同意给予中国国民政府以支持。这件事至此告一段落，直到我们在波茨坦重新开会以前不久才又提起。

议会中一般的反应，是无条件地支持我们在克里米亚会议中所抱的态度。不过关于我们对波兰人的义务方面存在强烈的道义上的感情，因为波兰人在德国人手中吃了那么大的苦头，而我们为了他们的缘故，最后一着是参加了战争。约有30人的一群议员对这件事非常激动，以致他们有些人发言反对我的建议。我有一种苦恼的感觉，深恐我们会看到一个英勇的民族遭到奴役。艾登先生支持了我。在第二天进行分组表决时，我们得到了压倒性的多数，但是有25个议员，其中多数是保守党，投票反对政府，而且还有11个政府成员弃权。城乡计划部的政务次官施特劳斯先生提出了辞职。

对于那些负责处理战时或危急期间大事的人们，不容许他们只谈为善良人民所同意的一般大原则。他们必须逐日作出具体的决定。他们必须采取坚定不移的态度，否则怎能维持联合一致的行动呢？在德国人被击败以后，对于曾尽全力鼓舞苏联努力作战并主张和我们受难如此深重的伟大同盟国保持密切接触的人们，加以谴责是容易的。当德国人还有二三百个师在战线上，如果我们跟苏联人发生了争吵，试问会发生什么样的结果？我们寄予希望的种种设想不久即告落空，然而，这些设想是当时仅可能的设想。

第27章

罗斯福逝世与德国投降

4月12日，周四，罗斯福总统突然于佐治亚温泉逝世，享年63岁。那天下午，总统在画师为自己画像时突然病倒，从此不省人事，隔了几个钟头就逝世了。

前文提过，即将到来的胜利所带来的种种问题，其复杂性可与战争中种种严重的危险相提并论。的确，罗斯福可以说是在战争最高潮的时刻，而且最需要他的权威来指导美国政策的时候死去的。4月13日，周五清晨，当我获悉此噩耗时，仿佛受到了一次巨大的打击。

我跟这位卓越人物的关系，在我们共同工作的漫长而惊心动魄的岁月中，曾起过极其巨大的作用。这些关系都已经告终，我被内心涌起的一种深沉而无可挽回的情感压倒了。我到下议院去，原定11时开会，我只用短短几句话建议：为了悼念我们卓越的朋友，我们应该立即休会。这种因一个外国元首逝世而采取休会的空前做法，是符合全体议员一致愿望的，他们仅开了8分钟的会，便缓缓地鱼贯走出会议室。

许多国家采用这样或那样的方式来悼念罗斯福。一面面镶着黑边的旗帜挂在莫斯科。当最高苏维埃开会的时候，他们起立默哀。日本首相向失去自己领袖的美国人表示“深切的同情”，他把“美国人今天的有利地位”归功于这位领袖。德国无线电台中所说的却正相反，“罗斯福将在历史中成为这样一个人，就是由于他的煽动才使现在的战争蔓延成为第二次世界大战，他是终于做到使他的最大的敌手、布尔什维克苏联得势的这样一个总统。”

4月17日，周二，当议会开会的时候，我提议向国王陛下奏明议会深切的哀悼和他们对于罗斯福夫人及美国政府和人民的深厚同情。照常例应当由各党领袖发言来支持这样一个提议，但我当时有一种自发的感觉，认为应该由我单独代表下议院发言。那一天，我找不到比我当时在那个悲痛事件的情感中所说的更为恰当的话。

我说：“我和这位伟人的友谊是在这次战争中开始和成熟起来的。我们今天向他的功绩和名望表示敬意。在上次战争结束以后，我曾经见过他，但只有几分钟。1939年9月，我一进海军部，他就给我发来电报，请我就有关海军或其他问题跟他直接通信，只要我觉得有需要，不论何时都行。我得到了首相的许可后，就这样做了。我知道罗斯福总统对海战有浓厚的兴趣，就提供他一连串关于我们海军事务和各种作战行动的消息，尤其是包括普拉特河口的战斗，这次行动照亮了战争中第一个黯淡的冬天。

“当我担任了首相，而战争在极度可怖的激烈状态中爆发的时候，当我们自己的生死存亡还悬而未决的时候，我已经能够在最亲密和愉快的交谊之中跟总统互通电报。这一情况在全世界斗争的整个升沉起伏之间，始终继续保持下来，直到上周周四我接到他最后的电报为止。这些电报表明，他在处理疑难复杂的问题上所一贯具有的明确的见解和活力，并没有衰退。我可以指出，这样的通信（在美国参战以后当然大为激增），包括我们之间来往的电报，计达1700件以上。其中有许多长篇电报，大多是处理那些在其他阶段得不到正式解决、必须由政府首脑一级来讨论的比较困难的问题。除了这些通信以外，还得加上我们的九次会议——一次在阿根夏，三次在华盛顿，一次在卡萨布兰卡，一次在德黑兰，两次在魁北克和最后一次在雅尔塔。大约共有120天亲密的个人接触，其中有一大部分时间我和他住在白宫里，或在海德公园他的家中，或在他称为香格里拉的蓝山城他的别墅山庄里。

“我钦佩他是一个政治家、实干家和军事领导人。我极其信赖他的正直、感人的品格和见识，我对他还有一种今天无法用语言表达的个人的尊重——我应该称它为情谊。他爱他的祖国，尊重它的宪法，和他判断变化不定的舆论倾向的能力，这些始终是有目共睹的。此外，还得加上他那颗跳动不已的宽宏大量的心，这颗心经常因见到强国对弱国的侵略和压迫的种种现象而激起愤怒，采取行动。如今这颗心永远停止跳动了，这的确是一个损失，人类一个痛苦的损失。

1945年3月，德国韦瑟尔附近，美国伞兵部队在空降（罗伯特·卡帕拍摄）

“罗斯福总统的病痛沉重地压在他身上。他在这许多年的动乱和风暴之中，竟能克服肉体上的病痛，这真是一个奇迹。

“千万人中找不到一个像他那样深受病魔折磨而残废的人，会试图投入一种体力和脑力都很紧张，以及艰苦而永无休止的政治论争的生活中去。千万人中没有一个敢于尝试，一代之中没有一个人会得到成功。他不仅进入这个领域，不仅积极活动于其间，还成为那个场面里不容置辩的主人翁。在这样一种精神战胜肉体、意志战胜生理缺陷的非凡努力之中，他得到了那个高贵的妇女、他忠诚妻子的鼓舞和支持，她的崇高理想跟他的理想并驾齐驱，今天下议院充分表现出对于她的深切而尊敬的同情。

“毫无疑问，总统预见到笼罩着战前世界的巨大危险。比起大西洋两岸大多数消息灵通人士来，更具先见之明。他用全力促进美国和平时期舆论可以接受的预防性的军事准备。

“当不和睦的现象开始出现的时候，他的同情寄托在哪一边是丝毫不用怀疑的。对于法国的陷落和本岛以外大多数人认为大不列颠行将覆灭一事，使他感到极大的痛苦，虽然他对我们从来没有失去信心。这些事情之所以使他感到痛苦，不仅因为欧洲之故，而且也因为一旦我们被击溃或者在德国奴役下苟延残喘，美国也将暴露在严重的危险之下。当我们处于孤独的紧急时期，英国所忍受的痛苦使他和他的无数同胞对我国人民充满着最热烈的情感。在1940—1941年那个严峻的冬季中，希特勒下定决心要用猛烈的空军闪电战把我们的城市“夷为平地”，他和他的同胞们正和我们中任何人一样，感同身受，或许还要更强烈些，因为想象中的痛苦时常要比实际的更为厉害。毫无疑问，英国人，尤其是伦敦人，所忍受的痛苦，在美国人的心中所燃起的怒火，比我们所遭受的大火灾更难熄灭。还有，那时，虽然有韦维尔将军的胜仗（确实是由于我国给他派遣援兵之故），但在美国却广泛地存在着一种担忧，认为德国在1941年春季经过充分准备之后，一定会向我们侵犯。在1月里，总统派了现已去世的温德尔·威尔基先生到英国来，他虽然是总统的政敌和反对党的候选人，但在许多重要问题上跟他有同样的见解。威尔基先生带来了罗斯福总统的一封亲笔信，信中有朗费罗的几行著名的诗句：

邦国之舟，扬帆前进吧！
扬帆前进，强大的联邦！
忧患中的人类，
正全神贯注地将他们的一切未来希望，
寄托在你的命运之上。

“大约就在那个时候，他想出了一种援助的非常措施，叫作《租借法案》。这种办法是有史以来任何国家中最无私和最慷慨的财政法案。它的效果是大大地增强了英国的战斗力，并且为所有的战争努力服务，使我们好像变得人数多了，力量大了。那年秋天，我在战争期间第一次跟总统会见于纽芬兰的阿根夏，我们共同起草了后来称为《大西洋宪章》的宣言。我相信它将长久成为我们两国人民和世界上其他各地人民的指南。

“在这整段时间里，日本人埋藏在神不知鬼不觉的极端秘密之中，准备着他们的背信弃义和贪婪的勾当。当我们下一次在华盛顿会见的时候，日本、德国和意大利已经对美国宣战，而我们两国已经在并肩作战了。从那时起，我们虽然经历了千辛万苦与挫折失望，但总是不断扩大战果，在陆上和海上前进。这里我无须多谈在西半球发生的一系列大战，更不必说世界另一边正在进行的另一场大战了。我也无须谈到我们跟伟大的盟邦苏联在德黑兰所制定的计划，因为这些计划现在已经完全付诸实施了。

“但是在雅尔塔我注意到总统有病痛。他动人的微笑，他愉快而潇洒的风度，并没有消失，可是他的面色异常苍白，形容消瘦，眼神往往有惘然若失之感。我在亚历山大港向他告别的时候，我必须承认，我已经有一种隐隐约约的忧虑之感，觉得他的健康和体力正在衰落下去。但任何事情也不能改变他那不屈不挠的责任感。直到临终，他面对着他的无数任务毫不畏缩……当死亡突然降临到他身上的时候，他已经完成了他的使命。他已经做了他一生应做的那一份工作。就像有句谚语说的，他以身殉职，而且我们可以更确切地说，他就像那些跟我们的战士一起在世界各地并肩战斗、把任务执行到底的他的士兵、水手和航空人员殉身战场一样。他的死是值得钦佩的！他已经把他的国家从最大的危险和最沉重的苦难中挽救过来。胜利的确定而可靠的光芒已经投射在他的身上。

“在和平的日子里，他曾经扩大和稳定了美国的生活和团结的基础。在战争中，他把伟大的共和国的实力、威力和荣誉提高到历史上任何国家所从未达到的高度。美国用左手来领导得胜的盟军进入德国的心脏，又用右手在地球的另一边，势如破竹地粉碎了日本的力量，而且在这整个期间，一直把船只、军火、补给品和各种食品大规模地援助给它的大小盟国。

“但是，如果他不是把一生这么许多的精力用于人类自由和社会正义的事业，使之增添上一层光彩……从而将永久为世人所认识的话，那么，这一切充其量也不过是世俗的权势和威严罢了。他身后留下了一批坚决和能干的人，来处理庞大的美国战争机器中无数互相关联的各个部门。他留下一个继承者，这个人以坚定的步伐和充分的信心出来担当任务，以期达到预定的目的。我们唯有这样说，在富兰克林·罗斯福身上，我们失去了历来所未有的最伟大的美国朋友，也是把援助和安慰从新世界带到旧世界来的最伟大的自由战士。”

我开头时情不自禁地想飞去参加葬礼，而且我已经关照准备好一架飞机。哈利法克斯伯爵来电报说，霍普金斯和斯退丁纽斯对于我可能要去的想法，大为感动，并对我认为去了将大有好处的看法，都热烈赞成。后来杜鲁门又请他转告，他个人将如何重视尽可能早日和我见面的机会，他认为如果我有意要去的话，吊丧期间进行访问将是一个自然而方便的机会。杜鲁门先生的意思是在葬礼完毕以后，我可以跟他作两三天的会谈。

十分繁忙的公务压在我的身上，使我不能在这个最危急和最困难的时刻离开本国，我只好顺从了朋友的愿望。

后来我回顾此事时，惋惜当初不曾采纳新总统杜鲁门的建议。我过去没有见过他，我觉得有许多事情要是能跟他面谈那是具有重大意义的，尤其是，如果能分成几天谈，不匆忙，也不拘束。我觉得奇怪的是，特别是在最后的几个月里罗斯福不曾使他的副总统和可能的继承人充分熟悉事情的全过程，也没有叫他参与正在执行的决议。这显得对于我们的事业有着极大的不利。亲历其境、躬预其事，同事过境迁之后靠阅读卷宗文件去了解情况，两者之间是无法相比的。例如艾登先生是我的同僚，他知道每一件事情，因此任何时刻都能够把我的全部领导工作接过去，尽管眼下我的健康很好，精力也极充沛。但是美国的副总统是从原来知道得很少和权力较小的地位，一跃而掌握最高的权力。杜鲁门先生在这个战争的高潮时刻怎样能够了解和估量事关生死存亡的问题呢？从后来我们所知道的关于他的每一件事情，都说明他是一个刚毅而无所畏惧的人，能够采取最大的决策。但在最初的几个月里，他的地位是极其困难的，这使他不能充分发挥他的卓越的才能。

杜鲁门总统与我们有关的第一个政治行动，就是着手处理仅仅48小时以前罗斯福逝世时的波兰问题。他建议由我们两人向斯大林发出一个联合声明。这一文件的内容，在新总统接任的时候，国务院当然很早作了准备。无论如何，在举行就职典礼和前任丧葬仪式之中，他能够这样迅速地把这件事担当起来是很了不起的。

被美军第10装甲师俘虏的德国士兵（罗伯特·卡帕拍摄）

他承认斯大林的态度不太令他感到有希望，但觉得我们应该“再作一次尝试”，因此他建议告诉斯大林，我们在莫斯科的大使们毫无疑问已经同意邀请华沙政府的三个领袖到莫斯科会商，并向他保证我们从来没有否认他们将在组织新的波兰统一临时政府中担当重要的职务。我们的大使们并没有要求从波兰国内外邀请不限人数波兰人的那种权利。真正的问题在于华沙政府是否对于各个参加会商的候选人有否决权。在我们看来，《雅尔塔协定》并没有给他们这样的权利。

“……波兰人失踪的事件现在需要把它记载下来，虽然这一记载似乎比一般的叙述要追溯得稍早一些。在1945年3月初，苏联政治警察邀请波兰的地下工作者派一个代表团前往莫斯科，商讨依照《雅尔塔协定》的方针组织一个统一的波兰政府。邀请时还附有一个对于个人安全的书面保证，并且有过谅解，就是谈判如果成功，可以让这一方的当事人到伦敦去跟波兰流亡政府洽谈。

3月27日接替博尔–科马罗夫斯基将军指挥地下军的利奥波德·奥库利茨基将军、其他两个领袖和一个翻译员在华沙市郊跟一个苏联代表会见。第二天有代表波兰各主要党派的11个领袖加入他们。此外，有一个波兰领袖原已为苏联人所控制。没有一个人从约定会见的地方回来。4月6日，波兰流亡政府在伦敦发表了一个声明，叙述这一阴险的插曲的概况。波兰地下工作者中最受人尊敬的代表们已经下落不明，虽然有苏联官员发给的正式通行证。议会里有人提出询问，此后又纷纷传说在目前苏军占领区内有枪毙地方上波兰领袖的事，特别是在波兰东部谢德尔策有这种插曲。直到5月4日莫洛托夫才在旧金山承认说，这些人在苏联被拘留关押，苏联的一个官方通讯社于第二天宣称他们因被控“在苏军后方搞牵制性破坏活动”一案正在等候审判。

5月18日，斯大林公开否认这些被捕的波兰领袖有过被邀请到莫斯科的事，而且坚持说，他们只不过是“牵制性破坏活动分子”，将受到“一种类似英国保卫国土法案的法律”处理。苏联政府拒绝改变这种立场。关于这些被诱捕的受害者，此后就毫无所闻，一直到6月18日对他们被控的案件开审。犯人被控犯有颠覆、搞恐怖活动和间谍等罪名。除一个人外，其他被告或全部或部分承认被指控的罪状。13个人被判罪，分别处以四个月到十年的有期徒刑，三个人被释放。

正当旧金山会议在愉快地规划一个自由、文明和团结的未来世界的基础之际，正当伟大同盟的各国人民对希特勒和纳粹的暴政取得胜利而欢欣鼓舞之时，我的内心却因迅速展现在我的视野之前的新的和更大的危险而感到忧郁。其次还有对大选的忧虑，无论其结果怎样，势必导致全国的分裂而削弱它在这一期间的态度。那时候，我们在这一场正义战争中所赢得的一切，可能都丢失了。看起来最重要的是，我、斯大林和杜鲁门应该尽早会晤，不应有任何耽误。5月4日，我把我所看到的欧洲景象描绘给艾登，他当时正出席旧金山会议，每天跟斯退丁纽斯和莫洛托夫接触，而且不久将到华盛顿，再度谒见总统。

我们看到了惊人的变化，这些变化是扣人心弦的。希特勒的德国已经完蛋，他本人也即将灭亡。苏联人正在柏林作战。维也纳和奥地利的大部分在他们的掌握之中。苏联跟西方盟国的整个关系处于变动之中。在我们之间，每一个与将来相关的问题都悬而未决。雅尔塔的协议和谅解，当时是那样的，现已被胜利的克里姆林宫撕毁而甩在一边。新的危险，或许像我们已经克服过的一样可怕，幽然出现在饱受折磨而四分五裂的世界。

这些不祥的发展所抱的忧虑，即使在罗斯福总统逝世以前也已经明显。据我们看来，他本人也觉得不安和烦恼。尽管有艾森豪威尔军队胜利前进，杜鲁门总统在4月的后半月仍发现自己面对着一个可怕的危机。在过去的一段时间里，我曾经尽力要给美国政府一个印象，就是军事和政治方面都在发生重大的变化。当东西方盟军的前线互相接近而夹攻德军的时候，我们西方国家的军队不久将大大地越过我们占领区的界线。

如果其他的协议也得到尊重的话，我决不会主张取消我们关于议定的占领区的诺言。然而事实渐渐使我相信，在我们的军队停止前进甚至于撤退以前，我们应该设法跟斯大林当面会谈，以便能达成一个有关整个现状的协议。如果我们严格信守协议，而苏联人却把一切能得到的东西都抓在手上，丝毫不顾他们所承担的义务，那将引起一场灾难。

到了4月，时局已经很明显了，希特勒的德国很快就要被彻底打垮了。进攻的军队长驱直入，彼此之间相隔的距离一天天地缩小。希特勒曾经寻思要在什么地方作最后的抵抗。迟至4月20日，他还想离开柏林到巴伐利亚的阿尔卑斯山区的“南方堡垒”去。这一天他召开了有主要的纳粹首领参加的一次会议。当德国人的东西两线

1945年，胜利前夕牺牲在莱比锡一幢公寓里的年轻美国士兵（罗伯特·卡帕拍摄）

即将被盟军先头部队的挺进切成两半的危险时，他同意建立两个分开的司令部。海军上将邓尼茨将负责管理北方的军事和民政，特别要负责把东方约200万的难民带回德国本土。南方残余的德军将由凯塞林将军指挥。一旦柏林陷落，这些措施就立即付诸实行。

两天以后，4月22日，希特勒作了最后的和断然的决定，留在柏林直到最后一天。这个首都不久被苏联人完全包围起来，元首失去了控制事态的一切能力。给他留下要做的事只是如何在危城的废墟中安排自己的死法。他对留在他身边的纳粹首领宣布他要死在柏林。戈林和希姆莱自从4月20日的会议以后都已离开，一心盘算着怎样进行和平谈判。已经到南方去的戈林以为希特勒既然决意留在柏林，实际上已经退位，因此请求确认他正式行使元首继承人的权力，但所得到的答复是立即撤销他的一切职务。

希特勒总部里最后的景象在别的书中已有很详细的描绘。在他的统治集团的头面人物中，一直跟他在一起到最后的，只有戈培尔和博尔曼。苏军当时正在柏林进行巷战。4月29日清早，希特勒立下了遗嘱。那一天，他在总理官邸底下的地下避弹室里照常进行例行公事。墨索里尼的死讯传来了，时机来得这样冷酷无情地巧合。

约德尔将军签署德国投降书（佚名拍摄）

4月30日，希特勒安静地和随员一起吃午饭。吃过了饭，他跟在场的那些人握了手，然后回到他自己的寝室去休息。到了下午3时30分，听到一声枪响，他的随从人员走进他的房间，发现他躺在沙发上，身旁有一支左轮手枪。他是对准了自己的嘴巴开枪的。埃娃·布劳恩死在他的身边。在最后这几天里，希特勒跟她秘密结了婚。她是服毒死的。两人的尸体就在庭院里焚化。希特勒的火葬堆，伴以越来越大的苏联人的枪炮声，构成第三帝国阴惨的结束。

遗留下来的首领开了一次最后的会议。他们作了跟苏联人谈判的最后一分钟尝试，但朱可夫要求无条件投降。博尔曼试图冲过苏联人的前线，从此失踪。戈培尔毒死了他的六个孩子，然后命令纳粹党先锋队警卫员开枪把自己和妻子打死。希特勒总部里的其他人员落在苏联人的手里。

那天晚上，海军上将邓尼茨在霍尔施泰因的总部里收到一封电报：

元首任命你，帝国海军上将先生，为他的继承人，以代替前帝国元帅戈林。

书面的任命状现在途中。你应根据形势需要立即采取一切措施。

博尔曼

混乱开始了。邓尼茨曾经和希姆莱进行过接触，他原认为柏林如果陷落，希姆莱将被任命为希特勒的继承人，而现在最高的责任在毫无预兆的情况下，突然落在他的身上，这样他就面对着部署投降的任务。

5月7日凌晨2时41分，全面无条件投降的投降书由比德尔·史密斯中将同约德尔将军签订，当时在场作证的有法国和苏联的军官。因此，所有的战斗在5月8日午夜全面停止了。

正式由德国最高统帅部追认的投降仪式，是在苏联人的安排之下，于5月9日清早在柏林举行的。空军上将特德代表艾森豪威尔，朱可夫元帅代表苏联人，陆军元帅凯特尔代表德国，分别签了字。

第28章

波茨坦：我的记载告一段落

当我走进伦敦欢呼的人群时，看到饱经磨难的人们，正沉浸在来之不易的欢乐之中，充斥在我心里的却是对于未来的担忧和困扰。在许多人看来，这场由希特勒带来的灾难以及随之而来的各种考验和磨难，都已消失在了光荣的火焰之中。五年多来，他们曾与之战斗的强大敌人已经无条件投降了。对于三个强大的战胜国来说，剩下的工作不过是建立一个能保障正义与和平持久不变的世界机构，把士兵送回他们盼望已久的亲人身边，让国家就此进入一个繁荣和进步的黄金时代。没错，这些恰恰就是民众心里所想的。

然而，在这美好愿景的另一头，日本还没有被征服，原子弹还没有制成，世界还处在混乱之中。伟大的盟国虽然受共同的威胁而联合起来，但这条纽带已然于一夜之间荡然无存了。在我看来，苏联已经取代了纳粹敌人的威胁，能与之抗衡的同盟却还没有形成。在英国国内，战时内阁赖以保持全国上下团结一致的坚实基础，也已一去不复返了。我们的力量，曾经战胜过这么多的风暴，却无法在在灿烂的阳光下继续维持。那么，我们究竟应当如何解决这些问题，才能使这场艰难而困苦的斗争得到最终的补偿?

在我的心里，有种恐惧始终挥之不去，那就是已经获胜的民主国家军队即将解散，而最严峻的真正考验还在我们的面前。这一切我过去全见过。我回想起30多年前充满了欢乐的某天，那时我同妻子驱车从军需部通过和今天相差无几的人群前往唐宁街，去向首相祝贺。就像现在一样，我对整个世界的局势有种理解。

不同的是，那时还没出现能让我们为之惧怕的强大军队，

我主要考虑，由三大国召开一次会议，并希望杜鲁门总统能够在会议开始前提前到伦敦一趟。然后，我们可以看到，各种大不相同的意见，从华盛顿的各个有势力的方面冲着新总统提出。以前在雅尔塔我们注意到的那种心情和看法一直有所加强。有人主张，美国必须留神别让它自己被引入到任何反苏的行动中去。他们认为，这种反苏行动将激起英国的野心，而在欧洲造成一条新的鸿沟。另一方面，正确的政策应当是美国站在英国和苏联之间，充当一个友好的调停者，甚或是一个仲裁者，力图缩小这两个国家之间关于波兰或奥地利的分歧，使问题得到解决，达成安定和幸福的和平，从而使美国得以集中兵力来对付日本。

这些意见对于杜鲁门的压力一定是十分强大的。从他的历史上著名的行动表现来看，他的本能反应可能与此迥然不同。我当然无法衡量在我们最亲密的同盟者的神经中枢上起着作用的是哪些力量，虽然不久以后我对于它们有所意识。我只觉得拥有巨大声势的苏联正朝着那些无能为力的国土上席卷而来。

就在这几天里，我又发给杜鲁门总统一份可以称为有关“铁幕”的电报。在我所写的有关这个问题的一切公开文件中，我宁愿以这一份电报供人们对我作出判断。

首相致杜鲁门总统：

1．我对于欧洲局势感到十分忧虑。我得悉美国在欧洲的空军已有一半开始向太平洋战区移动。报纸上充满了美军从欧洲大批开拔的消息。我们的军队，按照以前所拟定的办法，也很可能要有很大的裁减。加拿大军队当然要走。法国的力量薄弱，不足以应付。谁都能看出，我们在大陆上的武装力量，除留下少量部队用来管制德国以外，将在很短的时间以内消失。

2．同时苏联方面将会有些什么情况？我始终为同苏联建立友好关系而努力。但是，像你一样，我感到深切忧虑，因为他们对雅尔塔决定作了曲解，他们对波兰的态度，他们在巴尔干半岛各国，除希腊以外，占有压倒的势力，他们在维也纳所造成的困难，他们把苏联的实力同在他们控制或占领之下的地区结合起

来，再配合上他们在其他许多的国家里所施展的伎俩，尤其是他们能够在广大地区里长时间维持着的庞大的军事实力。一两年后，那时英美的军队已经散掉，法国军队还不能大规模地建立起来，我们可能只有寥寥几个师，大部分是法国师，而苏联人可以随意保持现役的二三百个师，试问那时的局面将会怎样？

3．他们将在前沿地区拉下一道铁幕。我们不知道这个铁幕后面将发生些什么事情。在吕贝克—的里雅斯特—科孚一线以东的整个地区看样子毫无疑问，不久将完全落到他们手中。此外，还得加上美军所攻占的在艾森纳赫和易北河之间的一大片地区。据我料想，当美军一撤回，这一地区在几周之内，又将被苏军占领。当苏军大举向欧洲中心前进的时候，艾森豪威尔将军必须做好一切安排，以防止又有一大批的德国人向西逃走。到那时，铁幕又将在一个很大的范围内（即使不是完全地）降下来。这样，将有一个好几百英里宽的苏联占领区的广阔地带，把我们同波兰隔开。

4．同时，我们的人民方集中注意力严厉惩办已被摧毁残破并已屈服的德国，这就给了苏联人以可乘之机，如果他们想进入北海和大西洋的水域，他们在很短时间内就可进来。

5．的确，在我们军队极度削减，或退到占领区内以前，现在就十分需要同苏联达成一项谅解或者看看我们跟它的关系究竟如何。要做到这一层，只有亲自会面。我对于你的意见和指教将非常感激。当然我们也可以采取一种看法，即认为苏联的行径将是无可非议的，那无疑提供了最方便的解决办法。总而言之，在我们的力量还没有消散之前跟苏联解决问题，在我看来这是压倒一切的当务之急。

1945年5月12日

6月1日杜鲁门总统告诉我，斯大林元帅已同意于7月15日左右在柏林举行一个他所称为的“三人”会议。我立即答复说，我将很高兴地带着英国代表团到柏林去，但是我认为杜鲁门所提议的7月15日，对于要求我们彼此注意的紧迫问题来说，是太晚了，而且我们如果让我们个人或一个国的需要妨碍及早开会的话，我们还将使全世界的希望和团结受到损害。我复电中有这样的话，“我虽然处于火热的竞选运动之中，我并不认为我在这里的任务可以与我们三人之间的会议比拟。如果6月15日不可能，为什么不在7月1日、2日、3日”。杜鲁门先生答称，经过充分考虑后，就他来说，7月15日是最早的了，并且说正在依此进行布置。斯大林是不愿意把会期提前的。

我曾经说过，我多么强烈地认为每一个政府的首脑，在危机时期中，应该有一个副手能参与一切事情，如果有什么意外发生，他就能够因此保持连续性。在战时的议会中，保守党占了大多数，我一直把艾登先生看成我的继任人，并且在国王召见的时候，我曾照这样禀明了国王。但是现在已进行一个新议会的选举，而结果尚未揭晓。因此我觉得理应邀请反对党领袖艾德礼先生出席波茨坦会议，使他能熟悉一切事务而不致脱节。

我所以一直着急要趁早开会，主要理由当然是因美军急于要从战争中赢到手的界线撤退到占领协定中所规定的区域中去。我所担忧的是华盛顿有一天会作出决定，让出这一大片地区——长达400英里，最深处达120英里。这里面拥有好几百万的德国人和捷克斯洛伐克人。放弃它就将在我们同波兰领土之间设置一道很广阔的鸿沟，并将实际上结束我们影响她的命运的能力。苏联对我们的态度的改变，雅尔塔所达成的谅解经常遭到的破坏，它向丹麦的挺进所幸被蒙哥马利及时的行动所挫败，对于奥地利的侵占，以及铁托元帅在的里雅斯特的威胁性的压力。这一切，在我和我的顾问们看来，已经造成与两年前规定占领区时完全不同的形势。的确，所有这些问题应该通盘考虑，而现在正是时候了。此时英美两国的陆军和空军，在未因复员及对日作战的压倒性的要求而离散之前，仍然是一支强大的武装力量，因此当前是作出最终解决的最后时机。

1945年6月4日，我在致杜鲁门总统的电报中说：“对于美军撤退到中部地区我们的占领线内，因而使苏联的力量深入到西欧的心脏，并且放下一道铁幕使我们和东边的一切事物隔开，我认为是深可忧虑的事。如果非撤不可的话，我希望这次的撤退能和真正奠定世界和平基础的许多重大事情连带一起解决。”

6月12日总统答复了我6月4日的去电。他说，关于占领德国的三方协定，是罗斯福总统同我经过“长时间考虑和仔细讨论”之后才批准了的，这使得他们不可能为了促使其他问题的解决而推迟美国部队从苏联占领区的撤出。

这件事在我心头敲了一下丧钟，但是我除了顺从之外，没有选择的余地。7月1日，美国和英国军队开始撤到指定给他们的占领区里去，有大量的难民跟着走。苏联从此在欧洲的心脏地区站住了脚。这是关乎人类命运的一块里程碑。

1945年6月，苏军控制下的德国国会大厦（休伊特拍摄）

杜鲁门总统和我在同一天到达柏林。我急于会见这一位当权人物，我跟他虽然有意见不同的地方，但是通过书信的来往，我已同他建立起真诚的关系。我在到达的那天上午就去访问他，他的愉快的、一丝不苟的、神采奕奕的风度和明朗的决断能力给我深刻的印象。

7月16日，总统和我分别在柏林巡视一周，城内只是断垣残壁，一片混乱。我们的访问，当然事先没有发出通知。街道上也只有寻常的行路人。在总理官邸前面的广场上却有相当多的人聚集在那里。当我步出汽车走在他们中间的时候，除了一个老年人，摇头有不豫之色外，其他人都欢呼起来。他们投降之后，我的仇恨心已经随之消失。而且看到他们的表示，他们憔悴的形容和褴褛的衣服，我深受感动。随后我们走进了总理官邸。在残破的走廊和厅堂里走了好一阵。然后我们的苏联向导把我们带到希特勒的防空地下室里去。我走到底层，看到他和他的情妇在那里自杀的房间。当我们回到上面的时候，他们指给我们看他的尸体被焚化的地方，我们听到那时所能得到的关于最后几场情景的最好的第一手报道。

希特勒所采取的办法，并不是我所顾虑的那个办法，这对我们倒是方便得多。在战争的最后几个月的任何时间里，他可以飞到英国去自首，说道："随便你们怎样处置我，但请宽恕被我引入歧途的人民。"毫无疑问他会得到纽伦堡战犯的同样命运。现代文明的道德原则似乎有规定，凡战败国的领袖应该由战胜者置之死地。这样，将来再有战争的时候，势将促使这些人苦战到底，至于有多少生命将作不必要的牺牲与他们无干，反正他们不会有更多的损失。真正付出额外代价的是对于发动和结束战争都没有什么发言权的广大人民。罗马人守着相反的原则，他们的胜利一半归功于他们的勇敢，也几乎同样归功于他们的宽大。

7月17日，震动世界的消息来了。下午史汀生到我的寓所里来访问，把一张纸放在我的面前，上面写着："孩子们满意地生下来了。"看他的神色，我知道有桩非常的事情发生了。

他说道，"这意思表示墨西哥沙漠里的试验已经进行了。原子弹已是一个实在的东西了。"……然而还没有人能衡量这种发明在军事上的直接后果，也没有人估计到关于原子弹的其他一切。

第二天早晨一架飞机带来了人类历史上一件惊人事件的详尽描绘。史汀生带给我那份报告，我现在就回忆所及，把情况讲一讲。这个炸弹，或威力相等的装置，是在一个一百英尺高的塔顶上起爆的。周围10英里以内任何人都得离开。科学家和他们的工作人员蹲伏在大约距这样远的地方的坚厚的混凝土掩蔽部和防御物的后面。爆炸的威力可怕得很。一股巨大的火焰和烟雾直冲到我们可怜的地球表面的大气边缘。周围一英里以内的东西完全遭到毁灭。于是这里有迅速结束第二次世界大战的办法，也可能成为结束其他许多事情的简捷办法。

总统邀我立即跟他会谈。跟他在一起的有马歇尔将军和李海上将。到目前为止，我们只打算用可怕的空中轰炸和大量军队的进攻来攻击日本本土。我们所想到的是日本人以武士道的精神，拼命抵抗，到死方休。不仅在对阵作战是如此，而且在每一个洞穴，每一条壕沟里也都是如此。我心中有着冲绳岛的景象，那边有好几千日本人不愿投降，等他们的领头庄严地实行切腹礼以后，就排成一队，用手榴弹毁灭自己。

登陆冲绳岛，战斗中的美军士兵

要一个人一个人地消灭日本人的抵抗，一寸土一寸土地征服那个国家，很可能需要丧失100万美国人和50万英国人的生命——如果我们可以把更多的人运到那边，损失还要大，因为我们决心要同美国共患难。现在这一个可怖的梦境已经完全消失。代之而起的是，在一两次剧烈震动之后整个战争结束的景象——似乎真是光明而美丽。我立即想起素以勇敢使我敬服的日本人，自从这种几乎不可思议的武器出现以后，或许会从中找到一种借口来挽回他们的面子，并且脱卸他们战至最后一人的责任。此外，我们不需要苏联人了。日本战事的结束不再倚赖于他们的大军源源参战以从事于最后的和旷日持久的屠杀。我们无需乞求他们的恩惠。

隔了几天，我写信给艾登先生说："事情十分清楚，美国现在不希望苏联人参加对日作战了。"因此那一连串的欧洲问题，可以就他们本身的利弊并且按照联合国的大原则来处理。我们似乎突然得到了上帝恩赐的良机，可以减轻东方的屠杀，并且在欧洲得到了幸福得多的前途。我觉得毫无疑问，我的美国朋友的心中也有这些思想。无论如何我们从来不曾花一刻工夫来讨论到底应否使用原子弹。为了避免大规模的无止境的屠杀，为了结束这场战争，为了使世界得到和平，为了使苦难中的人民得到安抚，而不惜付出几次爆炸的代价，来显示一种无比的威力，这在我们历尽一切艰辛危险之后，不失为一种拯救生灵的神奇事迹。

在实行试验以前，英国对于这种武器的使用，已经在7月4日在原则上表示同意。现在作最后决定的，主要在于拥有这个武器的杜鲁门总统，但是我始终没有怀疑过他会作出什么样的决定，事后也从没有对他做法的正确性表示过怀疑。对于应否使用原子弹来迫使日本投降的决定，从来就没有人提出争议过，这是一个永不改变的具有历史意义的事实，后代必然会加以判断的。至于在当时的会议桌上，大家是一致的、自动的和毫无异议地赞同这样做法，我也从来没有听到有人做过丝毫的暗示说我们不应该这样做。

1945年7月26日，美国总统、中国国民政府主席和英国首相发出一个最后通牒，要求日本军队立即无条件投降……这些条件遭到日家军事统治者的拒绝，因此美国空军订出计划，准备在广岛和长崎各投一个原子弹。

我们同意对于居民们给以一切准备机会。实施的程序都详详细细地拟出来。

为了尽量减少生命的损失起见，在7月27日散发传单警告11个日本城市，它们将遭受猛烈的空中轰炸。下一天其中6个受到袭击。7月31日另有12个城市受到警告，其中四个在8月1日遭到轰炸。最后一次警告是在8月5日发出的。到了那个时候，据称超级空中堡垒每天散发了150万张传单，还有300万份最后通牒。到了8月6日方投下第一颗原子弹。

1945年9月2日，日本外相重光葵在“密苏里”号上代表日本签署了投降书（佚名拍摄）

在对日战争收场的时候，我已离职，我只简单地把它们记下来。8月9日，继广岛一弹之后，第二颗原子弹落在长崎市。次日，日本政府不顾一些军阀极端分子的叛乱，表示：如果不损害天皇作为一国元首的特权，同意接受最后通牒。盟国政府，包括法国在内，答复他们，天皇应该受盟军最高统帅部的节制，他应该授权并且保证降书的签订。盟国的武装部队将留驻在日本，直到波茨坦会议所提出的目标达到为止。这些条件在8月14日都被接受。艾德礼先生在半夜把这个消息广播出去。

盟国的舰队驶进了东京湾，9月2日早晨在美国战列舰“密苏里”号上日本签订了正式投降书。苏联在8月8日对日宣战，离敌人崩溃只有一周。然而它照样要求交战国的全部权利。

对于执行投降条件，我们不容许有任何拖延。马来西亚、香港和荷属东印度的大部地区仍然在敌人手中，还有其他地方的一些孤军可能不顾天皇的命令而继续作战。因此占领这些广大地区成为当务之急。蒙巴顿将军自缅甸战役以后，即一直在准备解放马来西亚，并且已经为在瑞天咸港（巴生港）附近登陆作好一切准备。9月9日实行登陆。9月初占领其他港口时，没有战事，到了9月12日蒙巴顿在新加坡举行了一次受降仪式。

一个英国军官，海军上将哈考特，在8月30日抵达香港，9月16日接受了该岛日军的正式投降。

在美国有些人相信多多利用以中国或以西伯利亚为基地的空军力量，可以更经济地击败日本。他们主张单凭空军的行动，一样可以切断日本的海上交通，并且摧毁它本土的抵抗力量，而不必从海上作耗费很大的长途跋涉以进行进攻的序幕战，空军中先进的代表人物主张其他地区像缅甸、马来亚及东印度群岛的政治目标可以暂时放弃，等到空战取得胜利以后，可以不战而得。美国参谋长联席会议却不赞成这些意见。

认为日本的命运决定于原子弹是错误的。在第一颗原子弹投下以前，它的失败已经注定，而造成这个局面的是压倒一切的海上威力。只有这个使我们有可能夺得海洋上的基地，从那里进行最后的攻击，并且迫使它的京畿军队不打一仗即投降。它的船只已遭到摧毁。它开始投入战争时有550万吨以上的船只，后来由俘获和新造所得，吨位有所增加，但是它的护航制度和护送舰只，力量不足，并且组织得也不好。

被击沉的日本船只超过850万吨，其中有500万吨是被潜艇击沉的。我们是一个岛上的强国，同样依靠着海洋，可以从中吸取教训，假如我们不能制胜德国的潜艇，我们自己的命运也就可想而知了。

在波茨坦会议上，我们面临着的问题之中，对日战争的胜利既不是最难的问题，也不是影响最大的问题。德国已经被打垮了，欧洲必须重建起来。士兵必须回家，难民只要可能，必须回国。尤其是，各国必须谋取和平，使大家能在和平中一起生活，即使得不到舒适，至少应有自由和安全。

我不打算把我们在正式会议和私人谈话中，关于压在我们身上的许多迫切问题所交换的详细意见加以复述。其中有许多到现在还没有解决。英国为了波兰而战，但波兰现在既不自由，又不平静；德国还是分裂的，同苏联还不和睦。苏联取自波兰的土地，波兰取自德国的土地，德国和苏联在世界上的地位，在我们的讨论中，这些是凌驾一切的话题。

我们在雅尔塔曾有约定，苏联的西部边界应该推进到波兰境内的寇松线为止，因而一向承认波兰也应当大体上从德国领土取得补偿。问题是取得多少？它应该在德国挺进到多远？关于这个问题，颇有不同的意见。斯大林要把波兰的西部边界沿奥得河推进到与西尼斯河合流处；而罗斯福、艾登和我坚持应该止于东尼斯河。三国首脑曾在雅尔塔公开约定，把这件事情与波兰政府商议，并且留待和平会议作最后解决。

我们竭尽全力只能做到这个地步。但是在1945年7月里，我们面临着一种新的局面。苏联已经把她的边界推进到寇松线。

据罗斯福和我的体会，这意味着住在这条界线另一边的三四百万波兰人不得不向西迁移。现在我们遇到的一些事情比这些情况要坏得多。受苏联支配的波兰政府也已经向前推进，不是到东尼斯河而是到西尼斯河。这个地区里，大部分住的是德国人，虽然已经逃跑了几百万，还有许多留在后面。我们怎样来处置他们？迁移三四百万波兰人已经够麻烦的了。我们是不是还要迁移800万以上的德国人？这样的迁移即使认为可以完成的话，剩下的德国土地也没有足够的粮食来养活他们。德国的粮食大部分就是从波兰人夺去的那片土地上得来的。如果这片地不给我们，那么留给西方盟国的只是已经遭到破坏的工业地带和饥饿而膨胀的人口。就欧洲未来的和平来说，这是一个大错，那个阿尔萨斯—洛林和但泽走廊问题，跟这个比较之下，显得渺小了。总有一天德国人会要回他们的领土，而波兰人将无法阻止他们。

7月24日下午3时15分，以贝鲁特总统为首的波兰临时政府的代表们到环行街我的寓所里来。艾登先生和我们驻莫斯科的大使阿奇博尔德·克拉克·克尔爵士，以及亚历山大元帅都和我一起参加会见。

我一开头就提醒他们，英国是为了波兰不受到侵犯而参加战争的。我们一向非常关心波兰，但是现在人家提供给它的，显然也是它自己所要得到的边界，意味着德国将失去它在1937年所拥有的可耕地的1/4。有八九百万德国人将必须迁出，这样大量的移民，不仅震动了西方民主国家，而且也使英国在德国的占领区直接受到危害。因为我们不得不维持到那边求庇护的难民的生活。结果将是波兰人和苏联人握有粮食和燃料，而我们只有吃饭用的嘴巴和生火用的壁炉。我们反对这样的分割，而且我们深信波兰人向西推进得太远，正像他们一度向东推进得太远一样，是危险的。

我告诉他们还有别的事情使我们感到不安。如果要消除英国舆论对波兰问题的疑惧，那么选举应该做到真正自由而不受限制，一切主要的民主党派应该有充分的机会来参加，并且宣布他们的政纲。波兰应该尽量容纳所有温和分子参加它的政治生活，而不应该把一切不符合极端分子的主观成见的规定的人都加上罪名。

在目前欧洲这样混乱的局势中，任何有权力的人都可以打击他的对手并定他们的罪，但是唯一的结果是把中间分子排斥在政治生活以外。要成为一个国家须容纳各种人在内。波兰还经得起国家分裂吗？它应该力求广泛的团结，既和苏联朋友携手，也同样和西方携手。例如，基督教民主党还有国家民主党里面没有同敌人积极合作过的一切人士，都应该参加选举。我们期望报纸和我们的大使馆有充分的自由，可以观察和报道在选举以前和选举期间所发生的情况。唯有通过容忍，甚至有时还需要相互宽恕，才能使波兰继续得到西方民主国家的尊重和支持，尤其是英国的尊重和支持。

我的呼吁归于无效。我所预言的“严重后果”有待于世人去衡量。最后这一次“三大国”会议的命运是“挫折”。我不打算把我们历次会议中所提出而没有解决的问题全都加以叙述。

我只想对我当时所知道的关于原子弹的事和对于可怕的德国—波兰边界问题说一个大概。这些事情我们到今天还没有获得解决。

其余，我只想提一些在我们沉闷的辩论之后使我们感到轻松的社交和个人之间的接触。三大代表团轮流设宴款待其他两方。先从美国开始。轮到我的时候，我提议为“反对党领袖”举杯祝贺，附带说明“不管将来是谁”。艾德礼先生和在座的人都觉得很有趣。苏联的宴会也同样使人感到愉快，还有一个很好的音乐会，由苏联第一流的艺术家演出，一直演到深夜，后来我溜走了。

7月23日晚上，轮到我举行最后一次宴会。我把它的规模搞得大一些。代表们和主要的指挥官都被邀请来。我请总统坐在我的右边，请斯大林坐在我的左边。会上有许多人讲话。斯大林甚至不问侍者和勤务兵是否已全部离场，就提议我们下次会议在东京举行。毫无疑问，苏联的对日宣战，随时可以发布，而且他们的大军已经云集边界，准备踏破在满洲比较软弱得多的日本前线。为使宴会进行得轻松愉快起见，我们时常调换座位，因此总统坐在我的对面。我又跟斯大林作了一次十分友好的谈话。他非常高兴，似乎一点也不知道总统所告诉我的关于新型炸弹的重要消息。他热烈地谈到苏联的对日参战，似乎预料要有好多个月的战争，苏联在这次战争中的规模将越来越大，只是受着西伯利亚铁路运输的限制。

席间发生了一件很奇怪的事情。我的显赫贵宾从座位上站起来，手里拿着一张菜单到餐桌的四周去请许多在座的人签名。我从来没有想到他们竟然是搜罗他人签名笔迹的收藏家！当他回到我这里来的时候，我照他的愿望签上了我的名字，我们彼此相顾而笑。斯大林的眼睛闪烁着快乐，非常高兴。我以前曾提到过在这些宴会的祝酒中，苏联代表们一向用极小的杯子来喝酒，而斯大林从未破例，但是现在我想请他提高一步，因此我用盛红葡萄酒的小号玻璃杯为他和我各斟了一杯白兰地。我意味深长地看着他，我们俩一下子都干了，并且彼此用赞赏的眼光注视着对方。停了一会儿，斯大林说道："如果你不可能在马尔莫拉海中给我一个要塞阵地，我们能不能在德亚加奇[1]有一个基地？"我自己觉得回答得相当满意，我说："我当一贯支持苏联对于全年四季享有海上航行自由权的要求。"

波茨坦会议时的情景（佚名拍摄）

第二天，7月24日，我们的全体会议完毕以后，我们大家从圆桌上站了起来。在分散以前，我们三三两两地站着。我看见总统走到斯大林那边，他们俩单独谈起话来，只有译员在一起。我离他们大约只有五码，我密切注视着这个重要的谈话。我知道总统要做什么。我要窥测的最重要的事情是这次谈话对于斯大林所产生的效果。

我现在回想起来就像昨天的事一样。斯大林的样子似乎很高兴。一种新型的炸弹！威力非常大！可能对于整个日本战争有决定性的作用！那是多么好的运气！这是我当时所得的印象，而且我深信他听到这个消息后，并不了解这件事的

[1] 即现在希腊的亚历山大鲁波利斯港。

重要意义。在他紧张繁重的工作之中，原子弹这件事显然不会使他操过心。如果他对于正在进行中的世界事务的重大变革略有所知，他就应该有明显的反应。他最方便的回答应该是："我非常感谢你，把有关你们新型炸弹的事告诉了我。我当然没有技术知识。我能不能派我的这方面的核子科学专家在明天上午去看你们的专家？"

但是他的脸上还是那么温和愉快，于是这两个统治者的谈话不久就告终止。当我们在等车的时候，我发现杜鲁门就在我的身旁。我问他："事情怎样？"他答道："他始终没有提出一个问题。"因此我可以肯定，斯大林在那一天，对于英美两国长期以来所从事的这项庞大的研究过程并没有特别了解，也不知道美国在生产原子弹这一豪迈的冒险事业上曾押上了4亿英镑以上的赌注。

就波茨坦会议来说，这事就到此为止。以后苏联代表团就没有提过这件事，也没有人向他们再提起。

7月25日上午会议又重开。这是我所参加的最后一次会议。

我再度极力主张波兰的西部边界问题，非考虑到留在那个地区里的125万德国人不能解决。总统郑重说明任何和平条约，只有参照参议院的建议并经过他们的同意才能获得批准。他说，我们必须找出一个他能如实推荐给美国人民的解决办法。我说如果我们容许波兰人取得第五个占领国家的地位，而没有定出办法把德国产出的粮食平均分配与全德人民，也不需我们商定关于赔偿和战利品办法，那么会议将归于失败。这些错综复杂的问题就是我们工作的焦点，而直到目前，我们还没有达成协议。

于是争论就继续进行。斯大林说从鲁尔取得煤和金属比粮食更重要。我说它们将跟东方的粮食作物资交换。除此之外，矿工们还有什么方法可以得到煤？答复是，"他们以前也是从国外输入粮食，现在还可以这样做。"那么他们怎样能偿付赔款？冷酷的回答是，"德国还留下许多肥肉。"我反对因波兰人占据了东部一切产粮地区而使鲁尔陷于饥荒。英国本身也缺煤。斯大林说："那么在矿上用德国俘虏；我就在这样做，在挪威还有四万德国军队，你可以从那里把他们弄来。"我说："我们正在把我们自己的煤输送给法国、荷兰和比利时。为什么波兰人可以把煤出卖给瑞典，而英国却为了被解放的国家而自己受苦？"斯大林答道："但是那是苏联的煤。我们的处境甚至比你们的还要困难。我们在战争中损失了500万以上的人，因此我们现在非常缺乏劳动力。"我再一次提出我的意见："如果我们可以为产煤的矿工换得粮食，我们可以把鲁尔的煤送到波兰或任何其他地方去。"

这样一说似乎使斯大林停了下来。他说须把整个问题加以考虑。我同意，并且说道，我只是要指出我们当前的困难。

就我而论，这事就到这里结束。

丘吉尔、杜鲁门和斯大林在波茨坦（佚名拍摄）

除了这里所说明的事以外，我对于在波茨坦所达成的任何结论，都不负责任。在会议过程中，我对于在圆桌会议上或每天的外长会议中无法调整的分歧，就让它们悬着。结果是，为数惊人的许多意见分歧的问题都被搁置下来。如果像一般的预料，选举人要重选我的话，我打算在这一连串的决议上跟苏联政府来一个肉搏。例如，我和艾登先生都决不会同意以西尼斯河为边界线。奥得河和东尼斯河那条界线已被承认为波兰退到寇松线的补偿，但是苏联军队侵占的领土一直到了西尼斯河，有的地方甚至越过了这条河，那是以我为首的任何政府无论以前或今后决不会同意的。这里不仅是个原则问题，而且是一个重大的实际问题，影响到又一批大约300万的不愿遣返的政治难民。

还有许多事情应当跟苏联政府以及波兰人据理力争。这些波兰人一口吞下了许多大块的德国领土，显然已经成为苏联的热心的傀儡。然而由于大选的结果这一切谈判都被截为两段，并且作出了不合时宜的结论。这样说，并非责备新政府的部长们，他们被迫没有准备就重开谈判，当然也不知道我心中原来的想法和计划，就是：在会议临了的时候，预备摊牌，有必要时，宁可公开决裂，而不让超过奥得河和东尼斯河以外的任何土地割让给波兰。

然而前几章中已有说明，解决这些问题的最适当的时候，是在强大的盟国在战场上列阵相对之时，而且应在美国人及范围较小的英国人在一条长达400英里（有些地方甚至宽深达120英里）的战线上还没有大规模撤退，从而把德国的腹地和大部分土地让给苏联人以前。在那个时候，我原想在我们作如此巨大的撤退以前和盟国军队还存在的时候，把事情解决。美国人认为我们应受固定的占领界线的约束，而我极力主张只有在从北到南的整个战线按照我们当初协议时的愿望和精神而得到满意的解决时，我们才能谈到这条占领线，然而在这一点上我们得不到美国的支持。而苏联人以波兰人为前驱，继续前进，把前面的德国人驱逐出去，使德国的大块地区居民减少，夺取了这些德国人的粮食，而把大批的吃粮的户口赶到人口已经过多的英美占领区里去。即使在波茨坦会议上，事情或许还可以挽救过来，但是英国联合政府的结束以及我在还有相当的影响和权力的时刻离任，这就使达成满意的解决成为不可能的了。

我在7月25日的下午带了玛丽乘飞机回去。我的妻子到诺索尔特飞机场来接我，我们大家在一起安静地吃了一顿饭。

皮姆上尉和地图室的工作人员事先已作了极好布置，以便第二天在选举的结果开始揭晓时，作连续的报道。保守党总部最后的估计是，我们将结结实实地保持一个多数。我在忙于会议的重要事务，对于这件事不曾负起过多的责任。基本上我接受了党务经理人的看法，因此就去睡觉了，相信英国人民将愿意我继续工作。我希望有可能按照新下院的比例来重组全国联合政府，我就这样睡着了。但是在快要天亮的时候，我突然感到身上被戳上一刀似的猛醒过来。我的全部心思被一种刚刚冒出来的下意识信念所紧紧抓住：我们失败了。

过去许多重大事件压在我肩上的重担——为了挑起这副重担，我一直倚靠着一种内心里的“飞行速度”[1]来维持平衡——现在就要解除，而我也快将失去重心而跌倒了。缔造未来的大权将非我所有。我所积累起来的知识和经验，以及我在这么多国家中所树立的威望和良好关系都将归于幻灭。我瞻望前景，感到不满，转过身去，立即又睡着了。等我醒来，已经上午9时了。当我走进地图室，初步的结果已经开始报告。这些结果对我不利，正如我当时所预料的一样。到了中午，事情已经明显，社会党人将获得多数。在午餐的时候，我的妻子对我说道：“塞翁失马，焉知非福。”我答道：“目前看来，这外表还装得挺像样呢。”

就通常的情况来说，我应该有几天工夫按照常规把政府事务作一了结。我未尝不可根据宪法等待几天以后议会开会，然后接受下院的解职。这样使我可以在辞职以前，把日本的无条件投降公告全国。但是当时波茨坦会议上所有我们曾经讨论过的重要问题正待处理，那里急需一位不列颠的全权代表出席，因此任何耽搁将违反国家利益。还有，选举人的抉择既已这样以压倒多数的方式表达出来了，我不愿再耽上一个小时来负责管理他们的事务。因此在请求觐见之后，我在晚上7时驱车入宫向英王提出辞呈，并请英王召见艾德礼先生。

我发表了下面的告全国人民书，我的叙述也就到此结束。

英国人民的决定已经记录在今天检得的选举票中，因此我已卸下你们在阴暗

[1] 飞机的平飞不坠，靠一种必要的速度，即所谓“飞行速度”。达不到这速度，飞机就要掉下来。

的时期交给我的职责。我感到遗憾的是我没有机会完成对于日本的工作，然而这方面的一切计划和准备都已作好，而且结果的来临可能比我们目前所可预料的要快得多。国内外无限的责任落在新政府的身上，我们大家应该希望他们成功地担负起这个责任。

现在唯有向在危难的岁月中我曾为之服务过的不列颠人民表达我深厚的谢忱，以报答他们在我工作中所给我的百折不挠的支持，以及对他们的公仆所表达的许多厚意。

1945年7月26日

附录一
二战大事记

1939年

8月23日：苏联和德国签订《苏德互不侵犯条约》

9月1日：德国闪击波兰

9月3日：英、法对德宣战，实际上是宣而不战，第二次世界大战全面爆发；同时，澳大利亚、新西兰和印度对德宣战

9月4日：日本政府声明不参与欧洲战争

9月5日：美政府宣布保持中立

9月8日—28日：华沙保卫战

9月6日：南非对德宣战

9月10日：加拿大对德宣战

9月12日：同盟国在阿贝维尔城召开第一次最高军事会议

9月27日：德军占领华沙

11月1日—2日：苏联最高苏维埃决定接受西乌克兰和西白俄罗斯加入苏联，并与乌克兰、白俄罗斯苏维埃社会主义共和国合并

11月4日：美国会通过“中立法”修正案

1940年

2月24日：德最高统帅部批准对法、比、荷的作战计划

3月21日—6月16日：法国雷诺政府当政

4月9日：德军入侵挪威和丹麦

5月10日：德军侵入比利时和荷兰

5月10日：英国张伯伦下台，丘吉尔组阁任首相

5月13日：德国入侵法国

5月14日：荷兰军队投降

5月26日—6月3日：敦刻尔克大撤退

5月28日：比利时投降

6月10日：意大利对英法宣战

6月14日：德军进攻巴黎

6月18日：戴高乐将军组织“自由法国”运动

6月22日：法德签订康边停战协定

7月1日：贝当政府迁往维希

7月4日：贝当政府与英国绝交

7月10日：法国民议会将国家全部政权移交贝当

7月19日—8月19日：意大利军队攻打北非

7月16日：希特勒下令准备“海狮战役”

7月31日：德国军政领导人会议决定准备发动对苏战争

8月13日：德空军开始集中轰炸英国

9月7日：德国开始轰炸伦敦

9月27日：德、意、日在柏林签订三国协定

10月12日：德军进攻罗马尼亚

10月28日：意大利进攻希腊

10月31日：英国皇家空军取得不列颠空战的胜利

11月5日：罗斯福第三次当选美国总统

11月14日/15日：德国空军和英国皇家空军都展开战略轰炸行动

11月14日—19日：德空军袭击伯明翰、考文垂

11月20日：匈牙利加入法西斯国家三国协定

12月9日—1941年2月10日英在北非对意大利军发起反攻

12月18日希特勒签署关于对苏战争的第21号命令（“巴巴洛萨计划”）

1941年

1月22日：英军占领托布鲁克（北非）

2月9日：德国宣布吞并卢森堡

4月6日：德国入侵南斯拉夫和希腊

4月13日：苏日中立条约签订

4月17日：德国占领南斯拉夫

4月21日：德国占领希腊

6月22日：希特勒开始“巴巴罗萨”行动，入侵苏联

6月28日：德军占领明斯克

6月30日—7月1日：德军占领里沃夫和里加

7月7日：塞尔维亚开始反法西斯武装起义

7月10日—9月10日：斯摩棱斯克保卫战

8月14日：英美签署大西洋宪章

8月29日：德意就在欧洲建“新秩序”发表宣言

9月8日：德军包围列宁格勒

9月30日—1942年4月20日：莫斯科保卫战

10月19日：通过在欧洲开辟第二战场的协议

10月30日—1942年7月4日：塞瓦斯托波尔保卫战

11月27日：意大利侵略军被赶出埃塞俄比亚

12月5日：在莫斯科战争中苏军转入反攻

12月6日：英对芬、匈、罗宣战

12月7日：日本偷袭珍珠港，太平洋战争爆发，美国参战

12月11日：德意对美宣战

12月11日：德、意、日缔结共同对美、英作战协定

12月16日—17日：英苏代表在莫斯科谈判

12月16日：阿根廷进入特别戒严状态

12月21日：南斯拉夫游击队组成第一支正规军

12月24日—1942年1月14日：罗斯福和丘吉尔就对轴心国斗争的策略问题进行谈判

12月25日：日本占领当时英国殖民地中国香港地区

1942年

1月1日：26国在华盛顿签署《同盟国宣言》

1月2日：日本占领马尼拉

1月15日—28日：美洲国家第二次协商会议

1月18日：轴心国划分作战区军事协定

1月29日：苏、美、伊在德黑兰签订同盟条约

2月1日：挪威吉斯林傀儡政府成立

2月6日：菲律宾建立全国抗日统一战线

2月15日：新加坡被日军攻陷

2月19日：日本对澳大利亚的达尔文进行空袭

2月23日：美英签订在反侵略战争中互助原则的协议

2月28日：日军侵占爪哇岛

3月7日：日军侵占仰光

3月9日：荷军在印尼投降

4月28日：美空军袭击东京、横滨、名古屋和神户

5月4日—8日：珊瑚海海战

5月5日：日军占领菲律宾群岛

5月5日：日军占领瓜达尔卡纳群岛

5月12日：苏军开始反攻，要把德军赶出苏联

5月26日：苏、英签订在战争中结成同盟以及战后合作互助条约

6月1日：墨西哥对轴心国宣战

6月4日—7日：日本舰队在中途岛战败

6月11日：苏美签订在战争中互助原则的协议

6月28日：德军开始向顿河进攻

7月17日—1943年——斯大林格勒战

7月18日—25日：英美伦敦谈判

7月25日—12月31日：苏军在北高加索进行保卫战

8月12日—15日：英苏首脑在莫斯科会谈

8月22日：巴西对德、意宣战

10月23日：英国在阿拉曼开始进攻

11月8日：英美军队在德属北非港口登陆

11月11日：德、意军队侵占法国非占领区

11月13日：英军进入托布鲁克

11月19日：苏军在斯大林格勒转入反攻

11月26日—27日：南斯拉夫人民解放反法西斯议会第一次会议

12月4日：苏波签订互助友好声明

12月18日：苏联政府发表关于阿尔巴尼亚独立的声明

1943年

1月13日：德国宣布总动员

1月14日—26日：英美卡萨布兰卡会谈

2月8日—14日：苏军解放库尔斯克、克拉斯诺达尔、顿河罗斯托夫、伏罗希洛夫格勒

2月10日：制订“阿尔及利亚人民宣言”

3月21日：英美军开始攻入突尼斯

5月11日—19日：丘吉尔和罗斯福在华盛顿会谈

5月12日—13日：德“非洲”集团军群在突尼斯投降

7月10日：英美陆战队在西西里岛登陆

7月24日—25日：意大利法西斯政府被推翻，墨索里尼被捕，巴多里奥政府建立

8月17日：英美军占领西西里岛

8月17日—25日：英美魁北克会谈

8月23日：苏军解放哈尔科夫

9月8日：意大利宣告投降。德军占领意大利北部和中部各省

9月25日：苏军解放斯摩棱斯克

10月19日—30日：苏、美、英外长莫斯科会议

11月1日：美陆战队在布干维尔岛登陆

11月20日：美军在吉尔伯特群岛登陆

11月22日—26日：开罗会议

11月28日—12月1日：德黑兰会议

12月24日：苏军开始进攻乌克兰

1944年

1月14日：苏军在列宁格勒和诺夫哥罗德转入进攻

1月24日：苏军解放乌克兰第涅伯河右岸地区、西乌克兰和克里米亚部分地区

3月19日：德军占领匈牙利

4月22日—24日：意大利成立有共产党人和社会党人参加的民族团结政府

5月9日：苏军解放塞瓦斯托波尔

5月11日：英美军队开始进攻罗马

5月12日：苏军解放克里米亚

6月6日：英美军队在诺曼底登陆，欧洲第二战场开辟

6月13日：德国V-1飞弹首次射击英国本土

6月15日：美军在赛班岛登陆

6月23日—24日：苏军在白俄罗斯开始进攻

7月18日：日本东条英机内阁辞职，小矶国昭组阁

8月15日：盟军在法国南部登陆

8月26日：美英事实上承认戴高乐政府

10月20日：美军在莱特岛登陆

10月24日—25日：美日舰队菲律宾海战

12月16日—25日：德军在阿登反攻

1945年

2月4日—11日：雅尔塔会议

2月8日：盟军在莱茵河地区开始进攻

2月19日—3月17日：美军和日军在硫磺岛交战

4月1日：美军占领冲绳岛

4月12日：美国罗斯福总统逝世

4月16日：苏军开始进攻柏林

4月28日：墨索里尼被处死

4月29日：德军在北意大利投降

4月30日：希特勒自杀

5月2日：苏军占领柏林

5月8日：德军签署无条件投降书

6月5日：苏、美、英、法宣告德国战败，由四大盟国掌握德国最高政权

6月24日：莫斯科举行胜利阅兵式

6月26日：签署联合国宪章

7月17日—8月2日：波茨坦会议召开

8月6日：美国原子弹炸毁广岛

8月8日：苏军对日宣战

8月9日：原子弹轰炸长崎

8月14日：日本宣布无条件投降

8月14日：苏中签订友好同盟条约

8月16日：苏波签订国境条约

9月2日：日本代表外相重光葵和日军参谋总长梅津美治郎在东京湾内美国军舰“密苏里”号甲板上签署正式投降书

附录二

6大战场，40场经典战役

欧洲战场

第1场　波兰战役，闪电战的首次应用

第2场　挪威战役，第一次陆海空三军立体式作战

第3场　荷兰战役，第一个战役规模的空降作战

第4场　比利时战役，奇袭战的典范

第5场　法兰西战役，德国的辉煌之战

第6场　不列颠战役，梦断“和平之梦”

第7场　巴尔干战役，“欧洲火药库”之战

第8场　克里特岛之战，空降兵的坟墓

第9场　迪耶普之战，诺曼底登陆的预演

北非战场

第10场　昔兰尼加会战，隆美尔的成名之战

第11场　阿莱曼战役，北非战场的战略转折点

第12场　北非登陆战役，第一次“由舰到岸”

第13场　凯塞林山口战役，德军非洲集团最后的辉煌

第14场　突尼斯战役，隆美尔最后的战役

第15场　西西里岛登陆战役，意大利法西斯末日的开始

欧洲第二战场

第16场　诺曼底登陆战，开辟欧洲第二战场

第17场　收复西欧大陆战役，反法西斯同盟的胜利曙光

第18场　阿登战役，德军西线的最后进攻

苏德战场

第19场　德军突袭苏联，苏德战争爆发

第20场　列宁格勒保卫战，“生命之路”创造的奇迹

第21场　斯摩棱斯克会战，莫斯科的门户之战

第22场　基辅战役，最大规模的包围战

第23场　克里米亚会战，曼施坦因又一入侵战果

第24场　莫斯科保卫战，强弩之末难透坚冰

第25场　斯大林格勒保卫战，卫国战争和二战的转折点

第26场　哈尔科夫反击战，德军最后的辉煌

第27场　库尔斯克会战，史上最大规模的坦克战

第28场　柏林战役，德国最后一战

太平洋战场

亚洲战场